INHALT

VORWORT

Der Islam ist heute in aller Munde. Die Medien berichten, und die christlichen Gemeinden, Gemeinschaften und Kirchen werden auf die drei Millionen Muslime in Deutschland zunehmend aufmerksam. Aber im nicht-religiösen Raum des Staates, der Justiz oder der Verwaltung herrscht weitgehend Ratlosigkeit im Umgang mit Muslimen.

Bassam Tibi, der muslimische Wissenschaftler und Professor für Internationale Beziehungen an den Universitäten Harvard und Göttingen, bemerkt dazu: »Über Islam, Einwanderung und Integration wird in der deutschen Politik oft geredet, ohne die erforderlichen Informationen und das benötigte Sachwissen für politische Entscheidungen zu besitzen.«

Es wird Zeit, dass sich Bürger unseres Landes, vor allem wenn sie in verantwortlicher Stellung tätig sind, sachkundig machen!

Seit sich Muslime in unserem Land und in anderen westlichen Ländern ihrer Bedeutung bewusst geworden sind, hat ein neues Kapitel im Verhältnis von Christen und Muslimen begonnen. Viele sind bemüht, Spannungen zwischen Muslimen und Nicht-Muslimen zu beseitigen bzw. gar nicht erst aufkommen zu lassen. Freie Initiativen und auch die Kirchen möchten Muslimen den Weg ebnen.

Unterschiedlich sind die Resultate. Verhältnismäßig einfach gestaltet sich das Zusammenleben in Gegenden, wo nur wenige Muslime wohnen. Schwieriger wird es in Orten, wo viele Muslime leben und zum Beispiel mehr Kinder in die Schule schicken als die Alteingesessenen.

»Aufeinander zugehen« wird geraten. Manche denken sogar, Muslime und Christen sollten miteinander beten. Ist das möglich? Es gibt Begriffe, die von manchen wie Zauberformeln benutzt werden. Multikulturelle Gesellschaft, Dialog oder Integration sind wohl die bekanntesten.

Wer die Situation in islamischen Ländern, etwa des Mittleren Ostens kennt, weist darauf hin, dass dort in 1400 Jahren eine Integration zwischen dem Islam und den christlichen Gruppen nicht gelungen ist. Unsere Gesellschaft kommt muslimischen Mitbürgern und Zuwanderern sehr weit entgegen. Mit Trauer registrieren wir, dass christliche Minderheiten in islamischen Ländern dagegen zunehmend unterdrückt und verfolgt werden. Das soll uns nicht abhalten, Muslimen hier auch weiter in Liebe zu begegnen.

Ernst Schrupp hat sich mit Geschichte und Wirken von Juden, Christen und Muslimen beschäftigt. In seinen früheren Publikationen stellt er religionsgeschichtliche Entwicklungen im Licht der Bibel erläuternd dar. Hier legt er ein Buch vor, in dem eine junge deutsche Frau beschreibt, wie intensiv sie nach der »wahren Religion« suchte, von ihrem engagierten Religionswechsel erzählt und wie sie schließlich die Wahrheit findet, die ihr alles bedeutet.

Johanna Al-Sain, so der Name dieser Frau aus christlicher deutscher Familie, wird aktiv in ihrer neuen muslimischen Gemeinschaft – als Dienst für Allah und an der Gesellschaft. Das Ziel ist: »Schaffung einer neuen islamischen Gesellschaft«, basierend auf den Werten und Normen des Koran. »Ein gerechtes islamisches System sollte überall auf der Welt den Frieden garantieren.« Dafür kämpfte sie nun – »nicht militärisch, aber ideologisch«. Dabei war es ihr heißer Wunsch, »Allah nahe zu sein« – in ihrem Dienst in einer gut organisierten islamischen Gruppe, durch ihre Vorträge in größeren und kleineren Versammlungen, durch viele »Dialog-Gespräche«, durch Vorträge auch in islamischen Ländern, durch ihre Pilgerfahrt zur Heiligen Kaaba in Mekka . . .

Johanna heiratet einen streng gläubigen Muslim; echte Liebe, vor allem aber die Hingabe an Allah verbindet die beiden. Sie bekommen zwei Kinder. Die Frau erlebt jedoch nach einiger Zeit zunehmende Spannungen und bittere Auseinandersetzungen. Ihre eigenen Eltern andererseits, obwohl sie die Konversion der Tochter zutiefst als »Verrat an Jesus« bedauerten, hielten die Gemeinschaft mit ihr aufrecht.

Johanna erfährt eine tiefe Lebenskrise – bis zum Äußersten, der Bedrohung ihres Lebens – schließlich jedoch eine ganze Befreiung.

Den Bericht ihres dramatischen Lebensprozesses las ich mit tiefer Bewegung und Anteilnahme. Man wird mit hineingenommen in eine geistige und geistliche Auseinandersetzung. Die Berichterstatterin suchte und fand seelsorgerliche Hilfe. In schlichter und desto mehr ergreifender Weise schildert sie ihre Erwartungen, Enttäuschungen und Kämpfe, ihre neuen Erfahrungen, Hoffnungen und Freuden.

Exkurse von zwei fachkundigen Mitautoren, den Dozenten Horst Afflerbach und Ulrich Neuenhausen, machen die Unterschiede zwischen Islam und christlichem Glauben deutlich. Dabei stellen sie die Frage, was in der heutigen multikulturellen Gesellschaft nach dem geschwundenen Einfluss des christlichen Glaubens in der Öffentlichkeit die Deutschen überhaupt glauben, während letztlich das Suchen nach Leben bleibt. Da gerade nach genauer Analyse von Islam und christlichem Glauben die Unterschiede unübersehbar deutlich werden, stellt uns der Islam vor elementar christliche Fragen, denen wir nicht ausweichen dürfen. So betont Ernst Schrupp im Schlussteil dieses Buches die »Herausforderung des Islam heute« und dass wir den Muslimen nicht weniger als den Menschen aller Kulturkreise das völker- und kulturübergreifende Evangelium von Jesus Christus schuldig sind. Denn Gott will das Heil für *alle* Menschen, und in seinem Sohn Jesus Christus kann *jeder* das Heil finden.

Ich habe den Eindruck, dass diese Publikation im richtigen Moment erscheint. Das Thema wird diskutiert. Bleibt zu hoffen, dass viele Menschen durch die Lektüre nachdenklich werden – und solche, die Christus noch ablehnend gegenüberstehen, einen Schritt zu ihm und ein Leben mit ihm wagen.

Horst Marquardt

Erster Teil

Ich suchte und fand . . . Allah!

Gott, du bist mein Gott, den ich suche.   *Psalm 63, Vers 2*

1. Ich komme aus christlichem Hause

Es war Samstagnachmittag. Wir saßen alle zusammen im Wohnzimmer um den Kaffeetisch: meine Eltern, meine Großeltern und ich. Im ganzen Haus duftete es wunderbar nach Kuchen und dem Sonntagsbraten, den meine Mutter jeden Samstag zubereitete. Dieser Duft gehörte in meiner Kindheit zum Samstagnachmittag genauso wie das gemeinsame Kaffeetrinken. Ich fühlte mich geborgen in meiner Familie. Da ich ein Nachkömmling war, wurde ich von allen verwöhnt. Meine beiden Schwestern waren schon verheiratet und hatten selbst Kinder in meinem Alter. Manchmal vermisste ich Geschwister, die zusammen mit mir aufwuchsen, aber meine Großeltern hatten viel Zeit für mich. Oma spielte mit mir und las mir stundenlang aus meinen Büchern vor. Sie saß auch oft an meinem Bett, wenn ich krank war, und nachts durfte ich manchmal bei ihr schlafen. Opa machte weite Spaziergänge mit mir durch die umliegenden Wälder. Ich hatte dabei Angst vor Wildschweinen, aber mein Opa beruhigte mich: »Die schlage ich alle mit meinem Stock in die Flucht!«

Meine Großeltern waren gottesfürchtige Menschen und kamen selbst aus christlichem Haus. Auch meine Eltern waren gläubige Christen, und am Sonntagmorgen gingen wir alle zur Kirche, d.h. ich ging in den Kindergottesdienst, der eine Stunde vor dem eigentlichen Gottesdienst stattfand. Ich kam mir schon sehr wichtig vor, wie ich da in der Kirche saß und die Liturgie sang. Nach der für uns Kinder abgewandelten Liturgie und ein paar Liedern erzählten uns Schwester Edeltraut und Frau Kürten, die Frau des Pfarrers, Geschichten aus der Bibel. Ich erinnere mich noch, wie sehr mich die Geschichte von Esau und Jakob beeindruckte. Ich fand es ganz

schön ungerecht, dass Jakob dem Esau einfach das Erstgeburts-
recht und schließlich auch noch den Segen klaute.

Einen Großteil meiner Bibelkenntnisse erwarb ich tatsächlich im
Kindergottesdienst. Es waren Geschichten, die sich mir einprägten
und die auch meine Oma mir immer wieder aus meiner Kinderbibel
vorlas.

Nach dem Gottesdienst der Erwachsenen aßen wir zusammen
zu Mittag. Danach hielten meine Eltern ein Mittagsschläfchen, und
oft kamen dann meine Schwestern mit ihren Familien zu Besuch
oder wir fuhren zu ihnen. Die Erwachsenen unterhielten sich bei
einem Glas Wein. Meistens trennten sie sich automatisch nach Ge-
schlechtern, und die Männer redeten über ihr Geschäft. Mein Vater wie auch meine beiden Schwager waren in derselben Branche
selbstständig. Mit zunehmendem Alter störte es mich immer mehr,
dass selbst am Sonntag dieses Thema für sie so wichtig war. Während der Woche war mein Vater durch seinen Beruf so bean-
sprucht, dass er wenigstens am Wochenende einmal sein Geschäft
vergessen sollte.

Wir Kinder spielten miteinander. Petra, die älteste Tochter meiner mittleren Schwester Rita, spielte meistens mit mir. Andreas, der
jüngere Bruder von Petra, spielte mit Sabine, der ältesten Tochter
meiner ältesten Schwester Gudrun. Dann war da noch Susanne. Sie
war Sabines kleine Schwester und damals gerade geboren.

Im Sommer spielten wir alle in unserem großen Garten. Wir
turnten auf der Schaukel herum, fuhren Fahrrad, Dreirad und Tre-
cker, und wenn es heiß war, stellte meine Mutter kleine Wannen mit
Wasser auf, in denen wir vergnügt herumplanschten. Meine beiden
Schwager spielten mit uns Fußball, Federball oder tobten wild mit
uns herum. Das genoss ich immer besonders, denn mein Vater war
immer zu müde, um mit mir zu spielen, oder er war einfach nicht da.
Dafür verwöhnte er mich mit Kleinigkeiten, durch die er mir zeigte,
dass er trotz seiner vielen Arbeit doch an mich dachte.

Natürlich hatte ich auch Freunde. Meine beste Freundin war Marianne. Sie zog mit ihrer Familie in das Haus neben uns, als ich fünf

wurde. Seitdem sind wir immer in Kontakt geblieben, bis heute. Manchmal vergeht ein längerer Zeitraum, bis wir uns wieder sehen oder voneinander hören, aber dann ist es immer, als wären wir nie getrennt gewesen.

Mit Marianne spielte ich fast jeden Nachmittag und in den Ferien auch vormittags. Wir gingen in dieselbe Klasse und machten auch sonst fast alles zusammen. Nur in den Kindergottesdienst ging ich alleine, denn Marianne war katholisch und wir waren evangelisch.

Als wir älter wurden, vertrauten wir uns gegenseitig unsere kleinen Geheimnisse an. Sie war für mich wie eine Schwester. Der einzige Wermutstropfen war Mariannes Mutter, die mich nie so richtig als Freundin ihrer Tochter akzeptiert hat, warum weiß ich nicht.

In der Schule lagen meine Leistungen meistens im Bereich obere Mitte. Im ersten Schuljahr hatte ich keine Scheu, in der Klasse etwas zu sagen. Wir hatten eine sehr nette Lehrerin, und mir kam alles wie ein Spiel vor. Im zweiten Schuljahr wurden Marianne und ich getrennt – ich musste in eine andere Klasse wechseln. Der Lehrer dort hatte offensichtlich seine Freude daran, seine Schüler zu blamieren. Wenn sie etwas falsch machten, brüllte er herum. Das wollte ich auf keinen Fall erleben, darum wurde ich still und sagte nur selten etwas. »Nur nicht auffallen«, sagte ich mir, »dann kann auch nichts passieren.« Trotzdem ging ich jeden Morgen mit Bauchschmerzen vor Angst in die Schule. Das blieb auch nach der Grundschule so. Meine Klassenlehrerin auf der Realschule war sehr bestimmt und ebenfalls sehr verletzend in ihren Äußerungen. Einmal brachte sie einen Jungen aus unserer Klasse zum Weinen. Er war wirklich kein Softie, sondern gab mit den Ton an. Er war auch nicht auf den Kopf gefallen, im Gegenteil, er war einer der Klassenbesten. Aber in der Diskussion um die richtige Schreibweise eines Wortes brachte unsere Lehrerin diesen Jungen wirklich zum Weinen. So zog ich es weiterhin vor, unauffällig zu bleiben.

Marianne war also in der Parallelklasse. So kam es, dass ich mich mit einem Mädchen aus meiner neuen Klasse enger befreundete. Sie war, wie ich, eher ein Außenseiter. Auch sie beteiligte sich nicht an den Spielchen zwischen Jungen und Mädchen, den Flirts, die schon in der sechsten und siebten Klasse entstanden. Katrin hatte nicht gerade ein glückliches Elternhaus. Ihre Mutter war zweimal geschieden und arbeitete als Krankenschwester. Die anderen Geschwister von Katrin lebten nicht bei der Mutter. So war Katrin viel allein, ein typisches »Schlüsselkind«. Der Donnerstag wurde bei uns zu einer festen Einrichtung. Wir gingen dann nach der Schule gemeinsam zu Katrin. Auf dem Heimweg kauften wir ein und kochten dann Spaghetti mit Hackfleischsauce. Das entwickelte sich im Laufe der Zeit zu einem richtigen Ritual. Beim Essen sprachen wir über Gott und die Welt.

Katrin und ihre Mutter gehörten zur Neuapostolischen Kirche. Schon damals interessierte ich mich für andere Glaubensgemeinschaften. Was war bei den Neuapostolischen anders als bei uns in der Kirche?

Seit ich mich erinnern kann, spielte Gott eine wichtige Rolle in meinem Leben. Als Kind und auch noch als Teenager fühlte ich mich nie allein. Ich spürte immer, dass jemand bei mir war, meinen Gedanken »zuhörte«. Ich betete in kindlichem Glauben zu Gott und übernahm ohne zu überlegen das, was ich von meinen Eltern zu diesem Thema hörte. Ich fühlte mich geborgen im Glauben an einen guten Gott, der am »Jüngsten Tag« aber auch Gerechtigkeit walten lassen wird.

Ebenso wie ich glaubte auch Katrin an die Echtheit der Bibel, so hatten wir es von unseren Eltern gelernt. Wir sprachen über den Glauben der Neuapostolischen Kirche. Es war das erste Mal in meinem Leben, dass ich in Erwägung zog, dass der Glaube meiner Eltern vielleicht doch nicht ganz richtig sein könnte. Katrin erzählte von ihrer Gemeinde. Sie erschien mir wie eine heile Welt mit Menschen, die sich entschieden für ihren Glauben einsetzten und ihn auch im Alltag lebten. Es gab viele Aktivitäten, Versammlungen und eine gute Gemeinschaft. Die Jugendlichen besuchten genauso die Gottesdienste wie die älteren Leute. Das war in unserer Kirche nicht so. Dort gab es bis auf ein, zwei Ausnahmen nur Leute gesetzteren Alters. Ich fühlte mich immer sehr verloren. Seit gut einem Jahr spielte ich zwar mit im Posaunenchor, der sich vorwiegend aus jungen Leuten zusammensetzte, doch von denen ging nie einer außerhalb unserer »Bläsereinsätze« in die Kirche. So fing ich an, mich ernsthaft mit Katrins Glaubensgemeinschaft auseinander zu setzen. Aber dann erzählte Katrin mir etwas von einem 2. Buch Esra oder so ähnlich, das nur in sehr alten Bibelausgaben enthalten wäre. Nur die Neuapostolische Kirche würde dieses Buch besitzen und sich nach den darin enthaltenen Anweisungen richten. Auf meine Frage, was denn darin stehe, sagte Katrin, dass man das erst erfahre, wenn man neuapostolisch geworden wäre. Das fand ich sehr unlogisch und es widersprach auch meinem Gottesbild. Wenn man im Besitz der Wahrheit ist, dann muss man sie doch allen Menschen zugänglich machen, um sie vor dem falschen Weg mit seinen Konsequenzen zu schützen, denn das war mir schon damals klar, dass es nur eine Wahrheit geben kann und dass die Lüge ins Verderben führt. Aber wenn man, wie es die Neuapostolischen tun, verkündet, dass man nur in ihrer Kirche das Heil findet und alle anderen verloren gehen, das Entscheidende aber zurückhält, das konnte ich nicht mit Gott in Einklang bringen. Ich hatte gelernt, dass Gott alle Menschen retten möchte. So kam ich dann zu dem Schluss, dass »mein« Glaube wohl doch der richtige wäre.

Katrin und ich probierten alles Mögliche zusammen aus. Viele in unserer Klasse rauchten, und so beschlossen wir, es auch einmal zu versuchen. Wir zogen uns eine Packung »Camel« und versteckten uns hinter Bäumen. Als ich den ersten Zug machte, fand ich es nur widerlich, so dass ich auf einen Lungenzug verzichtete. Außerdem waren wir gerade in der Schule aufgeklärt worden, wie gefährlich das Rauchen ist und wie schnell man abhängig wird. Damit war das Kapitel für mich abgeschlossen.

Einmal hielt Katrin es nicht mehr zu Hause aus und verkündete mir, dass sie abhauen würde. Ich bekam es mit der Angst zu tun, denn es war Winter, und ich malte mir die schrecklichsten Dinge aus, die Katrin zustoßen könnten, wenn sie allein die Nacht draußen verbringen würde. Ich überredete sie, doch bei uns im Heizungskeller zu übernachten, meinen Eltern würde ich nichts verraten, versprach ich ihr. Am nächsten Morgen bemerkten es meine Eltern dann aber, als ich während des Frühstücks mit einem Brötchen in der Hand in den Keller ging. Das kam ihnen spanisch vor, denn Katrins Mutter war am Vorabend noch bei uns gewesen und hatte nach Katrin gefragt. Meine Eltern zählten dann natürlich eins und eins zusammen. Sie benachrichtigten Katrins Mutter, und mir wurde klar, wie froh ich sein konnte, in einer intakten Familie aufwachsen zu können.

An meine Teenagerjahre habe ich auch schmerzvolle Erinnerungen. Es war die Zeit, in der ich zu begreifen begann, dass die Welt nicht so heil ist, wie ich sie bis dahin in meiner Familie erfahren hatte. Es war auch die Zeit der ersten innerlichen Ablösung von den Eltern, von ihren Maßstäben, Anschauungen usw. Es war ein Schock für mich zu entdecken, dass es andere, ganz entgegengesetzte Meinungen gab. Ein Erlebnis hatte ich im Religionsunterricht, etwa in der achten und neunten Klasse. Wir sprachen über die Entstehungsgeschichte der Bibel, wie sie überliefert wurde, über welchen Zeitraum sie entstand und dass es viele Schriften gab, aus denen dann die uns heute vorliegende Bibel zusammengestellt wurde. Unser Lehrer warf ein, dass die Bibel, da sie ja von Menschen überliefert und zusammengestellt wurde, nicht als authentisch angesehen werden dürfe. Sie enthalte natürlich Fehler, wie das alle menschlichen Werke tun, das sehe man ja leicht an der viel zitierten Schöpfungsgeschichte. Entscheidend wäre nur jeweils der Kern der Aussagen in der Bibel. Das war damals zu viel für mich. Ich beschloss, einfach die Ohren auf Durchzug zu stellen, und stempelte den Lehrer als sowieso ungläubig ab und dachte nicht weiter über diese Sache nach.

Sonntags ging ich weiter relativ regelmäßig zur Kirche und mittwochabends hatte ich Probe im Posaunenchor. Dort gefiel es mir ganz gut. Wir machten gute Musik, unser Leiter war sehr engagiert, und er organisierte sogar eine Reise nach Israel mit dem gesamten Posaunenchor. Diese Reise hat mich sehr beeindruckt. Es war mein erster Kontakt mit dem Orient, der mich schon von Kind auf fasziniert hatte. Ich liebte die Geschichten aus Tausendundeiner Nacht und hatte mich als Kind oft als orientalische Prinzessin verkleidet. Das Verschleiern übte eine ungeheure Faszination auf mich aus.

Es war alles ganz fremd dort, die Gerüche, die Geräusche, das Essen, aber es gefiel mir.

Fünf Jahre später machten wir eine weitere Reise nach Israel. Diesmal blieben wir nicht nur in Jerusalem, sondern machten auch eine mehrtägige Safari durch den Sinai. Unsere Fahrer in der Wüste waren Muslime, die schon in den frühen Morgenstunden ihr Gebet verrichteten. Auch in Jerusalem in der Al-Aqsa-Moschee beobachtete ich eine Frau beim Gebet. Irgendwie beneidete ich diese Menschen um ihre Hingabe an Gott. Ich wollte das eigentlich auch, aber etwas fehlte mir dazu, ich wusste nicht was.

Beim Betreten der Moschee hatte ich ein seltsames Erlebnis, in dem ich später eine Art Omen sah. Überall standen dort Wärter, die kontrollierten, ob alle angemessen bekleidet waren. Kurze Hosen und T-Shirts mit zu kurzen Ärmeln waren verboten. Ich trug wie alle anderen eine lange Hose und ein normales T-Shirt. Der Wärter sah mich an und gab mir eine Art Mantel mit einer Kapuze, den ich anziehen sollte, da ich nicht ausreichend bedeckt wäre. Obwohl ich das nicht verstehen konnte, da ich nicht freizügiger als alle anderen gekleidet war, leistete ich seiner Aufforderung natürlich Folge. Irgendeiner aus dem Posaunenchor verewigte mich mit diesem Mantel auf einem Foto. Wenn ich heute dieses Bild ansehe, überkommt mich noch immer ein eigenartiges Gefühl.

Als ich so fünfzehn Jahre alt war, entstand in unserer Kirchengemeinde ein »Kreis für junge Erwachsene«. Wir waren mal sieben, mal acht Jugendliche und trafen uns regelmäßig jeden Montagabend um 19.00 Uhr. Herr Blücher, der Hausvater des nahe gelegenen CVJM-Heimes, leitete den Kreis. Zunächst ging ich nur hin, weil ich Kontakte außerhalb der Schule suchte. Durch meine christliche Erziehung war ich ja immer noch ein Außenseiter. Vielleicht konnte ich in dem Kreis andere finden, die ähnlich wie ich waren. Susanne, die Tochter von Herrn Blücher, kannte ich ja schon flüchtig aus dem Posaunenchor. An den Montagabenden lernte ich sie besser kennen, sie und ihren Glauben an Jesus Christus. Sie lud mich zu sich nach Hause ein, und auch einige unserer Montagabend-Treffs fanden im CVJM-Heim statt. Es war irgendwann in der Adventszeit, und das ganze Haus duftete nach Plätzchen und anderen guten Dingen, wie bei uns zu Hause. Es war eine Atmosphäre in Susannes Familie, die ich noch nirgendwo erlebt hatte. Es war so herzlich, liebevoll. Ich fühlte mich magisch angezogen von dem allen und dachte nur: »Das will ich auch haben. So will ich leben.«

Von Susannes Eltern fühlte ich mich an- und ernst genommen. Zum Kreis für junge Erwachsene ging ich gerne, und irgendwie begann ich, auch etwas vom Wesentlichen des christlichen Glaubens zu spüren und zu begreifen. Da war viel mehr, als ich es mir bisher vorgestellt hatte. Man sprach dort von einer Entscheidung für Jesus. Was sollte das bedeuten? Ich war doch getauft, ich gehörte doch zur Kirche, ich spielte doch mit im Posaunenchor. Warum sollte ich mich noch mal speziell für Jesus entscheiden?

Bevor ich intensiver darüber nachdenken konnte, wechselte die Leitung des Kreises. Nun wurden andere Themen besprochen. Die Armut der Dritten Welt und wie der Westen sie ausbeutet. Dritte-Welt-Aktionen wurden organisiert, aber von Jesus wurde nur noch am Rande oder gar nicht gesprochen. Ich fühlte mich nicht mehr wohl auf unseren Treffen. Ich bekam ein schlechtes Gewissen den Menschen in der Dritten Welt gegenüber und gleichzeitig das Gefühl vermittelt, dass wir machtlos sind gegenüber dieser Ungerechtigkeit. So ging ich irgendwann nicht mehr hin.

Die Realschule beendete ich mit einem ganz guten Zeugnis und ging aufs Gymnasium, da ich sonst nichts Rechtes mit mir anzufangen wusste. Irgendwo geisterte in meinem Kopf der Gedanke herum, Kirchenmusik zu studieren. Als ich zwölf war, hatte ich auf eigene Initiative hin mit Klavierunterricht begonnen. Anfangs hatten meine Eltern das für eine vorübergehende Sache gehalten, bis sie dann merkten, dass mir die Musik wirklich viel bedeutete. Meine Klavierlehrerin wollte unbedingt eine erfolgreiche Musikerin aus mir machen, und so kam mir der Gedanke, Kirchenmusik zu studieren. Ich nahm noch Orgelunterricht und Unterricht in Harmonielehre. Tief in mir bezweifelte ich aber, ob mein Talent für ein Studium ausreichte. Außerdem hatte ich mit 12 relativ spät angefangen Klavier zu spielen, und es war mir einfach zu viel, nur noch fürs Abitur zu büffeln und Klavier zu üben. Da wollte ich doch mehr vom Leben. Marianne und ich unternahmen wieder mehr zusammen, seitdem Katrin mit ihrer Mutter weggezogen war. Wir hatten zwar noch Kontakt, aber die Entfernung war zu groß, um uns öfter zu besuchen. So blieb es bei Telefonaten, die mit der Zeit aber immer seltener wurden.

2. Begegnung in der Diskothek

Allmählich kamen Marianne und ich in das Alter, in dem man sich für Diskotheken und Jungen interessiert. Meine Eltern waren nicht sehr angetan davon, aber ich fragte sie nur mit einem Schulterzucken, wo es denn in der Bibel stehen würde, dass man nicht in Diskos gehen solle. Meine Eltern wussten, dass ich es heimlich tun würde, wenn sie es mir nicht erlaubten, und da es ihnen lieber war, wenn sie wussten, wo ich bin und wie ich dorthin und von dort wieder nach Hause kam, bildeten sie mit den Eltern von Marianne eine Art Fahrgemeinschaft und brachten uns abwechselnd zur Disko und holten uns wieder ab. Es war nicht so, dass wir damals jedes Wochenende weggingen, aber je älter wir wurden, desto häufiger.

Auf einer dieser »Dorfdiskos« verliebte ich mich in einen Türken. Tahir hieß er und war vier Jahre älter als ich. Seine Eltern lebten schon lange in Deutschland, hielten aber an ihren Traditionen fest. Damals war mir noch nicht klar, was das bedeutete. Ich sah nur

Tahir und dass ich verliebt in ihn war. Als ich meinen Eltern von ihm erzählte, waren sie entsetzt. Sie sahen die ganzen Probleme, die in solch einer Freundschaft auftauchen können, und warnten mich. Ich wusste es aber besser, und schließlich brachte ich Tahir mit nach Hause. Meine Eltern fanden ihn ganz sympathisch, aber immer wieder sagten sie mir, dass es doch viel zu viele Schwierigkeiten in einer solchen Beziehung geben würde. Aber auf diesem Ohr war ich taub.

Irgendwann kam das Gespräch zwischen Tahir und mir auf Religion. Ich wollte Tahir zum Christentum bekehren und erzählte ihm von meinem Glauben. Das beeindruckte ihn aber gar nicht, und er sagte mir ganz klipp und klar, dass er nie seinen Glauben wechseln würde, auch wenn er sich nicht so ganz danach richten würde. In der Bücherei des Gymnasiums besorgte ich mir Literatur über Bekehrungen von Muslimen zum christlichen Glauben, aber es half mir bei den Gesprächen mit Tahir nicht weiter. Nach sechs Wochen rief er mich schließlich an und erklärte mir, dass unsere Beziehung beendet sei. Ich war todunglücklich und konnte es nicht begreifen, denn er gab mir auch nach mehrmaligem Nachfragen keinen Grund für seine Entscheidung an. Jahre später, als ich ihm einmal zufällig begegnete, sagte er mir, seine Eltern hätten ihn damals vor die Wahl gestellt, entweder er beende die Beziehung zu mir, oder er gehöre nicht mehr zur Familie. Sie wollten eindeutig eine türkische Schwiegertochter.

Meine Eltern atmeten auf, als alles vorbei war. Wenn es auch nur sechs Wochen gedauert hatte, sie waren froh, dass diese Bedrohung weg war. Wenn sie gewusst hätten, dass es nur ein Vorgeschmack auf das war, was sie noch erwartete! Gut ein Jahr später lernte ich nämlich Musa kennen.

Wieder ein Muslim! Auch er war vier Jahre älter als ich, und beruflich machte er eigentlich gar nichts. Aber ich war nicht in der Lage, seinen Charakter zu erkennen. Ich sah nur sein Äußeres. Groß und sportlich, schwarzhaarig, sehr gut aussehend, geschmackvoll gekleidet. Musa lebte mit seinen Eltern und seinen beiden jüngeren Schwestern in einem ehemaligen Fabrikgebäude. Es machte alles

18

einen sehr provisorischen Eindruck auf mich, aber wahrscheinlich lebten sie wie viele Gastarbeiter aus islamischen Ländern in Deutschland: immer mit dem Gedanken, dass man sowieso nächstes Jahr in die Heimat zurückgehen werde. Trotzdem schafften sie es, der Wohnung eine gewisse Gemütlichkeit und Behaglichkeit zu geben. Ich konnte das später noch bei vielen anderen islamischen Familien feststellen.

Ich war sehr verliebt in Musa, er hielt mich aber von Anfang an auf Distanz. Ja, mehr noch, er versprach mich anzurufen, tat es dann aber nicht. Oft sagte er auch, er würde kommen, und wieder saß ich da und wartete und wartete und fühlte mich ganz leer und schlecht, weil er nicht kam. Mein Vater sagte mehrmals zu mir: »Hast du gar keinen Stolz, dass du ihn immer wieder anrufst?« Das verletzte mich, aber ich wusste, dass mein Vater Recht hatte. Ich hatte keinen Stolz, und das machte mich hilflos und wütend.

In den 15 Monaten, die ich mit Musa zusammen war, schnappte ich ein paar Brocken seiner Sprache auf. Auch die Kultur seines Heimatlandes wurde mir vertrauter. Ich erlebte, wie Musa, der keine Gebete einhielt, sogar Alkohol trank und ständig unterwegs war in Diskotheken oder sonst wo, die letzten drei Tage im Ramadan fastete und am Opferfest ganz für seine Familie da war. Da war er ganz anders als Deutsche in seinem Alter, die Familienleben spießig finden, ganz besonders an Festen wie Weihnachten. Mir wurde bewusst, was für einen starken Einfluss der Islam im Leben der Muslime hat. Wieso war das eigentlich nicht so bei den Christen?

Ich lebte nur noch für die Stunden, die ich mit Musa verbrachte. Meistens war ich aber unglücklich, weil ich spürte, dass ich ihm nicht viel bedeutete. So war es dann auch abzusehen, dass Musa diese Beziehung beendete. Ich weiß nicht mehr die genauen Umstände, aber irgendwie ergab sich das in einem Gespräch. Ich sagte zu Musa, dass wir doch besser »Schluss machen« sollten, und er sagte: »Ja, das sehe ich auch so.« Ich fühlte mich unglaublich mies, aber auf keinen Fall wollte ich mich weiter erniedrigen und ihm hinterherlaufen. Das hatte ich genug getan.

Als ich 18 war, finanzierten mir meine Eltern den Führerschein und ein kleines Auto. Auch Marianne hatte ihren Führerschein gemacht und fuhr mit dem Auto ihrer Mutter, wenn diese es erlaubte. So waren wir frei und selbstständig. Das nutzten wir auch aus, indem unsere Besuche in verschiedenen Diskotheken regelmäßig wurden. Alle 14 Tage hatte ich samstags Schule, doch darauf nahm ich keine Rücksicht. Vor 2.00 Uhr kamen wir fast nie nach Hause. Die Schule litt darunter, immer öfter schwänzte ich den Unterricht. Zuerst nur samstags, dann aber auch andere Stunden, auf die ich nicht gut vorbereitet war oder für die ich meine Hausaufgaben nicht gemacht hatte. Schule wurde zur Nebensache. Ich saß meine Stunden ab, ohne wirklich am Unterricht teilzunehmen. Natürlich schlug sich das auch in meinen Noten nieder, aber das nahm ich nicht so wichtig. Die Abiturprüfung schien mir Welten entfernt.

Ich spielte immer noch im Posaunenchor. Die Kirche besuchte ich aber nur noch, wenn der Posaunenchor spielte. Im Gottesdienst saß ich da und dachte darüber nach, dass ich eigentlich zwei Personen war. Die Johanna, die in die Diskotheken ging, tanzte, mit Männern flirtete, und die andere Johanna, die gerne »gut« sein wollte, die über Gott nachdachte, ab und zu zu ihm betete und in die Kirche ging. Diese zwei Personen passten nicht übereinander und kämpften auch oft miteinander.

Wenn ich in der Disko war, fühlte ich mich irgendwie »verdorben«. Ich ging jedes Mal mit großen Erwartungen dorthin. Tief in mir gab es eine starke Sehnsucht – wonach, das hätte ich nicht genau sagen können. Zum einen erhoffte ich mir immer, irgendwo dort draußen, in der Diskothek, im Kino oder sonst wo, meinen Traumprinzen zu finden. Der würde mir meine ganze Erfüllung schenken, dachte ich mir. Zum anderen erwartete ich, dass irgendetwas Außergewöhnliches passieren müsste.

Manchmal wurde ich melancholisch, fast depressiv und spürte diese Sehnsucht körperlich in meinem Herzen. Aber was war es, wonach ich mich sehnte?

Schon als ich 10 oder 11 Jahre alt war, hatte ich dieses eigenartige

Gefühl, dass mir von einer Minute auf die andere plötzlich alles leer, bedeutungslos, ja unsinnig erschien. Ich fiel und fiel in ein tiefes schwarzes Loch voller Hoffnungslosigkeit. An eine Situation erinnere ich mich besonders. Meine Eltern und ich waren bei meinem Onkel und meiner Tante zu Besuch. Das Haus war voller Leute: meine Eltern, Onkel und Tanten, Cousinen und Cousins mit ihren Familien. Es herrschte lebhafter Trubel, und wir waren vergnügt. Und dann kam plötzlich wie aus heiterem Himmel wieder dieses Gefühl über mich. Alle kamen mir vor wie Fremde. Ich wollte mich irgendwoan festhalten, aber woran? Es gab nichts, keinen Gedanken, der mir Trost brachte und dieses schreckliche schwarze Loch vertrieb.

Wenn mein schlechtes Gewissen zu stark wurde, nahm ich mir vor, mich zu ändern, »gut« zu sein und in die Kirche zu gehen. Ich fragte mich, ob ich wohl in den Himmel kommen würde, wenn ich stürbe. Ich dachte an Jesus, und dass er ja für uns gestorben ist, aber dieser Gedanke beruhigte mich nicht. Ich fühlte mich schlecht und verdorben. Wer weiß, was aus mir würde . . .? Also raffte ich mich auf und ging zum Gottesdienst, obwohl ich sehr müde war vom Diskothekenbesuch am Vorabend. Aber die Worte der Predigt berührten mich nicht. Es waren nur fromme Parolen und Schlagworte. Besonderen Feiertagen wie Weihnachten, Ostern oder Pfingsten sah ich mit Freude entgegen. Es baute sich eine richtige innere Spannung bei mir auf. Ich empfand ein Glück, das ich gerne festhalten wollte und das Verlangen nach mehr davon in mir weckte. Ich erinnere mich genau an ein Pfingstfest. An diesem Tag ging ich gerne in die Kirche, irgendetwas zog mich dorthin. Während des gesamten Gottesdienstes war ich voller Erwartung, dass irgendetwas mit mir passieren müsse. So stand es doch in der Bibel. An Pfingsten wurde der Heilige Geist ausgegossen, was immer das auch war, und die Apostel hörten den Heiligen Geist sprechen. Das wollte ich auch. Ich erwartete eine Art Wunder.

Es passierte nichts. Genauso wie ich in die Kirche gekommen war, ging ich auch wieder hinaus, nein, eigentlich sogar noch um etwas ärmer. Meine Enttäuschung war so tief, dass ich hätte heulen können. Doch sprechen konnte ich mit niemandem darüber. Was hätte ich auch sagen sollen, etwa, dass ich enttäuscht war, dass keine Feuerzungen auf die Menschen in der Kirche gefallen waren, dass wir nicht in fremden Sprachen redeten, dass wir den Heiligen Geist nicht sprechen hörten und dass auch sonst nichts Spektakuläres passiert war?

Es war ein Sonntagnachmittag im Januar. Marianne stand neben mir in meinem Badezimmer und wartete, dass ich mit meiner »Toilette« fertig wurde. Sie wollte in eine Diskothek gehen. Ich hatte eigentlich keine rechte Lust, es war kalt und zum Anziehen fand ich auch nichts Rechtes. Außerdem fühlte ich mich auch nicht besonders, aber Marianne wollte nicht gerne alleine fahren, so hatte ich mich von ihr überreden lassen. Endlich war ich fertig und wir stiegen in das Auto von Mariannes Mutter ein, denn zum Fahren hatte ich nun wirklich keine Lust. Die Fahrt dauerte etwa 20 Minuten. Wir fanden schnell einen Parkplatz und beeilten uns, in die Diskothek zu kommen, denn es war klirrend kalt.

Obwohl es Sonntagnachmittag war, war es drin voll. Eine Sitzgruppe war noch frei und wir steuerten zielsicher darauf zu. Der Kellner kam, und wir bestellten zwei Cola. Alkohol tranken wir nie oder fast nie. Nur im Sommer genehmigten wir uns manchmal einen Batida di Coco mit Orangensaft.

»Ich gehe ein bisschen Tanzen, kommst du mit?«, fragte Marianne mich.

»Ja, ich komm mit, aber zum Tanzen hab ich keine Lust.« Ich stellte mich an den Rand der Tanzfläche und sah Marianne beim Tanzen zu.

»Wie sinnlos ist das alles«, dachte ich. »Was mache ich eigentlich hier. Immer wieder das Gleiche. Die Männer stehen um die Tanzfläche herum und schauen sich das ›Frischfleisch‹ an. Das ist so abstoßend.«

Irgendwann sprach ein junger Mann Marianne an. Sie unterhielt sich eine ganze Weile mit ihm, tanzte mit ihm und irgendwann lud er uns beide an seinen Tisch ein. Er war dort mit ein paar Freunden. Es stellte sich heraus, dass er Türke war. Auch Marianne zog es mehr zu südländischen Typen, obwohl Ömer, so hieß der Mann, nicht gerade das typische Erscheinungsbild eines Türken vorwies. Er war sehr groß und dunkelblond. Marianne und Ömer unterhielten sich und ich beobachtete die Menschen um mich herum. Ich war ganz vertieft in meine Gedanken, als mich plötzlich einer von Ömers Freunden ansprach.

»Hast du eine Uhr an?«, fragte er mich.

»Was für eine plumpe Anmache!«, dachte ich und antwortete kurz angebunden. Er gab aber nicht auf und verwickelte mich schließlich in ein Gespräch. Auch er kam aus einem islamischen Land und hieß Muhammad. Wie sein Freund Ömer war er aus der Nachbarstadt. Er hatte rabenschwarze Locken, dunkle Augen, war nicht sehr groß, aber sportlich. Offensichtlich war sein Vorbild Michael Jackson, denn er kleidete sich in seinem Stil und tanzte auch so. Irgendwann ließ er seinen Arm auf meine Schulter fallen, und als ich mich zu ihm umdrehte, um zu protestieren, küsste er mich einfach auf den Mund. Einerseits war ich sauer über so viel Unverfrorenheit, andererseits zog es mich an. Ich ließ mich jedenfalls auf eine Verabredung mit ihm ein, allerdings nicht alleine, Marianne und Ömer verabredeten sich für denselben Zeitpunkt am selben Ort.

Marianne war ziemlich verliebt in Ömer. Ich war reservierter, denn mein »Traumprinz« war Muhammad keineswegs. Als der Tag unserer Verabredung kam, war ich sehr nervös.

»Weißt du noch, wie die beiden aussehen?«, fragte ich Marianne. »Ich glaube, ich erkenne Muhammad gar nicht mehr. Ich habe total vergessen, wie er aussieht. Hoffentlich bekomme ich nicht den totalen Schock, wenn ich ihn sehe. Was mache ich, wenn ich ihn ganz furchtbar finde?«

»Muhammad sieht nicht furchtbar aus, Johanna«, beruhigte mich Marianne. »Ich weiß, dass er dir gefällt. Oder glaubst du, dass dein Geschmack sich in so kurzer Zeit ändert?«

Es regnete in Strömen, als wir ankamen. Von unserem Parkplatz mussten wir noch ein gutes Stück zu unserem vereinbarten Treffpunkt laufen. Von weitem sahen wir Ömer und Muhammad unter einem Vordach stehen. Und was ich da jetzt sah, gefiel mir sehr gut.

3. In Muhammads Familie fühlte ich mich wohl

»Du kommst jetzt mit zu mir nach Hause und Schluss! Meine Familie wird dich schon nicht fressen. Wenn du nicht kommst, gehe ich jetzt allein. Ich habe meiner Mutter von dir erzählt, und sie will dich kennen lernen.«

»Aber dein Bruder, Muhammad«, gab ich zu bedenken.

»Mein Bruder ist nicht da, er arbeitet noch und seine Frau auch. Also, was ist, komm endlich.«

Mit diesen Worten stieg Muhammad aus meinem Auto aus. Was blieb mir jetzt noch übrig; entweder ich konnte nach Hause fahren oder in den sauren Apfel beißen und Muhammad in das einfache Mehrfamilienhaus folgen, um seine Mutter kennen zu lernen. Seit ungefähr drei Monaten waren wir nun zusammen, und seit kurzem drängte Muhammad mich, endlich mit ihm nach Hause zu kommen. Er lebte zusammen mit seiner Mutter, seinem ältesten Bruder Hussein und dem zweitältesten Bruder Umar mit dessen Frau Fatima. Muhammads Vater war schon lange tot. Er war ein hoch angesehener Mann, eine Art Großgrundbesitzer in seinem Dorf gewesen. Für Muhammads Mutter war es eine Ehre gewesen, von ihm als Frau erwählt worden zu sein. Leider missbrauchte er seine Position und führte ein ausschweifendes Leben. Dadurch schaffte er sich Feinde und wurde dann auch von einem solchen erschossen, als Muhammad noch ein kleiner Junge war. Seine Mutter hatte nun die Wahl, entweder zweite Frau ihres Schwagers zu werden oder zu ihren Eltern zurückzugehen. Beides sagte ihr nicht zu, so dass sie sich bemühte, nach Deutschland zu kommen, was ihr auch bald gelang.

Zögernd ging ich hinter Muhammad her. Er schloss die Wohnungstür auf und ging zielstrebig ins Wohnzimmer. Langsam folgte ich ihm. Im Wohnzimmer unterhielt sich Muhammads Mutter lebhaft mit einer anderen Frau. Beide trugen ein kleines Baumwollkopftuch, nach hinten um den Kopf geschlungen, so wie es früher auf dem Land Bäuerinnen bei der Arbeit trugen. Muhammads Mutter war außerdem mit einer Art Pluderhose und einer Bluse bekleidet. Als wir das Wohnzimmer betraten, verstummte die Unterhaltung, und Muhammads Mutter sah mich vom Sessel aus an. Ich bewegte mich unsicher auf sie zu und begrüßte sie. In den folgenden Stunden saß ich da und versuchte zu verstehen, was geredet wurde. Meiner Bitte, mir doch etwas zu übersetzen, kam Muhammad nicht nach. Wir tranken Tee, und die Zeit schien nicht zu vergehen.

Ich sah mich ein wenig um. Das Wohnzimmer war einfach möbliert. Eine Art Liege, auf der ich mit Muhammad saß. Links neben uns die Tür zum Flur, in der Ecke ein Ölofen, dann ein beigefarbener Sessel, auf dem Muhammads Mutter Rukkaya mit seitlich angezogenen Beinen saß. Dann wieder eine Tür. Über der Tür hing als einziger Schmuck in diesem Zimmer ein Bild von der Kaaba* in Mekka bei Nacht. Direkt daneben war eine Tafel mit einem Spruch in einer fremden Sprache angebracht. Er bedeutete: »Was hast du heute schon für Allah getan?«

Gegenüber von uns war das Fenster und daneben ein ebenfalls beiges Sofa, auf dem die andere Frau saß. Rechts von uns dann ein alter Wohnzimmerschrank. In der Mitte des Raumes stand ein altmodischer Couchtisch, den man mit einer Kurbel an der Seite hochdrehen konnte. Schließlich stand Muhammads Mutter auf und sagte irgendetwas. Daraufhin verabschiedete sich die Besucherin. Muhammads Mutter verschwand kurz im Badezimmer, um dann durch die andere Tür des Wohnzimmers in ihr und Muhammads Schlafzimmer zu gehen.

---

* Das islamische Heiligtum in Mekka, Saudi Arabien. Ein würfelförmiger einfacher Bau, der mit schwarzen Tüchern aus Samt bespannt ist. Es ist Pflicht eines jeden Muslims, einmal im Leben, sofern er finanziell und körperlich dazu in der Lage ist, nach Mekka zur Kaaba zu pilgern und die dafür vorgeschriebenen Riten zu vollziehen.

»Sie betet«, verriet Muhammad mir.

»Und du«, fragte ich Muhammad, »betest du nicht?«

»Nee, nur manchmal, ganz selten. Das ist mir zu anstrengend.«

»Was betet man denn da so?«, wollte ich weiter wissen.

»Ach, frag das meine Mutter. Die kann dir das besser erklären.«

Nach einer Weile kam Muhammads Mutter wieder ins Wohnzimmer. Sie hatte jetzt einen langen, bis auf die Erde reichenden bunten Rock an. Sie setzte sich wieder auf »ihren« Sessel und fing an, sich mit mir in gebrochenem Deutsch zu unterhalten. Ich hatte einige Schwierigkeiten, sie zu verstehen, aber mit der Zeit gewöhnte ich mich an ihre Sprache. Ich fragte sie nach dem Gebet, das sie gerade verrichtet hatte, aber leider verstand ich nicht sehr viel davon. Sie sagte immer etwas von »as-Salat« und dass sie es sehr lieben würde und es sie sauber mache.

In der nachfolgenden Zeit war ich oft bei Muhammad zu Hause. Seine Mutter war sehr nett zu mir. Ich denke, es lag zum Teil auch daran, dass sie mein Interesse und meine Offenheit ihrem Glauben gegenüber bemerkte. Einmal, viel später, sagte Muhammad mir auch, dass er sehr schnell bemerkt hätte, dass ich nicht so war wie die meisten Mädchen und Frauen, die er bisher kennen gelernt hatte. Sie hatten meist nur Vergnügen im Kopf und waren an einer festen Beziehung nicht interessiert. Wenn er mit ihnen ein paar Mal im Bett gewesen war, sei die ganze Sache vorbei gewesen. Bei mir aber sei das anders. Als er meine Familie kennen gelernt hatte, habe er sofort gesehen, dass sie auch anders sei als das, was er so bei Deutschen gewohnt war. Wir wären »anständig«, wie er sich ausdrückte.

Obwohl meine Eltern gegen eine Beziehung mit Muhammad waren, stand für uns bald fest, dass wir heiraten wollten. Es gefiel ohne Zweifel auch Muhammad, dass ich mich mit seiner Mutter und auch seiner übrigen Familie so gut verstand, auf kulturelle Gepflogenheiten seines Heimatlandes achtete und versuchte sie zu erlernen, und natürlich, dass ich offen dem Islam gegenüber war. Auch wenn ein Muslim seine Religion selbst nicht dem Koran gemäß praktiziert, so ist er doch stolz auf sie und »trägt sie in seinem Herzen«, wie Muhammad sich ausdrückte.

Ich fühlte mich wohl in Muhammads Familie. Wenn seine Mutter von ihrer Arbeit in einer Fabrik nach Hause kam, kochte ich mit ihr zusammen. Wir aßen gemeinsam, tranken Tee und unterhielten uns weiter über den Islam und über den christlichen Glauben. Ich versuchte Muhammads Mutter zum Christentum zu bekehren und sie mich zum Islam. Sie stellte mir viele Fragen und konfrontierte mich mit Aussagen wie: »Die Bibel ist doch nicht mehr echt. Sie wurde doch gefälscht. Es ist nicht mehr reines Gotteswort. Wie kannst du dann wissen, was Gott dir sagen will, was überhaupt sein Wille ist? Der Koran ist nicht gefälscht. Wir haben ein Original aus der Zeit Muhammads. Das stimmt mit unserem heutigen bis auf das kleinste Pünktchen überein.«

Ich erwiderte, woher sie denn so genau wisse, dass die Bibel gefälscht sei und nicht mehr das echte Gotteswort enthalte.

Das würden doch die christlichen Theologen selbst sagen, meinte sie, und außerdem gäbe es viele Widersprüche in der Bibel. Und Gott könne doch nicht »Drei« sein, sondern nur einer. Er könne doch auch keinen Sohn haben, er brauche keinen Teilhaber. Das würde ja alles im Koran stehen. Überhaupt wäre der Koran in vielem gleich mit der Bibel. Nur eben ohne die Fehler, die in die Bibel durch die Menschen hineingekommen wären.

»Ja, aber wie ist das denn mit den Frauen. Die haben doch keine Rechte im Islam, das weiß doch jeder und das sieht man überall. Sie haben mir auch von Ihrem Mann erzählt und wie schwer Sie es hatten. Die Frauen müssen nur auf die Männer hören und tun was sie sagen, sie haben keine Rechte, nur Pflichten«, warf ich ein. »Und sie müssen ein Kopftuch tragen.«

»Das ist keine Unterdrückung, das Kopftuch. Die Frau ist sehr wertvoll, deswegen soll sie bedeckt sein. Wenn du etwas hast, etwas sehr Wertvolles, zum Beispiel einen Edelstein, dann versteckst du es doch auch vor anderen. Außerdem ist es für den Mann etwas Besonderes, nur ein kleines Stück von der Haut seiner Frau zu sehen, wenn sonst alle verschleiert sind und er nicht überall nackte Frauen sieht wie hier in Deutschland«, belehrte mich Muhammads Mutter.

Überzeugen konnten mich diese Argumente allerdings nicht, sah ich doch eine ganz andere Realität um mich herum. Die türkischen und arabischen Frauen, die ich mit Kopftuch sah, wurden nicht besonders von ihren Männern geachtet, im Gegenteil, sie hatten aufs Wort zu parieren. Auch in Muhammad steckte ein Pascha, das hatte ich im Laufe der Zeit leider feststellen müssen.

Rukkaya, wie ich Muhammads Mutter inzwischen nennen durfte, trug selbst nicht das Kopftuch, wenn sie ausging oder zur Arbeit, nur zu Hause trug sie dieses Baumwolltuch. Ich sprach sie darauf an, und sie erklärte mir, dass sie selbst den Islam nicht richtig praktiziere, da sie Angst vor der Gesellschaft habe. So trage sie eben beispielsweise kein Kopftuch und verrichte nur zu Hause die vorgeschriebenen Gebete, aber sie wolle das so gerne ändern, da sie sich in diesem Zustand nicht glücklich fühle.

4. Ein Seminar mit Frauen und ein Buch

Die Gespräche mit Rukkaya brachten mich zum Nachdenken und machten mir meinen Mangel an Wissen oder »Kompetenz« in meiner eigenen Religion, dem Christentum, bewusst. Dass die Bibel gefälscht war, diese Behauptung von Rukkaya ging mir nicht mehr aus dem Kopf, zumal mir plötzlich wieder der Religionsunterricht aus meiner Schulzeit einfiel, in dem uns dasselbe beigebracht wurde. Damals hatte ich ja abgeblockt und einfach nicht weiter darüber nachgedacht. Jetzt ließ sich das Ganze nicht mehr verdrängen. Ich begann in der Bibel zu lesen, um einen Zugang zu ihr zu finden. Oft hatte ich das Gefühl, dass sich hinter dem, was ich da las, noch viel mehr verbarg, so etwas wie eine »geheime Botschaft«. Auch Muhammad hörte mir zu, wenn ich ihm aus der Bibel vorlas. Oft sagte er dann: »Das steht doch alles im Koran. Da siehst du es.« Irgendwann beschloss ich, einen Koran in deutscher Übersetzung zu kaufen. So viel hatte ich nun von diesem geheimnisvollen Buch gehört, jetzt wollte ich es selbst einmal lesen, vielleicht würde mir das mehr Klarheit verschaffen und meinen Seelenfrieden wiederbringen, den ich durch meine Gespräche mit Rukkaya verloren hatte. Oder war mir durch die Gespräche mit ihr erst so richtig bewusst geworden, dass ich gar keinen gehabt hatte?

Egal – ich ging mit Muhammad in eine große Buchhandlung und suchte mir eine deutsche Koranübersetzung von Reclam aus, ein blauer Einband mit goldener Schrift, etwa in der Größe eines Kirchengesangbuches. Voller Neugier begann ich darin zu lesen. Meine Erwartungen wurden enttäuscht: Es sprach mich überhaupt nicht an, im Gegenteil, der Gott Allah, der dort beschrieben wurde, erschien mir als ein sehr unerbittlicher, ferner und ungerechter Gott. Er leite den auf den rechten Weg, den er will, stand da zu lesen. Zum Kampf wurde auch aufgerufen, und die Männer waren im Paradies eindeutig bevorzugt, denn von den Frauen stand in diesem Zusammenhang nichts. Ich unterstrich alle betreffenden Stellen fein säuberlich und beschloss, mit Rukkaya über meine Entdeckungen zu sprechen.

Sie konnte mir nicht viel dazu sagen, aber sie erzählte mir etwas von deutschen muslimischen Frauen. Sie sagte, dass sie gebildete Frauen wären, die sogar studiert hätten und zum Islam konvertiert wären. Das konnte ich mir nicht vorstellen, dass es so etwas geben sollte. »Nichts in der Welt könnte mich dazu bringen, zum Islam zu konvertieren, nachdem ich auch noch im Koran gelesen habe«, dachte ich. Aber interessant fand ich es trotzdem, und immer öfter zog ich in Erwägung, diese Frauen vielleicht einmal persönlich kennen zu lernen. Ich erzählte es Rukkaya, und die war sofort Feuer und Flamme. Sie sagte, es wäre kein Problem, sie hätte die Nummer einer dieser Frauen, und schon hatte sie das Telefon in der Hand. Wir mussten es ziemlich oft versuchen, bevor wir Glück hatten und jemand ans Telefon ging. Aber dann ging eigentlich alles sehr schnell. Ein Termin wurde für das nächste Treffen der islamischen Frauengruppe vereinbart. Die Frau, mit der Rukkaya sprach, war die Leiterin dieser Gruppe und erklärte uns genau den Weg zum Treffpunkt. Als wir dann ein paar Tage später auf dem Weg dorthin im Auto saßen, war ich ganz schön aufgeregt. Nun sollte ich doch wirklich Deutsche kennen lernen, die zum Islam konvertiert waren. Muhammad fuhr mit.

Nach längerem Suchen fanden wir endlich die Adresse. Auf unser Klingeln öffnete eine mit weitem, bodenlangem, schwarzem Kleid und schwarzem Kopftuch bekleidete junge Frau die Tür. Sie begrüßte Rukkaya in deren Muttersprache. »O je«, dachte ich, »das wird Sprachprobleme geben. Sicher spricht sie kein Deutsch.« Doch zu meiner Verblüffung sagte Jamila, so hieß die junge Frau: »Kommen Sie doch herein. Wir haben schon angefangen, es sind alle im Wohnzimmer. Bitte setzen Sie sich.«

Das war die erste Überraschung für mich an diesem Tag, dass verschleierte Frauen auch Deutsch sprechen, und zwar akzentfrei. Für mich war es immer ganz klar gewesen, dass Frauen mit Kopftuch der deutschen Sprache nicht oder kaum mächtig sind.

Ich hatte bis dahin die islamische Frauenbekleidung noch nie bewusst gesehen und war nun ganz beeindruckt, besonders als wir in den »Versammlungsraum« kamen, das Wohnzimmer der Hochhauswohnung. Hier saßen mindestens zehn Frauen verteilt auf dem Sofa, auf Sesseln und auf dem Fußboden. Alle trugen bodenlange, weite Kleider oder Röcke und Kopftücher, die weit über Schultern und Rücken fielen und so gebunden waren, dass man nur noch das Gesicht sehen konnte. Zwei Mütter von Babys unterhielten sich gerade. Eines von den Babys hatte dichtes, schwarzes Haar, das andere war ein kleines Glatzköpfchen, aber nicht weniger niedlich. Die Mutter des Glatzköpfchens sagte:

»Warum hat das eine Baby bloß so viele Haare und das andere kein einziges?« Die andere Mutter antwortete:

»Ganz einfach, weil Allah dem einen viele Haare schenkt und dem anderen keine.«

»O ja, klar doch«, dachte ich, »leicht abgehoben sind die wohl alle. Die haben wohl auch schon mal im Buddhismus geschnuppert und probieren jetzt den Islam aus. Kein Wunder, dass solche im Islam landen.« So schien mein Weltbild also doch wieder zu stimmen. Ich brauchte nicht weiter beunruhigt zu sein. Es waren keine »normalen« Deutschen, die da Muslime geworden waren.

Da begann eine Frau zu sprechen. Ich erinnere mich nicht mehr an vieles von dem, was sie sagte, aber die Art und Weise, in der sie sprach und in der sie sich gab, beeindruckte mich. Es hatte alles Hand und Fuß, was sie da sagte. Sie sprach davon, dass wir aus uns selbst heraus keinerlei Wissen über Gott, über Allah haben, ja auch gar nicht haben können, weil wir durch unsere Menschlichkeit und Geschöpflichkeit begrenzt sind und so Allah nicht unmittelbar erfahren können; dass wir darauf angewiesen sind, dass er sich uns offenbart, uns Wissen über ihn selbst mitteilt. Dies habe Allah durch den Koran getan. Im Koran spreche Allah zu uns, gebe er uns Informationen über sich selbst. Man könne unsere Situation vergleichen mit jemandem, der in einer dunklen Kiste sitzt und nicht hinaus kann. Wenn er etwas über die Welt außerhalb der Kiste erfahren wollte, sei er auf jemanden angewiesen, der dort ist und ihm etwas über die Welt außerhalb der Kiste berichtet.

Später sprach sie über die Bedeutung der islamischen Frauenbekleidung. Rukkaya hatte mir darüber ja schon einiges gesagt, aber hier erfuhr ich noch, dass der Schleier die Familie schützen solle. Da Männer von Natur aus so angelegt wären, dass sie für die äußeren Reize der Frauen sehr empfänglich sind, soll die Verhüllung des weiblichen Körpers die Männer und Frauen von außerehelichen Beziehungen abhalten bzw. sie gar nicht erst in die Gedanken der Männer kommen lassen. Auch solle bewirkt werden, dass die Frauen das Konkurrenzdenken untereinander ablegen und wirklich Schwestern sind.

Diese Ideen fand ich sehr einleuchtend. Schließlich sind die Frauen in der westlichen Welt stark dem Einfluss der Medien ausgesetzt, die uns glauben machen, dass Frauen nur einen Wert haben, wenn sie jung, schlank, sonnengebräunt und aktiv sind, und es ist nicht so leicht, sich diesem Credo zu entziehen. Außerdem ist es eine Tatsache, dass immer mehr Mädchen und Frauen unter Essstörungen wie Bulimie leiden, die leider oft tödlich enden. Also, da hatte der Islam doch wirklich eine gute Lösung parat! Außerdem entzieht man sich auf diese Weise auch dem Modediktat und kann sein Geld für sinnvollere Dinge ausgeben als immer für neue Kleider, weil die »alten« aus der Mode gekommen sind.

Nach diesem »Seminar« wurde auf der Fußbodenmitte ein großes Tischtuch ausgebreitet und im Nu standen da Salate, Kuchen, orientalische Köstlichkeiten, Tee und vieles mehr. Man unterhielt sich angeregt über das Gehörte, über andere Glaubensfragen und tauschte sich über Privates aus. Es war eine angenehme Atmosphäre, geprägt von Freundlichkeit und Zusammengehörigkeit, und ich wurde ganz selbstverständlich mit hineingenommen. Tief in meinem Inneren spürte ich den Wunsch, dazugehören zu können. Aber mein Glaube trennte mich von diesen warmherzigen Frauen, und ich hätte niemals einen so entscheidenden Schritt gegen meine Überzeugung tun können.

Die Leiterin des Seminars setzte sich zu mir. Chadidscha hieß sie. Diesen Namen hatte sie bei ihrer Konversion zum Islam vor fast 20 Jahren angenommen. Ich stellte ihr meine Fragen: »Wieso sind Sie Muslimin geworden? Warum redet Gott im Koran in der Wir-Form? Warum werden im Koran im Paradiesgarten Frauen nur als Belohnung für gläubige Männer erwähnt? Wie ist das mit den gläubigen Frauen – gehen die leer aus? Was bedeutet das im Koran: Allah leitet recht, wen er will, und führt in die Irre, wen er will? Wenn das so ist, kann er uns für unser Tun doch nicht verantwortlich machen?«

Sie beantwortete mir nicht meine einzelnen Fragen. Stattdessen sagte sie mir, dass sie mir etwas über den Islam als Ganzes, als System erzählen wolle. Um Antworten auf meine Fragen zu finden gab sie mir ein Buch mit.

Sie begann: »Der Islam ist keine nachchristliche Religion, keine Erfindung Muhammads. Islam kommt aus der arabischen Wortwurzel ›Salama‹, was ›heil sein‹, ›unversehrt sein‹, ›ganz

32

sein‹ bedeute. Auch das Wort ›Islam‹ kommt aus dieser Wortwurzel und bedeutet unter anderem auch ›Frieden‹. So ist ein Muslim also jemand, der dadurch, dass er sich an das System Gottes, den Islam, anschließt, Frieden gefunden hat. Islam bedeutet das ›System Gottes‹, der Wille Gottes. Kein Wesen oder Ding hat die Freiheit zu wählen, ob es sich dem Islam anschließen will oder nicht, nur der Mensch. Der Mond zum Beispiel folgt immer seiner Bestimmung, ebenso die Sonne oder andere Körper. Nur wir Menschen haben die Freiheit, ›ja‹ oder ›nein‹ zum Islam zu sagen, müssen dafür aber auch die Konsequenzen tragen. Von Anfang an«, fuhr sie fort, »seitdem Adam und Eva gesündigt hatten, hat Gott Propheten zu den Menschen geschickt. Sie alle verkündeten den Menschen das Gleiche: Betet den einen einzigen wahren Gott an. Dient ihm, haltet seine Gebote, das vorgeschriebene Gebet, das Fasten, die Abgabe (Zakat). Der erste Prophet war Adam, der letzte Muhammad. Immer wurden Allahs Offenbarungen nach einiger Zeit vergessen oder aber gefälscht, wie es mit der Bibel passiert ist, die von den Juden und Christen gefälscht wurde. Dann schickte Gott immer den nächsten Propheten, um seine Botschaft richtig zu stellen. Muhammad brachte abschließend die gesamte Offenbarung Allahs, den Koran, und bis zum Jüngsten Tag wird er nicht mehr verfälscht werden, weil Allah darüber wacht.

Was da so die Medien über den Islam bringen, ist meistens falsch und von Vorurteilen geprägt. Die meisten kennen den Islam gar nicht wirklich, sondern zeichnen nur ein negatives Bild vom Islam, ohne wirklich mehr über ihn zu wissen.«

Ich wandte ein, dass ich schon einiges über den Islam gelesen hätte.

»War es von islamischen Autoren?«

Als ich verneinte, riet sie mir, erst einmal das Buch zu lesen, das sie mir gegeben hatte. Der Autor war Bucaille, ein französischer Wissenschaftler, der nach dem Studium des Korans zum Islam übergetreten war. Sie sagte dazu, dass man ja, wenn man zum Beispiel Englisch lernen wolle, dafür auch vorzugsweise zu einem Engländer ginge und nicht zu einem Franzosen.

Ich schaute auf die Uhr und stellte fest, dass wir uns schon mehrere Stunden hier aufhielten. Muhammad, dem nicht erlaubt gewesen war, mit hereinzukommen, da im Islam Männer und Frauen meistens getrennt sind, war ziemlich sauer, dass er so lange warten musste. Aber als ich ihm erzählte, was ich alles erfahren hatte, war er besänftigt, denn obwohl er ja kein praktizierender Muslim war, hat es ihn doch immer sehr gestört, dass ich so auf meinem christlichen Glauben beharrte.

Zu Hause war ich sehr aufgewühlt. Hatte ich anfänglich geglaubt, dass es sich bei den deutschen Musliminnen um eine Gruppe »leicht Abgehobener« handelte, so war mir im Verlauf des Seminars und im Gespräch mit Chadidscha schnell das Gegenteil bewusst geworden. Sie hatte absolut rational argumentiert. Außerdem beeindruckte mich, dass sie selbst eine gebildete Frau war, sie hatte Jura studiert.

Ich stürzte mich mit Begeisterung auf die Lektüre des Buches, das sie mir mitgegeben hatte. Es befasste sich vergleichend mit Bibel und Koran im Lichte der modernen wissenschaftlichen Erkenntnisse. In jeder freien Minute las ich in dem Buch, so sehr fesselte es mich und so sehr war es mir ein Bedürfnis, die Wahrheit herauszufinden.

»Bibel, Koran und Wissenschaft« – so hieß das Buch – nimmt zuerst die Bibel, beginnend mit dem Alten Testament, unter die Lupe. Es werden so genannte liberale Theologen zitiert, die die Authentizität der Bibel anzweifeln, ja es wird ihr teilweise sogar ein Fabelcharakter zugeschrieben. Man zieht Parallelen zu historischen Gesängen, wie beispielsweise dem Rolandslied, das zwar eine historische Grundlage habe, ansonsten aber von den Historikern nicht wörtlich genommen werde, da es eben legendenhaft sei.

Weiter wird die bekannte Aufteilung des Alten Testaments in verschiedene Urquellen, also jahwistische, elohistische und priesterliche zitiert. Auch die Schöpfungsgeschichte wird kritisch durchgearbeitet. Dann wird als Argument, dass die Bibel verfälscht ist, angeführt, dass der Zeitraum von der Sintflut bis zu Abraham (ca. 300 Jahre) zu kurz ist, als dass in dieser Zeit eine »in Gesellschaften gegliederte, erneuerte Menschheit« entstehen kann, so wie sie in der Bibel zu Zeiten Abrahams beschrieben wird.

Das Gelesene beeindruckte mich tief, noch mehr dann die Ausführungen zum Neuen Testament. Auch hier wurden liberale Theologen zitiert. Besonders herausgehoben wurde die Gegensätzlichkeit des Judeo-Christentums und des Paulinismus. Die Entwicklung sei so gewesen, dass Paulus praktisch eine neue Religion geschaffen habe, die im Gegensatz zum Glauben der Jünger Jesu, wie des Jakobus, des Petrus oder Johannes, stehe. Hier wurden auch so genannte apokryphe Texte wie das Thomas-Evangelium hinzugezogen.

Die vier kanonischen Evangelien werden zuerst kurz einzeln vorgestellt und dann angebliche Widersprüche untereinander aufgeführt oder so genannte »Fehler«, zum Beispiel dass im Johannes-Evangelium der Bericht über die Einsetzung des Abendmahls fehlt oder die unterschiedliche Erzählung von Jesu Himmelfahrt im Lukas-Evangelium und in der Apostelgeschichte.

Ein anderer Punkt war eine Stelle im Johannes-Evangelium (Kapitel 14-15), in der Jesus vom Heiligen Geist redet. Der Originaltext in Griechisch spricht vom Heiligen Geist als vom »Parakletos«, später oft mit »Paraklet« übersetzt. Im 1. Johannes-Brief wurde dasselbe Wort »Paraklet« aber einfach für Jesus als Mittler verwendet, also für einen Menschen. Wenn man nun den Text über den Heiligen Geist anders lesen würde, so meinte der Autor des Buches, nämlich mit dem Verständnis des »Paraklet« als Mensch, so sei es klar, dass Jesus hier einen anderen Menschen angekündigt habe, der nach ihm komme, nämlich Muhammad.

Der zweite Teil des Buches befasst sich näher mit dem Koran. Zuerst untersucht der Autor die Authentizität und kommt zu dem Schluss, dass sie voll gegeben ist, da der Koran bereits zu Lebzeiten Muhammads aufgezeichnet worden sei. Kurz wird auch auf die Rezension eingegangen, die Uthman, der dritte Kalif, durchführte. Allerdings, wie ich heute meine, nicht objektiv, sondern es wird nur ein Teil der Wahrheit berichtet.

Im Leser wird hier der Eindruck erweckt, als hätten die Muslime ein Original des Korans vorzuweisen, und das blieb nicht ohne Wirkung auf mich.

Im Weiteren kommt Bucaille zu dem Schluss, dass der Koran absolut wissenschaftlich, ja geradezu als eine Quelle der Wissenschaft angesehen werden kann, wie es übrigens auch in vielen islamischen Kreisen gesehen wird. Im Besonderen befasst Bucaille sich hier mit der Schöpfung, dem Sonnensystem, Galaxien, Astronomie, der Erde, Fortpflanzung der Flora, der Fauna und des Menschen.

Der dritte und letzte Teil des Buches stellt koranische und biblische Berichte noch einmal vergleichend nebeneinander, wobei der Autor zu dem Schluss kommt, dass nicht die Bibel, sondern der Koran das echte, unverfälschte Gotteswort ist.

5. »Oh, Gott, wenn es dich gibt . . .«

Während ich in diesem Buch las, wurde ich zunehmend unruhiger. Ich konnte einfach nicht glauben, was ich da las. Sollte mein christlicher, westlicher, überlegener Glaube doch falsch sein und dieser harte Glaube an Allah die Wahrheit? Das Buch stieß mich ab und zog mich gleichzeitig an. Ich wollte es in die Ecke schmeißen und nie mehr in die Hand nehmen, und gleichzeitig musste ich es weiterlesen, wie von einer unsichtbaren Macht getrieben, nein gezogen. Überall mit hin nahm ich dieses Buch. Ich war damals in der Ausbildung und nahm das Buch sogar mit an meinen Arbeitsplatz, um in jeder freien Minute weiterzulesen. Ich brauchte mehr Zeit, um das Buch auszulesen, als ich sonst für ein Buch brauchte, denn ich wollte alles genau verstehen und aufnehmen. Dabei akzeptierte ich den gesamten Inhalt des Buches kritiklos, was zum Teil an meiner Jugend, zum Teil aber auch an meinem Wesen lag. Je mehr ich las, kam ich zu dem, wenn auch schmerzlichen Schluss, dass dieses

Buch die Wahrheit sagte. Ein Kampf in meinem Inneren begann. Ich fühlte mich orientierungslos, verletzt und zerrissen. Es war, als ob jemand meine ganze Sicherheit, in der ich bis dahin gelebt hatte, mit einem Schlag zerstörte, ja, als ob jemand an dem Fundament meines Lebens sägte und ich in einen unendlich tiefen Abgrund fallen würde. Ich wollte das nicht, aber ich konnte es nicht aufhalten. Es war, als ob jemand anderes das Ruder meines Lebens übernommen hätte.

Gedanken schossen durch meinen Kopf: »Was soll ich tun, wenn der Islam die Wahrheit ist? Wie kann ich mich zu ihm bekennen, hier in diesem Land? Was werden die Leute sagen, wenn ich mit einem Kopftuch rumlaufe? Was werden meine Eltern tun? . . . Dann kann ich nie mehr ins Schwimmbad gehen . . . Mein ganzes Leben wird dann auf den Kopf gestellt.«

Wie nach einem Rettungsanker griff ich zu Büchern der Zeugen Jehovas, die ich vor Jahren von meinem Onkel bekommen hatte, der zu dieser Sekte gehört. Ich suchte irgendeinen Hinweis auf die Echtheit der Bibel. Dort musste ich doch etwas finden. Ja, ich wäre sogar bereit gewesen, ein Zeuge Jehovas zu werden, wenn es denn der »richtige Weg« gewesen wäre. Tausendmal lieber hätte ich das in Kauf genommen, als Muslim zu werden. Ich las und suchte, aber nichts konnte ich finden, das mir geholfen hätte, und so legte ich die Bücher wieder beiseite.

Ich hatte nackte Angst und ganz stark das Gefühl eines übergroßen Verlustes, als ob mir etwas unendlich Kostbares verloren ginge. Es war eine tiefe Trauer in mir, dass »meine« Wahrheit eben nicht richtig war. Meine Geborgenheit wurde mir genommen. Seit ich ein Kind war, hatte ich mir mein »Bild« von Gott gemacht. Er war für mich immer wie eine Art Vater gewesen, auch wenn ich Jesus nie wirklich kennen gelernt hatte. Als Kind hatte ich eine Verbindung zu Gott, die nie ganz abgerissen war, auch nicht in meiner persönlichen »Sturm- und Drangzeit«. Ich spürte, er war immer da, ich konnte immer mit ihm reden, und er hörte mich. Ich war nie wirklich allein. Er war eben wie ein Vater.

Und so sollte er nun doch nicht sein? Das empfand ich als einen unendlichen Verlust.

Niemandem konnte ich sagen, wie es wirklich in mir aussah. Ich fühlte mich allein und abgeschnitten, wie in einem Nichts, einem Vakuum. Es war schrecklich, ich fühlte mich »gott-los« im wahrsten Sinne des Wortes. »Vielleicht gibt es ja in Wirklichkeit gar keinen Gott?«, hörte ich etwas in meinem Kopf. Ich jedenfalls hatte die Verbindung zu meinem Gott verloren; es war absolute Funkstille.

Einmal versuchte ich zaghaft, mit Muhammad über meine Gedanken zu reden. Er ging nicht auf das Thema ein. Er sagte nur: »Da siehst du, dass der Islam die Wahrheit ist. Habe ich doch die ganze Zeit gesagt.«

Ich hielt diesen Zustand nicht mehr aus. Äußerlich war alles wie immer; ich ging mit Muhammad und unseren Freunden in die Disko, besuchte Muhammads Mutter, sprach mit ihr, ging zur Arbeit. Innerlich fühlte ich mich aber von Tag zu Tag schlechter, es wurde unerträglich. Eines Nachts, als ich Muhammad nach einem gemeinsamen Abend nach Hause gebracht hatte und mich gerade im Auto auf der Heimfahrt befand, weinte ich laut und schrie meine Verzweiflung heraus: »Oh, Gott, wenn es dich gibt, dann sage mir, was richtig, was die Wahrheit ist, was ich tun soll! Du weißt, dass ich dich verzweifelt suche. – Wo die Wahrheit auch liegt, ich bin bereit alles zu tun, aber sage es mir endlich: Welchen Weg soll ich gehen?«

Ich war am Boden, auch körperlich, denn es war ein Kampf. Aber eine Antwort bekam ich nicht. Meine Gedanken drehten sich immer und immer im Kreis und sagten mir, dass ich es ja wisse, dass ich es aber nur verleugnen wolle. Der Islam sei doch absolut rational nachvollziehbar. Ja, rational – aber mein Herz konnte dem nicht folgen. In diesem Zustand blieb ich eine ganze Weile. Irgendwann im Laufe der nächsten ein, zwei Monate war dann für mich klar, dass der Islam die Wahrheit wäre und der Koran Gottes Wort. Es war irgendwie in mein Herz gerutscht und gemeinsam mit Muhammad und seiner Mutter, die sich sehr freuten, beschloss ich, wieder zu der islamischen Frauengruppe zu fahren, um dort dann offiziell den Islam anzunehmen. Dabei fühlte ich mich, als hätte ich irgendwo einen Trostpreis gewonnen, während ein anderer den Hauptgewinn davontrug.

Doch dann geschah etwas sehr Merkwürdiges. Im Rahmen meiner Ausbildung hatte ich ein Praktikum zu absolvieren. Das Ende des Praktikums fiel zeitlich gerade in diesen schwerwiegenden Entscheidungsprozess. Es war üblich, den Praktikanten eine kleine Aufmerksamkeit zukommen zu lassen, und so wurde auch ich zum Chef der Firma gerufen. Mit ein paar freundlichen Worten überreichte er mir ein Präsent, schön verpackt. An meinen Platz zurückgekehrt, packte ich es neugierig aus. Es verschlug mir fast den Atem, was ich da in Händen hielt, das konnte doch nicht sein!! Es war ein dunkelblaues Seidentuch – ein Kopftuch! Das war doch ganz klar ein Zeichen Allahs, dass ich auf dem richtigen Weg war, dass ich nicht zögern sollte.

So fuhr ich ein zweites Mal gemeinsam mit Muhammad und Rukkaya zu Chadidscha, der Leiterin der islamischen Frauengruppe. Ich redete mit ihr über die vergangene Zeit und zu welchem Entschluss ich gekommen war. Sie sagte mir daraufhin, wie der Übertritt zum Islam vollzogen würde. Ich war erstaunt, wie einfach es war. Ich brauchte lediglich vor zwei Zeugen, in diesem Fall Chadidscha und Rukkaya, das islamische Glaubensbekenntnis zu sprechen. Zu Hause sollte ich dann noch den so genannten »Gusl«, eine rituelle Ganzkörperwaschung unter der Dusche vornehmen, bevor ich mein erstes islamisches Pflichtgebet verrichten sollte.

Nachdem ich das Glaubensbekenntnis gesprochen hatte: »Ashadu alla ilaha illal-lah, wa-ashadu anna Muhammadan abduhu wa-rasuluh« (Ich bezeuge, dass es keinen Gott gibt außer Allah und dass Muhammad sein Diener und Gesandter ist!), umarmten mich Chadidscha und Rukkaya und gratulierten mir.

Ich atmete erleichtert auf. Jetzt war es also festgemacht: Ich war Muslimin und hatte einen neuen Namen: Zaynab.

In meine Seele kehrte wieder Ruhe ein.

Exkurs: Auch Allah ist im Abendland zu finden

Horst Afflerbach

Über 12 Millionen Muslime unterschiedlichster ethnischer Herkunft leben in Europa, davon ca. 3 Millionen allein in Deutschland. Sie gehören seit Jahren zum normalen Lebensalltag unserer Gesellschaft. Wir haben uns an die Gäste aus den fremden Ländern mit ihrer andersartigen Kultur mehr oder weniger gewöhnt. Sie leben und arbeiten unter uns, kaufen deutsche Waren und mieten oder kaufen Wohnungen. Unsere Kinder leben mit Ocgül, Ali und Mohammed in der Schule genauso selbstverständlich zusammen wie mit Sven, Anne und Christoph. Verschleierte Frauen begegnen uns auf der Straße und beim Arzt und werden (meistens) nicht mehr als Wesen von einem anderen Stern begafft. Unser Gemüse kaufen wir zum Teil in türkischen Läden, und den Döner lassen wir uns wie selbstverständlich beim Türken schmecken. Reisen in die Türkei und andere islamische Länder sind weiterhin sehr beliebt, wenn nicht gerade die politische Situation deutsche Touristen in andere Länder ausweichen lässt. Das Entstehen deutsch-ausländischer Kulturvereine und anderer Initiativen soll zur Integration der muslimischen Menschen in unsere Gesellschaft beitragen.

Dennoch scheinen ausländische Mitbürger (noch) nicht richtig integriert zu sein. Zu fremdartig erscheint ihre Religion und Kultur. Zu sehr leben sie in ihren kulturellen Ghettos. Zu stark sind (immer noch) Ausländer- und Fremdenhass in Deutschland spürbar. Zu wenig kennen sich Einheimische und Fremde und zu wenig tun sie, um sich gegenseitig kennen zu lernen.

Umso erstaunlicher ist es, dass sich immer wieder Deutsche – besonders Frauen – zum Islam bekehren und sich Allah und seiner Lehre unterwerfen. Die Frage soll uns beschäftigen, warum der Islam, die Lehre Allahs, für Deutsche eine ernsthafte Alternative zum Christentum wird. Was können die Hintergründe für eine Bekehrung zum Islam sein? Abgesehen von den persönlich biographischen Motiven, die nicht beurteilt werden können (oft: Heirat eines islamischen Partners!), gibt es sicher auch gesellschaftliche Hintergründe, die eine solche Konversion begünstigen.

Der z.T. hohe Ausländeranteil in westlichen Ländern (Europa und USA) lässt viele heute für eine *multikulturelle Gesellschaft* plädieren, in der Menschen unterschiedlichster Völker und Kulturen einträchtig miteinander leben können. Diese Idee wird von manchen als die einzig zukunftsträchtige Möglichkeit eines pluralistischen Gemeinwesens geträumt, von anderen allerdings als Alptraum bezeichnet. Der »Kampf der Kulturen«, so die These des berühmten amerikanischen Harvard-Politologen und Kulturforschers Samuel P. Huntington*, wird als gesellschaftlicher Sprengstoff gesehen. »Die Multikulturalisten möchten hier (in den USA, H.A.) ein Land der vielen Kulturen schaffen, ein Land, das zu keiner Kultur gehört und eines kulturellen Kerns ermangelt. Die Geschichte lehrt, dass ein so beschaffenes Land sich nicht lange als kohärente Gesellschaft halten kann.«

Kulturkampfpotenziale werden von Huntington besonders da ausgemacht, wo die konfuzianisch-islamische Achse auf westliche Kulturen trifft. Spätestens, seitdem fundamentalistische Gruppen in aller Welt ihr religiös motiviertes politisches Unwesen treiben, wächst die Sorge um den Frieden in einer multikulturellen Welt.

So bewirkt auch das Errichten von immer mehr Moscheen in deutschen Städten bei vielen Menschen eher zunehmend Unbehagen. Die Fragen, ob der Muezzin seinen Gebetsruf per Lautsprecher erschallen lassen, ob Koranunterricht an deutschen Schulen oder ob die doppelte Staatsbürgerschaft erteilt werden darf, erhitzen die Gemüter deutscher Bürger nicht nur in der betreffenden Stadt mit hohem Ausländeranteil, sondern führen zu heißen Diskussionen zwischen Befürwortern und Gegnern in der gesamten Republik und nicht nur unter Christen.

Sehr schnell kommt es dabei leider oft zu unersprießlichen Grundsatzdiskussionen, ob es auf Dauer ein friedliches Miteinander zwischen islamischer und christlicher Kultur in unserer europäischen, d.h. abendländischen Gesellschaft überhaupt geben könne, ob Ausländer (islamischer und anderer Konfession) raus sollen oder rein gehören usw.

Dass Allah ins Abendland gekommen ist, sollte zunächst weder Angst vor einem Kampf der Kulturen (das wäre zu hoch gehängt) noch Euphorie über eine friedlich-multikulturelle und -religiöse Gesellschaft auslösen (das wäre illusorisch) noch gleichgültig lassen (das wäre zu verharmlo-

---

* The Clash of Civilizations, 1996

send), sondern erst einmal zu einer möglichst realistischen Einschätzung der gesellschaftlichen Situation führen.

Da es sich bei dem Begriff Kultur nicht nur um geistige und künstlerische Lebensäußerungen einer Gesellschaft oder eines Volkes handelt, nicht nur um politischen Stil und öffentliche Ordnungen, sondern auch und gerade um Religion und dieser Faktor zu oft unterschlagen wird, soll er uns hier näher beschäftigen.

12 Millionen Muslime in Europa sind in ihrer Kultur wesentlich und wesenhaft von der religiösen Identität des Islam her geprägt. Das islamische Religionsverständnis prägt die Kultur der betreffenden Menschen und Länder, also ihre Sitten und Lebensgewohnheiten, ihr Werteverständnis und ihr Ethos ganzheitlich. Eine Trennung zwischen Reich Gottes und der Welt, zwischen der Religion und einer säkularen Kultur bzw. einem neutralen Staat kennt der Islam im Gegensatz zum Christentum und zur abendländischen Kultur nicht. Der Islam versteht sich als eine totale Glaubens- und Lebensweise, welche die Gesellschaften und Staaten prägen und auf sie übergreifen soll. Er hat das Ziel, eine weltumspannende Gemeinschaft unter Allahs Geboten (Theokratie) zu schaffen. Insofern trägt er vom Ansatz her bereits totalitäre Züge.

Ein Moslem bleibt – im Unterschied zu Menschen westlicher Kulturen –, auch wenn er »aufgeklärt« und westlich gebildet oder sogar gesellschaftlich adaptiert ist, ein Moslem. Ein Christ kann aus seiner Kirche austreten, ohne aufzuhören, ein Gläubiger zu sein und ohne mit diesem Schritt sein Leben zu gefährden. Das gilt für Muslime nicht, weil »der orthodoxe Islam das Recht auf Glaubensfreiheit nicht anerkennt«, sagt der Islamkenner Prof. Bassam Tibi.* Wenn z.B. der Fastenmonat Ramadan auch nicht von allen Muslimen gleich treu und gewissenhaft gehalten wird, so bestimmt er doch den Zyklus gesellschaftlichen Lebens und die Lebensgewohnheiten islamischer Menschen auch in säkularen Gesellschaften wie im Ausland.

Das deutsche Grundgesetz (und ähnlich ist es in den Grundgesetzen aller »westlichen« Länder, also auch in den USA, verankert) garantiert – und darauf sind wir zu Recht stolz – das Grundrecht auf Religionsfreiheit und politische Meinungsfreiheit. Konsequent angewandt bedeutet das, dass alle Menschen ihre Religion und Kultur in diesen Ländern frei und ohne Behinderung ausüben und leben dürfen. »Niemand darf wegen seines

---

* Missbrauch der Diaspora, in: Focus 14/1999, vom 3.4.99, S. 86

Geschlechtes, seiner Abstammung, seiner Rasse, seiner Sprache, seiner Heimat und Herkunft, seines Glaubens, seiner religiösen oder politischen Anschauungen benachteiligt oder bevorzugt werden« (Art. 3, Abs. 3 GG). Dieses hohe Rechtsgut westlich-abendländischer Kultur darf unter keinen Umständen und zu keiner Zeit leichtfertig aufs Spiel gesetzt werden. Religions-, Meinungs- und Gewissensfreiheit ist im Unterschied zu Auffassungen und Praktiken in anderen Kulturen und Ländern dieser Erde genuiner Ausdruck der christlich-abendländischen Kultur, die von der Lehre und dem Ethos des Christentums und der Aufklärung geprägt ist.

Wenn Allah ins Abendland kommt, dann bedeutet das selbstverständlich, dass muslimische Mitbürger ihren Glauben an Allah ungestört ausleben dürfen. Keiner würde ihnen das verbieten wollen, was er selbst in Anspruch nimmt. Gleichzeitig muss freilich erwartet werden können, dass umgekehrt in Ländern des Islam Religionsfreiheit für Menschen anderer Religionen möglich ist, was de facto aber leider so nicht gilt.

Eine ganz andere Frage ist, ob islamistischen Gruppen in Deutschland Körperschaftsrechte für ihre Religionsgemeinschaften erteilt werden sollen und damit Privilegien wie Zugang zur Macht (Beteiligung an Fernsehräten) oder ökonomischen Ressourcen (Kirchensteuer). Der Islam kennt in seiner 14 Jahrhunderte umfassenden Geschichte keine organisierte Religionsgemeinschaft kirchlichen Musters. Man wird auch fragen dürfen, warum einer muslimischen Gruppe, die noch nicht einmal das Grundrecht auf Glaubensfreiheit anerkennt, Körperschaftsrechte erteilt werden sollen. Und man wird nicht zuletzt fragen dürfen, warum Kirchen sich in diesem Fall so tolerant zeigen.

Die heute grundrechtlich garantierten Freiheiten und Voraussetzungen für ein friedliches Miteinander Menschen unterschiedlichen Glaubens waren freilich längst nicht immer gegeben.

Ein Blick in die Geschichte erhellt dies.

1. Die ersten Versuche Allahs, ins Abendland zu kommen

Nachdem der arabische Kaufmann Mohammed seine »Offenbarung« empfing und so zum Propheten wurde, begann er mit der Hedschra im Jahre 622 seine offizielle religiöse Initiative. Die arabische Welt fand in Mekka und Medina ihre muslimischen Heiligtümer, und der Islam expandierte stark. Durch den ersten Eroberungssturm fielen schnell wichtige christliche Hochburgen: im Jahr 635 Damaskus, 638 Jerusalem und Antiochia, 641 Alexandria, 651 das Sassanidenreich. Die zweite Eroberungswelle brachte 697 die Zerstörung Karthagos und 711 die Vernichtung des Westgotenreichs in Spanien.

Als der sich weiter ausbreitende Islam von Nordafrika über Spanien zum ersten Mal massiv ins christliche Abendland eindringen wollte, widerstand Karl Martell den herannahenden Muslimen 732 bei Tours und Poitiers und brachte ihnen nicht nur eine vernichtende militärische und politische Niederlage bei, sondern »rettete« durch diese Schlacht das christliche Abendland vor der Islamisierung und stellte die geistes- und kulturgeschichtlichen Weichen mit unerhörten Auswirkungen. Das Abendland konnte seine eigene Identität und Kultur entfalten, die über Jahrhunderte prägend für Europa und Amerika, also für die gesamte westliche Welt, war.

Als knapp tausend Jahre später, 1683, die Türken – nun auf der anderen, östlichen Seite Europas – über den Balkan heranstürmten und plötzlich mit 200 000 Soldaten vor Wien standen, wiederholte sich das Szenario. Diesmal war es Prinz Eugen, der mit Hilfe des polnischen Königs Johann Sobieski und einiger Verbündeter die Muslime zurückschlug und Europa vor der Islamisierung bewahrte.

Dass es sich bei den erwähnten berühmten Schlachten nicht nur um territoriale Auseinandersetzungen handelte, wird jedem schnell klar, der die geschichtlichen Zusammenhänge etwas näher kennt. Es ging um nichts anderes als die Entscheidung um die Vorherrschaft des Islam oder des Christentums inklusive ihrer kulturprägenden Kräfte in Europa.

So ermahnte der Polenkönig seine Soldaten vor der Schlacht um Wien: »Wir kämpfen zwar in einem fremden Land, aber nicht für eine fremde Sache. Wir kämpfen für unser Land und für die Christenheit, nicht für den Kaiser, sondern für Gott.«

Im Gegenzug ist den Muslimen durch das Christentum und durch »christliche Staaten« viel Leid und Elend zugefügt worden. Durch Kreuzzüge und Kolonialismus wurden viele islamische Menschen unterdrückt und getötet, ihre Kultur wurde zerstört und ihre Heiligtümer dem Erdboden gleichgemacht.

Dass Religionsauseinandersetzungen immer wieder mit dem Schwert ausgetragen worden sind und immer noch werden (!), erscheint uns heutigen »aufgeklärten« Menschen völlig unverständlich. Religiöser Imperia-

lismus in jeder Gestalt, dazu noch mit Gewalt durchgesetzt, ist keine Lösung und widerspricht dem Gebot der Liebe und der Menschenwürde.

Kritisch muss eingestanden werden, dass die folgenschwere Verqui-
ckung von Thron und Altar, die Errichtung eines Staatskirchentums zu einem kaum verständlichen geschichtlichen Paradox geführt hat: zur christlichen Machtpolitik. Sie widerspricht dem Wesen des Glaubens an Christus genauso, wie die Kreuzzüge, die im Namen Jesu durchgeführt wurden,
die Bedeutung des Kreuzes Christi höhnen!

Doch heute kommt Allah zum dritten Mal ins Abendland. Diesmal findet
er, anders als zur Zeit Karl Martells und Prinz Eugens, ganz andere politische, gesellschaftliche, kulturelle und religiöse Verhältnisse vor. Das so
genannte christliche Abendland, einen weitgehend vom Christentum und
der Aufklärung geprägten Kulturraum, gibt es nicht mehr. Stattdessen
etabliert sich:

2. Eine nachchristlich-pluralistische und multireligiös-post-
moderne Gesellschaft

Auf einige besondere Kennzeichen soll in unserem Zusammenhang
hingewiesen werden.

1) Geistige Orientierungslosigkeit

Typisch für die postmoderne Situation ist das Abhandengekommensein
eines klaren Wahrheits- oder Definitionsbegriffs. Die Frage »Was ist
wahr?« kann mit »Alles!« oder »Nichts!« beantwortet werden. Es gibt keine
absolute Wahrheit mehr. Während man in der Zeit vor der Moderne noch
um die absolute Wahrheit rang, stellte sich die Frage der aufgeklärten Moderne anders: Hier ging es nicht mehr um die *eine* Wahrheit, sondern um
die vielen Zugänge zu der einen Wahrheit. Heute in der Postmoderne gibt
es entweder gar keine Wahrheit mehr oder eben viele individuelle Wahrheiten.

Wie Friedrich Nietzsche den »tollen Menschen« fragen ließ: »Wer gab
uns den Schwamm, um den ganzen Horizont wegzuwischen?«, so scheint
man sich heute daran gewöhnt zu haben, dass man keinen Horizont mehr

hat! Der Horizont, das, woran man sich orientieren kann, was für alle die Bezugsgröße ist, was für alle Gültigkeit hat, das ist verschwunden!»Was taten wir, als wir die Erde von der Sonne losketteten? Wohin bewegt sie sich nun? Wohin bewegen wir uns? . . . Stürzen wir nicht fortwährend? Und rückwärts, seitwärts, vorwärts, nach allen Seiten? Giebt es noch ein Oben und Unten? Irren wir durch ein unendliches Nichts?«[*]

Tatsächlich lässt sich in der postmodernen Situation nicht mehr sagen, was gilt, weil letztlich alles gleich gültig scheint und alles möglich ist. Die Werbeslogans verstärken diesen neuen Glauben: »Alles ist möglich!«

Im Blick auf das ethische Verhalten bedeutet dies eine Relativierung der Werte. Was früher in einer relativ homogenen christlichen Gesellschaft noch ethischer Konsens war, ist es jetzt nicht mehr. »Der Ehrliche ist der Dumme.« Ein individuelles Beliebigkeitsethos, das allen ethischen Vorgaben kritisch gegenübersteht, prägt das Verhalten vieler Menschen. Nicht was wahr ist, interessiert, sondern was wirkt und Spaß macht.

Auf das Gebiet der Religion bezogen, bedeutet der neue postmoderne Ansatz den Abschied von dem Alleingeltungsanspruch einer einzigen Religion. Absolutheitsansprüche jeglicher Art sind ein für alle Mal passee. Die »Logik des Sowohl-als-Auch« hat sich in unserer Kultur unaufhaltsam verbreitet und ist zum »Zentralcode der Zivilisation« geworden.[**]

Dieses geistige Klima eines postmodernen Denkens begünstigt natürlich das Aufkommen und Etablieren aller nur denkbaren Religionen, Kulte und Sekten.

2) Religiöser Pluralismus

a) Der Markt der Möglichkeiten

Wer soll sich angesichts der über 600 Sekten und Psychoschulen, angesichts der über 30 »christlichen« Kirchen, angesichts hunderter unabhängiger Gemeinden neben den beiden großen Kirchen, angesichts der esoterischen Kulte, religiösen Zirkel und geheimen Orden in Deutschland

[*] F. Nietzsche, Die fröhliche Wissenschaft (1882), Aphorismus 125, in: ders: Sämtliche Werke, Kritische Studienausgabe (KSA), hrsg. von G. Colli und M. Montinari, Berlin/New York und München 1980, Bd. 3, S. 480f
[**] Matthias Horx, Trendbüro, Megatrends für die späten neunziger Jahre, Econ, Düsseldorf 1995

überhaupt noch zurechtfinden? Selbst auf den evangelischen Kirchentagen ist das religiöse Spektrum so breit, dass selbst kirchliche Insider hoffnungslos überfordert sind, alles wahrzunehmen und einzuordnen. Sogar außerchristliche Religiosität findet ihren Platz, ganz zu schweigen von den unüberschaubar vielen Initiativen zu jedem nur erdenklichen Thema.

Die religiöse Landschaft hat sich in den letzten Jahrzehnten total verändert. Vom Land der Reformation mit 65 % Protestanten noch vor 50 Jahren hat sich Deutschland zu einem religiösen Markt der Möglichkeiten entwickelt, auf dem alle erdenklichen Heilsangebote gemacht werden. Von **A** wie Ayatollah-Anhänger bis **Z** wie Zarathustra-Jünger, von **B** wie Bibeltreue bis **Y** wie Yin und Yang-Gläubige gibt es einfach alles.

Religion ist einerseits immer mehr bis ganz aus der Öffentlichkeit verschwunden, tritt andererseits aber wieder neu in den Medien als gefährliche oder exotische Kraft auf. Angst einflößende Scientologen werden neben friedlich meditierenden Anhängern des Dalai Lama gezeigt, fanatisierte islamische Fundamentalisten neben friedliebenden Frauen, die eine sanfte Spiritualität leben wollen. Alles Ungleichzeitige erscheint gleichzeitig, alles Widersprüchliche und Gegensätzliche scheint (er)lebbar zu sein.

*b) Säkular-religiöse Welten**

Dazu kommt ein weiteres verwirrendes Phänomen: Profane Dinge der Welt präsentieren sich im religiösen Schein: Trend-Parfüms tragen Namen wie »eternity« (Ewigkeit) oder »heaven« (Himmel als Gottes unsichtbare Welt), schöne elegante Frauen verheißen, als weiße Engel daherkommend, »himmlisches Kaufvergnügen«, eine Zigarettenmarke wirbt mit dem Slogan »Glaube – find your world«, eine Autofirma meint, die 10 Gebote des Autokaufs neu formulieren zu müssen, ein katholischer Geistlicher genießt verzückt einen Camembert usw. usf. Religiöses allenthalben, aber brutal verdiesseitigt und vermarktet, für andere Zwecke missbraucht. Das größte Kaufhaus Deutschlands in Berlin nennt sich in seiner Selbstpräsentation denn auch folgerichtig »Tempel der Lust«. Der Kult des kapitalistischen Konsumierens trägt nicht nur einzelne religiöse Züge,

---

* vgl. M. Nüchtern, Die (un)heimliche Sehnsucht nach Religiösem, 1998; derselbe: Wie hast du's mit der Religion? in: EZW-Texte Nr. 143, Quell Verlag, Stuttgart 1998

sondern ist gesamthaft bereits praktizierte Religion ohne Dogma. »Der Kult der kapitalistischen Religion dauert permanent an. Jeder Tag ist ein Festtag des Warenfetischismus, und die Adepten zelebrieren den Kult unausgesetzt in äußerster Anspannung. Die kapitalistische Religion hat weder eine Dogmatik noch eine Theologie . . ., sie ist also wie die Urformen heidnischer Religiosität, unmittelbar praktisch orientiert.«[*]

c) Individueller Glaube

Wenn der bekannte Sänger Marius Müller-Westernhagen in einem Interview mit einem deutschen Magazin[**] persönliche Aussagen über seinen Glauben macht, dann trifft er damit das Lebensgefühl einer ganzen Generation: »Ich bin ein gläubiger Mensch. Ich glaube zwar nicht an Gott als Person mit einem langen weißen Bart, aber ich glaube an Gott als universelle Energie. Gott ist allgegenwärtig. Jeder kann Jesus sein . . . Ich bete jeden Abend. Als Resümee des Tages und aus dem Bedürfnis, sich an jemanden zu wenden . . . Ich habe keine hohe Meinung von den meisten Religionslehren und schon gar nicht von der katholischen Kirche . . . Ich hätte große Lust, einmal in ein buddhistisches Kloster zu gehen.«

Der Individualisierungsprozeß der letzten Jahre – von Matthias Horx vor einiger Zeit schon als der »eigentliche Mega-Trend unserer Kultur« bezeichnet[***] – schlägt sich auch voll auf dem Gebiet der Religion nieder. Die religiöse Individualisierung ist Teil einer Entwicklung der Gesamtkultur. Typisch die Aussage einer Schülerin der 12. Klasse: »Ich suche mir meine Religion selber!« Vorgegebene Lehren oder fertige Antworten auf Fragen, die keiner stellt, will keiner mehr hören. Themen wie Schuld und Sühne werden konsequent aus- und von anderen Begriffen wie Gefühl, Angenommensein, Liebe und Wert überblendet. Man kann angesichts der immensen religiösen Individualisierungstendenzen sogar von der »Egoisierung des Glaubens« sprechen.

---

[*] Norbert Bolz, David Bosshard, Kult – Marketing. Die neuen Götter des Marktes, Düsseldorf 1995
[**] Focus vom 10. 8. 1998
[***] Matthias Horx, Trendbüro, Megatrends für die späten neunziger Jahre, Econ, Düsseldorf 1995

3) Der geschwundene Einfluss des christlichen Glaubens

Umgekehrt proportional zu dem Entstehen des religiösen Pluralismus geht der schwindende Einfluss des Christentums einher und charakterisiert die neue Situation. Deutschland ist kein christliches Land mehr.

Äußerlich betrachtet ist Deutschland zwar noch ein »gedritteltes Volk«: ein Drittel sind Atheisten und Moslems, ein Drittel Protestanten und ein Drittel Katholiken. In den letzten 50 Jahren ist die Zahl der Protestanten von 43 auf 27 Millionen zurückgegangen, die der Katholiken zwar leicht von 25 auf 27 Millionen gestiegen, wobei aber seit 1990 ebenfalls eine Abwärtsbewegung stattfindet.

Was allerdings noch wichtiger als die äußere Kirchenzugehörigkeit wiegt, ist die Frage, *was die Deutschen überhaupt glauben.* Und hier hat es in den letzten Jahren z.T. dramatische Veränderungen gegeben. Nach jüngsten Umfragen* glauben zwar noch 65 % aller Deutschen an Gott, aber dieses Gottesbild setzt sich aus vielen Elementen aus der Natur, des Universums, der Tradition und der Erfahrung zusammen und kann nur als religiös individuelles Patchwork-Muster bezeichnet werden. Mit dem christlichen Glauben hat das Gottesbild nicht mehr viel zu tun. Nicht einmal alle Kirchenmitglieder glauben an Gott! Das, was die Kirchen mit ihren kirchlichen Handlungen, religiösen Symbolen und Ritualen jahrhundertelang geleistet haben, nämlich vielen Menschen Antworten auf die Sinnfragen zu geben, sie in Schicksalsschlägen zu stützen, ihnen angesichts des Leidens Trost zu spenden und eine Hoffnung über das Grab hinaus zu vermitteln, das wird heute in großem Umfang auch schon von Bereichen der Kunst, des Konsums und der Kultur angeboten.

Diese Entwicklung vom christlichen Abendland zur nachchristlichen multireligiösen Gesellschaft kam freilich nicht über Nacht. Ich wage die These, dass der Einfluss der christlichen Kirchen in dem Maße kontinuierlich abnahm, wie sie sich in dem Anliegen, modern sein zu wollen, dem Zeitgeist anpasste und ihr Proprium, die Botschaft vom Heil in Christus, verriet.

Als vor ca. 250 Jahren die Aufklärung mit ihrem geistigen Emanzipationsprozess der Säkularisierung (Verweltlichung) einsetzte, wurde Gott

---

* Data Concept-Institut vom 2. und 3. März 1999, veröffentlicht in: Focus 14/1999 vom 3.4.99, S. 118ff

als Bedingung für die menschliche und weltliche Existenz überflüssig und konnte abgeschafft werden. Glaube als Voraussetzung geistiger Erkenntnis wurde als hinderlich ausgeschaltet. Kritisches Denken, d.h. die Wirklichkeit in Frage stellendes Denken, fand auch Eingang in Theologie und Kirche und führte zu einem nicht geahnten und vorher nie gekannten gewaltigen Erosionsprozess geistlicher Gemeinsamkeiten.

Die Bibel als Grundlage und Ursprung des Glaubens wurde weithin ihrer heilsgeschichtlichen Botschaft vom Handeln Gottes in Jesus Christus beraubt. Die frohe Botschaft von der Liebe Gottes, die verlorene Menschen um Jesu willen wieder annimmt und zu Kindern Gottes macht, wurde in Theologien der Mitmenschlichkeit und Weltveränderung umgedeutet. Moral statt Evangelium, Gesetzlichkeit statt Gnade, irdische Utopien statt lebendiger Hoffnung, politische und gesellschaftliche Appelle statt Lebenserneuerung aus der Kraft des Evangeliums, Steine statt Brot wurden geboten und vertrieben viele aus den Kirchen.

Der Ausschließlichkeitsanspruch des Evangeliums von Christus und des christlichen Glaubens wurde im Zuge einer säkularisierten und offenen Ökumene weithin aufgegeben. Stattdessen sollte die alte Vision Gotthold Ephraim Lessings, die er in »Nathan der Weise« 1779 zum ersten Mal vorgestellt hat, in unserer Zeit endlich Wirklichkeit werden: »Juden, Christen, Hottentott – glauben all' an einen Gott!« Die Einheit von Juden, Christen und Muslimen könne sich auf der Grundlage des gemeinsamen Glaubens verwirklichen. Jahweh, der Gott der Juden und der Vater Jesu Christi, als Gott der Christen, sowie Allah, der Gott der Muslime, seien doch identisch. Die Wahrheitsfrage sei in der absoluten Weise falsch gestellt. Weltfriede sei – so die berühmte These H. Küngs in seinem Plädoyer für ein Weltethos – ohne Religionsfriede, dieser wiederum ohne Dialog und dieser ohne den Verzicht auf Ausschließlichkeit eines religiösen Anspruchs nicht zu haben!

Richtig daran ist, dass ein unaufgebbarer Beitrag zum Frieden in der Welt tatsächlich der Frieden zwischen den Religionen ist. Richtig ist außerdem, dass dieser nur aufgrund des interreligiösen Dialogs, d.h. des offenen Austauschs über das Selbstverständnis der eigenen und fremden Religion, möglich ist.

Wichtig und unaufgebbar dabei ist weiterhin die praktische Toleranz und Freiheit allen Menschen anderer Religionen gegenüber, so dass sie ihren Glauben ungestört ausüben können.

Nicht dem Evangelium entspricht allerdings der Verzicht des Ausschließlichkeitsanspruchs Jesu Christi! Dialog darf den Anspruch Jesu Christi nicht ausschließen. Auch das Plädoyer auf Dialog bei gleichzeitigem Verzicht auf Mission beruht auf einem historischen und imperialen Missverständnis von Mission. Mission im Sinne Jesu kann nur im Geist der Achtung der Menschenwürde, der Freiheit der Lehre und der Liebe zu den Menschen geschehen. Jesus sendet seine Jünger in dieser Liebe zu allen Menschen. Alle sind und werden eingeladen zu ihm. Dass man eine Einladung ablehnen kann, bleibt leider eine allzu häufige Erfahrung.

3. Das Suchen nach Leben bleibt

Geistige Orientierungslosigkeit und religiöser Pluralismus, ethische Beliebigkeit und konfessionelle Unübersichtlichkeit stillen nicht das Sehnen vieler Menschen nach Wahrheit und Liebe, Gerechtigkeit und lebendiger Hoffnung.

Wie im Bericht unserer jungen deutschen Frau gibt es andere Menschen, die auf der Suche nach Leben sind. Als '68er sind sie aufgebrochen in das Land ihrer Träume von Freiheit und Liebe. Auf ihrer Odyssee sind sie weit gekommen, haben das Leben gesucht und sich dabei allem Möglichen zugewendet, haben Drogen- und transzendentale Erlebnisse gemacht und sind entweder leer und ausgebrannt liegen geblieben oder haben eine religiöse Erfahrung erlebt.

Wie Paul-Gerhard Hübsch, ein aufmüpfiger '68er. Erst auf seiner Flucht vor der modernen und verlogenen Zivilisation ist er in Marokko »Allah« begegnet und hat eine religiöse Erfahrung mit dem Ausruf »Oh, Allah, bitte reinige mich!« gemacht. Seitdem ist er Moslem und tritt als Hadayatullah für einen »barmherzigen Islam« ein, wie er in der muslimischen Reformbewegung der Ahmadi praktiziert wird. »Ich erlebte Gebetserhörungen, Visionen, die Liebe Allahs – und Widerstand von allen Seiten«, bekennt er im Nachhinein.[*]

Ähnlich erging es Peter Schütt, der als kritischer Geist bei den Oster-

---

[*] Seine Lebensgeschichte in dem Buch von Claus-M. Wolfschlag (Hg.), »Bye – bye '68«, Leopold Stocker Verlag 1998, Besprechung in IDEA Spektrum 12/1999 vom 24.3.99, S. 23ff

marschierern mitmachte, gegen Vietnam protestierte und in die offenen Arme der Deutschen Kommunistischen Partei geriet. Erst seit einer Mittelasien-Reise wuchs sein Interesse am Islam, der ihm im Gegensatz zur weißen Herrschaftsreligion geeigneter erschien, soziale und rassische Gegensätze zu überwinden. Nach der Heirat einer vor Khomeini geflohenen Perserin wurden ihm durch seine Frau die »Augen für die spirituelle und mystische Dimension des Islam geöffnet«.[*]

Sicher ließen sich noch viele beeindruckende Lebensläufe suchender und vom Christentum enttäuschter Menschen anfügen.

Stattdessen soll abschließend gefragt werden:

4. Wo sind heute überzeugte und lebendige Christen zu finden?

Liest und hört man die Berichte suchender Menschen, ist man erstaunt, dass sie zum Islam übergetreten sind. Scheinbar sind sie nicht lebendigen und überzeugten Christen begegnet. Stattdessen haben sie etwas am Islam entdeckt, das attraktiver für sie war als ihre eigene Religion. Sie sind Muslimen begegnet, die offensichtlich einen stärkeren Eindruck auf sie hinterlassen haben als viele so genannte Christen.

Meistens waren Konvertiten vorher bereits ihrer christlichen Kirche entfremdet oder hatten kaum noch Kontakt zur ihr. Echtes geistliches Leben, das ihr gesamtes, also auch ihr privates, gesellschaftliches oder familiäres Leben wirklich prägt und beeinflusst, haben sie scheinbar nicht kennen gelernt. Stattdessen leere Kirchen, nichts sagende Worte und langweilige Riten – kurz ein Christentum, das völlig irrelevant für sie war.

Damit wird eine Misere deutlich, die in ihrer Tragik kaum unterschätzt werden kann. Sie zeigt sich in der Diskrepanz zwischen einem rein äußerlich-formalen Christentum und dem eigentlichen Wesen des Christseins. Zu Recht wenden sich Menschen heute von einer nur äußerlich gewahrten Frömmigkeit ab. Was sie suchen, ist echtes Leben und sind authentische Vertreter bzw. Zeugen Christi. Also Menschen, die nicht perfekt und sündlos, sondern aufrichtig und überzeugt von ihrem christlichen Glauben sind.

[*] ebd.

Deren persönliche Beziehung zu dem lebendigen Christus hat Auswirkungen auf ihr alltägliches Leben.

Gesucht werden Menschen, die zu Gott beten, mit ihm rechnen, ihm vertrauen und für ihn leben und Gutes tun in dieser Welt.

Kann es sein, dass sich viele echte Christen des Evangeliums von Christus schämen und deshalb nicht erkennbar und auffindbar sind? Kann es sein, dass sie ihre Lichter unter den Scheffel gestellt haben und dass es deshalb so dunkel ist? Kann es sein, dass ihr Salz kraftlos und wirkungslos geworden ist?

Warum erkennt man echte Christen so wenig und echte Muslime sofort? Warum beten Muslime öffentlich und bekennen ihren Glauben, während Christen schweigen? Diese Fragen an die Christenheit heute dürfen nicht verstummen.

Zweiter Teil

Ich diente Allah und warb für den Islam

»Ich will das Verlorene wieder suchen
und das Verirrte zurückbringen
und das Verwundete verbinden
und das Schwache stärken,
und was fett und stark ist, behüten.
Ich will sie weiden, wie es recht ist«,
spricht Gott, der Herr.
Hesekiel 34, Vers 16

1. »Verheiratet« in einem islamischen Land und noch Zweifel

Nach der kurzen Zeremonie meiner Konversion tranken wir türkischen Tee und unterhielten uns. Dabei fragte mich Chadidscha nach meiner Beziehung zu Muhammad. Ich erzählte ihr, wie wir uns kennen gelernt hatten und wie ich dann zum ersten Mal zu Muhammad mit nach Hause gegangen war. Chadidscha war von Muhammad nicht besonders angetan und fragte mich, ob es denn unbedingt er sein müsse.

»Ja«, sagte ich ohne zu zögern, trotz aller Probleme, die ich bis dahin mit ihm schon hatte. Er und kein anderer sollte es sein. Da fragte Chadidscha nicht weiter nach, sondern sprach mit mir über das Thema Heirat. Es war klar, dass wir nun ganz schnell eine islamische Eheschließung in die Wege leiten mussten, denn der Islam duldet nur eheliche Beziehungen. Alle außerehelichen Beziehungen und Aktivitäten sind verboten. Dazu zählen nach dem Islam auch Händchenhalten, Umarmen etc. Überhaupt ist jede auch noch so flüchtige Berührung zwischen Mann und Frau verboten, es sei denn, sie sind verheiratet oder in einem nahen verwandtschaftlichen Verhältnis wie zum Beispiel Vater – Tochter, Schwester – Bruder, Nichte – Onkel und so weiter. Alle Männer und Frauen, die theoretisch heiraten könnten, dürfen sich nicht berühren.

Später, als wir wieder bei Muhammad zu Hause waren, führte ich dort die rituelle Ganzwaschung durch und stellte mich hinter Rukkaya zu meinem ersten Pflichtgebet auf. Ab jetzt hatte auch ich die Pflicht, fünfmal am Tag dieses Gebet zu verrichten. Die Zeit, in der ich noch nicht Muslim war, zählt hierbei nicht. Man gilt als sündenfrei wie ein neugeborenes Kind in dem Moment, in dem man den Islam annimmt. Die beiden »Konten« der guten und schlechten Taten sind sozusagen absolut leer, man fängt bei null an.

Den arabischen Text und die Bewegungen für das Gebet beherrschte ich noch nicht, die sollte ich erst intensiv in der nächsten Zeit lernen. Heute sollte ich erst einmal einfach alle Bewegungen, die Rukkaya ausführte, nachmachen und dazu die Worte »Bismillahir – rahmanir – rahim« sagen. Diese Worte bedeuten: »Im Namen Allahs, des Allerbarmers, des Barmherzigen«, und werden von allen Muslimen wohl hundertmal am Tag ausgesprochen. Bei fast jeder Handlung, die ein Muslim begeht, und sei sie noch so gering, sollte er diese Worte sagen. Beim Essen, beim Reden, beim Kochen, beim Schuheanziehen . . . Das galt ab jetzt auch für mich.

Kurz nachdem wir mit dem Gebet begonnen hatten – es war das Nachmittagsgebet, zogen sich Wolken zusammen, der Himmel verfinsterte sich und ein Grollen war zu hören, ein Gewitter! Mir wurde unheimlich zumute, so als ob Gottes Zorn gleich auf mich kommen würde und als ob die Mächte der Finsternis entfesselt worden wären. Ich sagte mir, dass »Scheytan«, der Teufel, sich ärgerte, weil ich nun von Allah rechtgeleitet war und der wahren Religion vor Gott angehörte.

Muhammad betete nicht mit. Er verrichtete nie die Pflichtgebete. Er war eben ein Kulturmuslim, der die islamischen Verpflichtungen für viel zu anstrengend hielt. Er hielt sich auch nicht an das Alkoholverbot, nur Schweinefleisch, das verabscheute er wie die meisten Kulturmuslime. Diese Abneigung ist doch zu tief in ihnen verwurzelt.

Meinen Eltern von dem Übertritt zum Islam zu erzählen, dazu hatte ich keinen Mut. Da sie ja überzeugte Christen waren, wusste ich, dass es sehr schlimm für sie sein würde, und hatte Angst vor ihrer Reaktion. Außerdem glaubte ich, ich sei noch nicht in der Lage, meinen Standpunkt überzeugend zu vertreten, da meine Informationen über den Islam hierzu noch nicht ausreichten. So verrichtete ich heimlich meine Pflichtgebete und versuchte unauffällig den Verzehr von Schweinefleisch zu vermeiden. Ich hatte meinen Eltern wohl beiläufig von meiner Beschäftigung mit dem Islam erzählt, allerdings nur in dem Zusammenhang, dass ich Muhammads Mutter vom Christentum überzeugen wollte. Sie waren hinsichtlich dieses Versuchs, einen Muslim zum christlichen Glauben zu bringen, sehr pessimistisch und warnten mich sogar. »Wer sich in Gefahr begibt, kommt darin um«, sagte meine Mutter. Sie waren ja sowieso über meine Beziehung zu Muhammad nicht sehr glücklich. Aber schließlich war ich ja volljährig und konnte tun und lassen, was ich für richtig hielt. Zwar musste ich, je länger ich mit Muhammad zusammen war, insgeheim meinen Eltern in vielem, was sie über Muhammad sagten, Recht geben, aber das hätte ich nie zugegeben und machte mich nur wütend auf Muhammad. Wie so oft im Leben, glaubte das Ei mal wieder klüger zu sein als die Henne.

Einmal, als ich mit meiner Mutter über den Islam sprach, über das Buch, das ich dazu gelesen hatte und was sie darüber denke, wurde sie etwas argwöhnisch. Sie sagte: »Wenn du den Islam für so gut hältst und denkst, dass die Bibel gefälscht ist, dann werde doch Muslim.« Das wäre eigentlich die Gelegenheit gewesen, Farbe zu bekennen, aber ich war zu feige und sagte nichts.

Eine Zeit lang hatte ich einige Gespräche mit einem pensionierten Pfarrer unserer Gemeinde. Ich gab ihm das Buch von Bucaille zu lesen, um seine Meinung dazu zu hören. Wie ich meinte, müsste dieses Buch auch ihn überzeugen, dass der Islam die Wahrheit sei.

Als das nicht der Fall war, war ich sehr enttäuscht. Allerdings, er konnte meiner Meinung nach auch keine überzeugenden Argumente für die Bibel und gegen den Koran bringen. Das Buch tat er sehr schnell ab. Sein Urteil über dieses Buch war, dass es sehr primitiv und oberflächlich sei. Das deutete ich als Hilflosigkeit seinerseits und fühlte mich in meiner Sichtweise bestärkt. Aber auch ihm sagte ich nichts von meinen wirklichen Gedanken.

Samstagnachmittags besuchte ich die Seminare der islamischen Frauengruppe in M. und hing gebannt an Chadidschas Lippen. Alles was sie sagte war neu für mich, aber absolut nachvollziehbar und logisch. Ich genoss das neue Gemeinschaftsgefühl und fühlte mich angenommen und selbstbewusst. Oft kam die Mutter von Muhammad mit, und zwischen uns entwickelte sich eine enge Gemeinschaft. Sie akzeptierte mich voll und ganz als ihre angehende Schwiegertochter, mehr noch als die Frau von Muhammads Bruder, die aus Rukkayas Heimat kam, aber kein Kopftuch trug und auch sonst viele islamische Gebote nicht einhielt. Ich trug zwar auch noch keine islamische Bekleidung im Alltag, da meine Eltern und Freunde ja noch nichts von meinem Schritt wussten, aber Rukkaya wusste, dass ich es eigentlich wollte.

An einem Samstagnachmittag war dann auch die islamische Eheschließung von Muhammad und mir. Die orthodoxen Muslime ziehen die islamische Eheschließung der standesamtlichen zeitlich vor, damit Braut und Bräutigam vor Allah als Mann und Frau gelten und sich auch ohne das Beisein Dritter unterhalten können.

Ich trug ein einfaches weißes Baumwollkleid und ein weißes Kopftuch. Der Geistliche, der die Zeremonie der Eheschließung leiten sollte, wohnte in einer winzigen Wohnung über einem orientalischen Lebensmittelladen. Zögernd ging ich die schmale Treppe hinauf. Im Wohnzimmer saßen bereits mehrere Männer. Es war alles sehr fremd für mich, und ich wusste nicht, wie ich mich verhalten sollte, da ich ja auch nicht verstand, was da in einer fremden Sprache geredet wurde. Dann begann der Geistliche, der in der Mitte des Sofas saß. Er betete auf Arabisch, sagte dann einiges, was ich auch nicht verstand, und fragte schließlich nach der Höhe des vereinbarten Mahir* und nacheinander mich und Muhammad, ob wir einander als Ehegatten annehmen würden. Dreimal fragte er uns, dreimal anworteten wir mit den Worten: »Ich nehme es an.« Zum Abschluss wurde noch einmal ein Gebet auf Arabisch gesprochen, und schon war alles vorbei. Es war ein seltsames Gefühl, nun verheiratet zu sein, ich konnte es gar nicht recht glauben. Meine Hochzeit hatte ich mir eigentlich ganz anders vorgestellt . . .

Mittlerweile war es Sommer geworden, und Muhammad und ich planten, mit seiner Mutter und seinem ältesten Bruder in ihr Heimatland zu reisen. Gerne hätten meine Eltern mir das ausgeredet, aber wie fast immer setzte ich meinen Kopf durch. Als wir in dem kleinen Dorf, in dem Rukkayas Familie wohnte, heil ankamen, war ich mehr als glücklich. Aber meine Freude währte nicht lange. Das Klima in diesem Dorf war wie in einer Sauna, heiße feuchte Luft. Im Sitzen rann einem der Schweiß in Strömen den Körper herab, machte man aber noch eine Bewegung, war man reif für die Dusche. Die war leider nicht sehr komfortabel und auch nicht sehr sauber.

Nachdem wir die gesamte Verwandtschaft begrüßt hatten und wir endlich schlafen gehen durften, ging ich in unser, das heißt Muhammads und mein Schlafzimmer. Er hatte mir schon vorher gesagt, dass wir auf dem Boden schlafen würden. Ein dicker, muffeliger Teppich wurde ausgebreitet und dicke harte Kopfkissen kamen darauf. Decken hätten wir eigentlich bei den Temperaturen nicht gebraucht, aber es gab dünne Laken. Die Nacht schien kein Ende nehmen zu wollen. Die Luft war unerträglich heiß, sie kühlte einfach nicht ab. Ich warf mich unruhig hin und her. Irgendwann dann hörte ich ferne den Ruf des Muezzins zum Morgengebet. Ich kann

---

* Eine vereinbarte Geldsumme, die der Bräutigam an die Braut zu entrichten hat. Dieses Geld gehört dann der Ehefrau ganz allein und dient ihrer Versorgung im Falle einer Scheidung oder als Witwe.

heute gar nicht mehr sagen, ob ich seinem Ruf zum Gebet gefolgt bin oder nicht, jedenfalls war ich einfach erleichtert, dass nun bald die Nacht vorbei sein würde.

Glücklicherweise blieben wir nicht lange in diesem Dorf. Nachdem wir nach einigen Tagen alle Verwandten besucht hatten und ich gebührend als deutsche Muslimin bestaunt worden war, fuhren wir weiter in ein kleines typisches Bergdorf. Muhammads Oma wohnte dort und Tanten und Onkel. Es sollte ein sehr kleines Dorf sein, ohne einen Laden, aber landschaftlich einmalig. Das war mir alles so ziemlich egal. Das Einzige, was mich interessierte, war, in kühlere Gefilde zu kommen.

Glücklicherweise war in diesem winzigen Dorf wirklich ein angenehmes Klima. Es lag versteckt in den Bergen und war so »naturbelassen«, dass wir das letzte Stück Weg zu Fuß zurücklegen mussten, denn ein Auto kam dort beim besten Willen nicht mehr durch. In der Tat gab es hier keinen Laden, dafür aber ein kleines Gebäude, das sowohl als Moschee als auch als Schule genutzt wurde. Ein Bergbach plätscherte mitten durchs Dorf und mündete unten in einen kleinen glasklaren Fluss.

Wir wurden alle aufs Herzlichste begrüßt, auch ich. Mit meiner vollen islamischen Bekleidung kam ich mir hier allerdings sehr merkwürdig vor, denn die Frauen hier waren bis auf ein paar ältere doch anders gekleidet. Sie trugen bunte Blusen, die meist ziemlich eng saßen, also nicht der islamischen Kleiderordnung entsprachen, die ja nur weite Kleidung erlaubt. Außerdem trugen sie weite Pluderhosen mit tief liegendem Schritt. Die Kopftücher hatten sie alle nach hinten gebunden, so wie es Bäuerinnen bei der Arbeit oft tun. Es wunderte mich sehr, dass hier in einem so abgeschiedenen Dorf weit in der Provinz die Frauen nicht mehr richtig islamisch bekleidet waren. Ich hatte mir das ganz anders vorgestellt. Auch die Gebete hielt man nicht richtig ein, wie ich bald merkte. Der Islam wurde hier nur der Tradition entsprechend gelebt, nicht aber nach dem Koran.

In meiner Bekleidung fühlte ich mich hier bald nicht mehr wohl.

Ich fiel auf und wurde überall neugierig beobachtet. Ging ich mit Muhammad durch das Dorf, spürte ich sofort die Blicke von überallher. Es war, als erstarre das Dorf einen Moment. So beschloss ich mich anzupassen, und bald lief auch ich in einer bunten, weiten Hose und einem nach hinten gebundenen Kopftuch herum.

Die Körperpflege war hier auch eine sehr abenteuerliche Sache. Obwohl das Bad ja eigentlich aus dem Orient kommt, also das so genannte »Hamam«, gab es in den Häusern keine Badezimmer. Mir ist bis heute schleierhaft, wie die Einwohner ihre Körperpflege durchführten. Mich jedenfalls führten sie auf meine Frage hin in den Raum, der als Küche genutzt wurde. Hier wie auch in den anderen Räumen waren, wie bei uns in einem Rohbau, Wände und Boden nur kahler Beton. Es gab weder einen Fußbodenbelag (bis auf Teppiche im Wohn-Schlaf-Raum) noch waren die Wände verputzt. Wasser kam aus einem einfachen Hahn, in der Mitte der Küche war ein Abfluss im Boden. Gekocht wurde auf einem Gaskocher und einem Holzofen.

Nun stand ich also, bewaffnet mit meiner Kulturtasche und Handtuch, in der Küche und wartete darauf, dass man mich allein ließ. Die Frauen machten aber keine Anstalten rauszugehen, sondern fuhren fort mit ihrer Arbeit und die jungen Mädchen setzten sich auf den Boden und sahen mich erwartungsvoll an. »Das darf doch wohl nicht wahr sein«, dachte ich. »Wollen die jetzt hier eine Vorstellung oder was?« Ich sah die Mädchen an und wartete etwas, aber sie rührten sich nicht vom Fleck. Also beschloss ich, jetzt eben nur eine Katzenwäsche durchzuführen, um dann später draußen am Bergbach einen geeigneten Platz für meine Toilette zu suchen. Fasziniert sahen die Mädchen mir beim Zähneputzen zu, so als ob sie noch nie eine Zahnbürste gesehen hätten.

Wir blieben ungefähr eine Woche in diesem idyllischen Dorf und feierten dort auch das »Id-ul-adha«, das islamische »Opferfest«. In diesen Tagen glich das Dorf einem Schlachthof. Überall floss das Blut der Opfertiere und lagen Köpfe und Beine der geschlachteten Ziegen und Schafe herum. Man servierte eine Spezialität aus rohem

Hackfleisch, das mit Zwiebeln, Paprika, feiner Weizengrütze und anderen Gewürzen und Kräutern lange und kräftig durchgeknetet und dann zu kleinen Fleischbällchen geformt wird. Muhammad und Rukkaya aßen es mit großem Appetit, ich konnte dieses ungewohnte Gericht allerdings nicht herunterbekommen.

Nachdem ich mit Muhammad das gesamte Dorf erkundet und auch sonst alles in der Umgegend gesehen hatte, wussten wir nicht mehr viel mit unserer Zeit anzufangen. Als Frau konnte ich nicht ständig im Dorf herumgehen, das hätte man als sehr ungehörig empfunden. Frauen gingen nicht einfach so spazieren, sondern höchstens raus aufs Feld zum Arbeiten. Ansonsten hatten sie im Haus zu bleiben.

So unterhielt ich mich viel mit Mahmud, Muhammads jüngstem Bruder, der als Einziger von Muhammads Geschwistern nicht in Deutschland lebte. Er hatte gerade mit dem Studium begonnen und war sehr gebildet. Wir diskutierten viel über Glauben, Religion und Islam. Er glaubte nicht an Gott, tendierte eher in Richtung Kommunismus. Ein besonderer Punkt, auf den er immer wieder kam, war die Lehre von der Vorbestimmung im Islam. Der Islam hat ja den Glaubenssatz, dass das Schicksal eines jeden Menschen bereits festgelegt ist. Mahmud argumentierte: »Wenn das Schicksal sowieso festgelegt ist, dann habe ich doch keine Wahl; was für mich bestimmt ist, trifft mich auch. Wenn ich für die Hölle vorgesehen bin, dann komme ich auch dorthin, also ist doch der ganze Glaube unnötig. Ich glaube nicht, dass es so einen Gott geben kann, der erst das Schicksal festlegt, also wie der Mensch sich entscheidet, für oder gegen Gott, und der dann den Menschen dafür verantwortlich macht. Das ist doch total unlogisch, genau wie der ganze Glaube an einen Gott überhaupt unlogisch ist.« Ich hielt dem entgegen, dass Allahs Wille eben den Willen des Menschen umfasse, so dass wir trotzdem frei entscheiden könnten, aber so ganz war ich da mit meiner eigenen Erklärung auch nicht zufrieden.

Dieser Gedanke beschäftigte mich weiter. Als ich dann später mit Muhammad alleine in einem Ferienort am Meer war, hatten mich diese Gedanken so weit in Zweifel gebracht, dass ich selbst nicht mehr wusste, ob es denn nun einen Gott gibt oder nicht. Vor mir sah ich wieder dieses bedrohliche Vakuum, dieses Nichts, in dem es keinen Gott gibt, keinen Sinn im Leben und auch kein Leben nach dem Tod. Ich verdrängte alle Gedanken daran und stürzte mich ins Leben. Muhammad gefiel das gut, denn ich legte meine islamische Kleidung ab und mich stattdessen im knappen Bikini an den Strand. Ich war wieder ein normaler Urlauber, der im Meer badet und durch den Bazar der Stadt bummelt.

Wieder nach Hause zurückgekehrt, führte mich mein erster Weg aber sofort wieder in die Frauengruppe. Länger konnte ich mit meinen Zweifeln nicht mehr leben. Ich wollte eine klare Antwort darauf, und dort müsste ich sie doch finden, so meinte ich. Nach dem Frauenseminar fand ich dann auch die passende Gelegenheit, Chadidscha mein Herz auszuschütten. Sie beruhigte mich und sagte: »Das ist nicht nur für dich ein schweres Thema, aber es gibt schon Versuche von Erklärungen. Du kannst dir das ungefähr so vorstellen: Du sitzt in einem Auto und kannst das Lenkrad hin- und herdrehen. Das Auto bewegt sich in die entsprechende Richtung. Wenn du aber etwas weiter zurückgehst, dann siehst du, dass dein Auto wiederum auf einem riesigen Laster steht, der in eine bestimmte Richtung fährt. Auf diese Richtung hast du natürlich keinen Einfluss. – Du hast also schon einen freien Willen, aber Allahs Wille ist allumfassend und vollkommen, so dass er deinen umschließt. Ich weiß, dieser Vergleich hinkt, aber es ist sehr schwer über dieses Thema zu sprechen.«

So ganz war ich auch nicht damit zufrieden. Gedanklich beschäftigte ich mich immer weiter mit dieser Frage, bis ich selbst eine Erklärung fand, die ich akzeptieren konnte: Allah ist allwissend, er weiß, was ich tun werde in jedem Augenblick meines Lebens. Für ihn existiert keine Zeit. So gibt es für ihn auch kein Jetzt und Später. Er kann mich gleichzeitig im Jetzt und auch im Später sehen, also im Diesseits und im Jenseits. So sieht er mich auch schon im Paradies, dem Dschennet, oder in der Hölle, im Dschehenem. Insofern kann ich also sagen, dass mein Schicksal schon festgelegt ist. In späteren Gesprächen mit anderen Muslimen sah ich dann, dass viele auch so dachten. Für jetzt aber war mein Zweifel behoben, und ich konnte wieder beruhigt meinen islamischen Pflichten nachgehen.

2. »Wie konntest du nur Jesus verraten?«

In der Kleinstadt, in der ich lebte, gab es wenig Muslime und noch weniger Musliminnen, die eine islamische Bekleidung trugen. Genau genommen hatte ich nur ein einziges Mal eine Frau gesehen, die ganz in Schwarz gehüllt war. Ansonsten trugen die Frauen hier auch die traditionelle Kleidung, also das Kopftuch nach hinten gebunden. Sah ich dann doch irgendwo einmal »richtig« bekleidete Musliminnen, hätte ich sie am liebsten angesprochen und mich auch als Muslimin zu erkennen gegeben. Leider konnte man es mir ja noch nicht ansehen, denn ich hatte immer noch nicht den Mut gehabt, mich meinen Eltern als Muslima zu präsentieren, und somit ging ich noch in »Zivil«. Mein innerer Konflikt und meine Unzufriedenheit über diesen Zustand wurden immer größer. Ich wollte nicht gespalten sein, eine »normale« Frau zu Hause, am Ausbildungsplatz, und eine muslimische bei Muhammad und in der Frauengruppe. So machte ich einmal einen Versuch, mit Kopftuch aus dem Haus zu gehen, als meine Eltern gerade in Urlaub waren. Doch wie ich da so vor dem Spiegel stand und mich betrachtete, verließ mich der Mut. Ich dachte, die Welt würde untergehen, wenn mich jetzt so Bekannte oder andere auf der Straße sähen. Auch hatte ich Angst vor den Reaktionen an meinem Arbeitsplatz.

Mit Muhammad gab es vermehrt Auseinandersetzungen wegen des Glaubens. So hatte er sich das nicht vorgestellt mit meiner Konversion zum Islam. Ich ging nicht mehr in Diskos, hatte etwas dagegen, dass er Alkohol trank, und forderte ihn auch noch zum Gebet auf. Von seiner Mutter bekam ich hierbei Unterstützung. Das ging ihm alles auf die Nerven. Schließlich konnten wir ihn aber überreden, der Einladung einer deutsch-orientalischen Familie zu folgen. Der Mann war deutscher Muslim, die Frau gebürtige Muslimin. Sie wollten einmal mit Muhammad reden.

Nachdem wir kurz zusammengesessen hatten, trennten wir uns nach Männern und Frauen. Ich war sehr angespannt und musste ständig daran denken, was wohl der Vater und der Sohn dieser Familie mit Muhammad reden würden. Nach einiger Zeit fanden sie sich ein, und Muhammad war sichtlich aufgeregt. Er beschimpfte den Vater der Familie als Fanatiker und sagte, dass er mit solchen Leuten nichts zu tun haben wolle. Sie sollten ihn in Ruhe lassen, er würde nicht beten und überhaupt, wenn das der Islam sei, dann wäre er nicht länger Muslim. Nach diesen Worten ging er zornig aus dem Haus, und Rukkaya und ich folgten ihm bald. Vorher machte man mich noch darauf aufmerksam, dass nach diesen Worten die Ehe zwischen Muhammad und mir nicht mehr bestehen würde. Ein Muslim, der den Islam verlässt, kann nicht mit einer Muslimin verheiratet bleiben.

Ich war nach diesen ganzen Vorfällen einigermaßen geschockt, aber irgendwie auch erleichtert. Seit längerem war mir schon klar geworden, dass das mit Muhammad und mir nicht gut gehen konnte; aber wir hatten ja nach islamischem Ritus geheiratet, und so war ich gebunden gewesen. Jetzt sah es allerdings ganz anders aus. So zog ich dann auch bald die Konsequenzen. In unseren Gesprächen beharrte Muhammad auf seinen Worten, und so beendete ich die Beziehung zu ihm.

Meine Eltern waren mehr als froh darüber. Sie hatten schon nicht mehr geglaubt, dass ich »zur Vernunft« kommen würde. Eigentlich wäre jetzt ein idealer Zeitpunkt gewesen, sie über die genaueren Umstände dieses Sinneswandels aufzuklären, doch wieder einmal schwieg ich aus Feigheit und verpasste eine Chance, allein mit meinen Eltern zu sprechen. Ich wusste, dass ich »es« ihnen irgendwann einmal sagen müsste, aber zugleich wuchs meine Angst davor. Ich konnte mir beim besten Willen nicht vorstellen, wie sie reagieren würden.

Die ganze Sache türmte sich zu einem unüberwindbaren Berg vor mir auf. Ich schob sie so lange vor mir her, bis ich nicht mehr den Mut dazu hatte, es allein meinen Eltern zu sagen. Wieder nahm ich die Hilfe der deutsch-orientalischen Familie in Anspruch. Zaynab, so hieß die Mutter dieser Familie, hatte mir für jederzeit ihre Hilfe zugesagt. So dachte ich, das wäre die beste Art und Weise, es meinen Eltern zu sagen. Ich erwähnte zunächst einmal Zaynab und ihre Familie meinen Eltern gegenüber. Dann sagte ich, dass sie uns eingeladen haben. So fuhren wir dann tatsächlich eines Abends dorthin. Ich hatte Schmetterlinge im Bauch vor Aufregung. Meine Hände waren eiskalt und mein Herz schlug bis zum Hals. Erst unterhielt man sich allgemein. Mehrmals versuchte Ahmad, Zaynabs Mann, das Gespräch auf den Islam zu lenken. Meine Eltern gingen nicht darauf ein. Nach etwa zwei Stunden und mehreren erfolglosen Versuchen ließ Ahmad dann die Bombe platzen:

»Wir müssen Ihnen etwas sagen. Sie haben ja bemerkt, dass ich mit Ihnen über den Islam sprechen wollte. Nun – Ihre Tochter ist Muslimin geworden.«

Totenstille.

Ich dachte, gleich würde ich sterben.

Meine Mutter sah nur meinen Vater an, stand auf und sagte: »Wir gehen.«

Zaynab und Ahmad versuchten meine Eltern zu beschwichtigen, aber sie ließen sich nicht aufhalten.

Wohl oder übel musste ich ja mit meinen Eltern mitfahren, aber am liebsten wäre ich bei Zaynab und Ahmad geblieben, so sehr fürchtete ich mich vor dem, was jetzt wohl kommen würde.

Schweigend gingen wir zum Auto meines Vaters und stiegen ein. Schweigend fuhren wir los. Nach ein paar Minuten brach meine Mutter in Tränen aus und sagte:

»Wie konntest du das tun? Wie konntest du Jesus verraten?«

Jesus verraten? Diese Frage berührte mich eigenartig, auch wenn ich nicht ganz nachvollziehen konnte, was meine Mutter damit meinte.

»Was soll das bedeuten – Jesus verraten? Ich verrate ihn doch nicht, ich akzeptiere ihn doch. Ich glaube an ihn als an einen Propheten, der von Allah zu den Menschen gesandt worden ist. Nur, dass er Gottes Sohn sein soll, das akzeptiere ich nicht, aber das sehen viele Christen heute doch auch nicht mehr so.«

Ich bekam keine Antwort; das Schweigen wurde an diesem Abend nicht mehr gebrochen. Ich spürte, dass ich meinen Eltern durch diesen Schritt großes Leid angetan hatte, aber es ging doch nicht anders. Eines Tages, dachte ich, würden meine Eltern mich vielleicht verstehen und ich würde für sie zu Allah beten, dass sie auch den Islam als wahre Religion erkennen könnten.

Obwohl meine Eltern nun von meiner Konversion zum Islam wussten, hatte ich immer noch nicht den Mut, nun in islamischer Bekleidung zu gehen. Zum einen war ich ja auch noch in meiner Ausbildung, zum anderen wollte ich meinen Eltern nicht zu viel auf einmal zumuten. So lebte ich weiter zweigeteilt. An den Samstagen in der Frauengruppe ging ich ganz auf, ich blieb dort vom frühen Nachmittag bis zum späten Abend.

So kam es, dass ich mich immer mehr an Chadidscha anschloss. Sie fragte mich, ob ich Lust hätte, mit ihr ins Dar-ul-salam (Haus des Friedens) zu fahren. Gern willigte ich ein. So fuhren wir dann am nächsten Wochenende mit meinem Auto dorthin, denn Chadidscha hatte weder Führerschein noch Auto. Ich war voller Vorfreude und sehr gespannt, wie es in einem solchen Haus zugehen würde. Chadidscha sollte das so genannte »Schwesterntreffen« leiten, das einmal im Monat dort stattfand. Das gesamte Haus war dann nur von Frauen belegt.

Es war früher einmal ein ganz normales Wohnhaus gewesen, das von Muslimen aufgekauft worden war. Es wurden die entsprechenden Veränderungen durchgeführt, und nun bot es Raum für Seminare, Tagungen, Feste, Freizeiten und vieles mehr. Es verfügte über einen großen Garten, in dem es auch Spielgeräte für Kinder gab.

Als wir hereinkamen, zogen wir uns die Schuhe aus (wie es der Islam vorschreibt) und stellten sie in die dafür vorgesehenen Regale. Es gab kaum noch Platz, und aus dem Inneren des Hauses hörten wir schon Stimmen und fröhliches Lachen. Einige Kinder kamen und schauten uns neugierig an, und dann wurden wir von Sumaya und einigen anderen Schwestern begrüßt. Chadidscha kannte die meisten, denn sie war schon oft hier gewesen, um Vorträge zu halten. Wir umarmten uns herzlich, und Sumaya führte uns ins obere Stockwerk in den Raum, in dem wir mit einigen anderen Schwestern übernachten sollten.

Sumaya und ihr Mann Tariq hatten vor einigen Jahren in Saudi-Arabien geheiratet und dann hier in Deutschland das Dar-ul-salam ins Leben gerufen. Tariq war Deutscher, zum Islam konvertiert und war zum Studium des Islam und der arabischen Sprache nach Saudi-Arabien gegangen. Sumaya kam aus einem islamischen Land. Nun war ihre Lebensaufgabe die Leitung des Dar-ul-salam geworden.

Nachdem Chadidscha und ich unsere Sachen abgestellt hatten, gingen wir wieder nach unten in den Seminarraum. Es war ein größerer Raum mit einem grünen Veloursteppichboden. Entsprechend der islamischen Lebensweise gab es hier keine Stühle wie auch keine Betten, sondern nur einige flache Tische und Matratzen, die gestapelt an einer Wand standen bzw. lagen. Zu den Mahlzeiten wurden die Tische aufgestellt, abends die Matratzen hingelegt, denn der Seminarraum diente gleichzeitig als Speise- und Schlafraum.

Es saßen etwa 30 Frauen in dem Raum, und auch hier wurde Chadidscha sofort begrüßt: »As-salamu alaikum wa rahmatullah wa barakatuh!« (Friede sei mit dir und die Gnade und der Segen Allahs). So begrüßt man sich in vollem Wortlaut unter gläubigen Muslimen. Zur Begrüßung umarmten wir uns dreimal, rechts – links – rechts, und küssten uns dabei gegenseitig auf die Wange. Auch ich wurde genauso begrüßt, obwohl die meisten Schwestern mich gar nicht kannten.

Nach Chadidschas Vortrag gab es ein einfaches, aber sehr schmackhaftes Mittagessen und anschließend wurde das Mittagsgebet verrichtet. Neben dem Seminarraum gab es hierfür einen Gebetsraum, der wie eine kleine Moschee wirkte. Er hatte eine Qibla, also eine Gebetsnische, die die Richtung nach Mekka weist und war, soweit ich mich erinnere, mit bunten Glasfenstern und Koransuren verziert. Auf dem Teppichboden lagen schöne, weiche Teppiche. Das Mittagsgebet wurde von Tariq geleitet. Ich war ein wenig aufgeregt, denn ich hatte noch nie vorher das Gebet in Gemeinschaft mit anderen verrichtet und hatte Angst, etwas falsch zu machen. Aber nachdem wir begonnen hatten, empfand ich Freude, dass ich mit anderen Muslimen gemeinsam Allah im Gebet dienen konnte. Endlich waren hier einmal viele Gleichgesinnte, mit denen ich ein ganzes Wochenende zusammen verbringen durfte.

Nachmittags und abends wurde dann das Seminar fortgesetzt, und danach und in den Pausen kam es immer zu Gesprächen, so dass ich dort viele Schwestern kennen lernte. Viel zu schnell war es Sonntagabend und der Schwesterntreff zu Ende.

3. Vor Hunderten von Frauen – ich bezeuge meinen neuen Glauben

Je besser ich Chadidscha kennen lernte, desto mehr merkte ich, dass sie sich mit ihrer ganzen Kraft für den Islam einsetzte. In der Woche arbeitete sie für das FII-(Frauen Im Islam)-Büro, und am Wochenende war sie meist in Moscheen, um dort Vorträge zu halten. Sie tat das nicht in Deutsch, denn die meisten Frauen sprachen nicht oder nur sehr wenig Deutsch. Irgendwann fragte sie mich, ob ich bereit wäre mitzukommen und dort zu erzählen, wie und warum ich Muslimin geworden sei.

»Ja«, sagte ich, »ich würde es schon machen, aber ich habe noch nie vor vielen Leuten gesprochen, ich weiß nicht, ob ich das kann.«

»Du tust das für Allah, und er wird dir dabei helfen.«

Obwohl mir etwas mulmig war, fuhr ich mit. Es war noch eine andere deutsche Muslima dabei, die auch sprechen würde. Nach etwa zweistündiger Fahrt kamen wir an. Wir parkten das Auto, stiegen aus und schritten auf die Moschee zu, die eine ehemalige Fabrik war. Von draußen hörten wir die Frauen, die schon voller Erwartung waren. Der Akustik nach zu urteilen, musste es sich um bestimmt 200 Frauen handeln, wenn nicht mehr. Meine Knie wurden weich und mein Herz schlug mir bis zum Halse. Vor so vielen Menschen konnte ich nicht sprechen, mir würden die Worte im Hals stecken bleiben! Voller Panik drehte ich mich zu Chadidscha um, die direkt hinter mir ging.

»Ich weiß nicht, wie ich vor diesen ganzen Leuten sprechen soll, Chadidscha!«

»Ganz ruhig, stell dir einfach vor, es ist nur einer, mit dem du redest, denn so ist es ja auch, jeder Einzelne hört dir zu und nicht die Masse.« Am liebsten wäre ich weggelaufen, aber wir waren in einem Gedränge von Frauen, die uns stürmisch und herzlich begrüßten und uns nun unaufhaltsam in Richtung Moschee schoben. Wir traten ein und ich blickte über ein Meer von Frauenköpfen, die uns alle begeistert begrüßten.

Chadidscha begann zu reden, dann sprach Maryam, die andere deutsche Muslima, und schließlich hörte ich Chadidscha meinen Namen sagen. Ich atmete tief durch und setzte mich vor das Mikrofon.

»Bismillahir-rahmanir-rahim. As-salamu alaikum, wa rahmatullah wa barakatuh! Liebe Schwestern, vor ungefähr sechs Monaten bin ich zum Islam konvertiert, alhamdulillah (Gelobt sei Allah), und ich möchte Ihnen kurz erzählen, wie es dazu kam . . .« Es war seltsam, meine eigene Stimme durch das Mikrofon zu hören. Chadidscha übersetzte, und als ich merkte, wie aufmerksam und interessiert diese Frauen mir zuhörten, verlor ich meine Angst. Nachdem ich mit meiner kurzen Erzählung fertig war, sprach Chadidscha noch einmal kurz, dann war die Veranstaltung beendet.

Wir beteten das Abendgebet und wurden von der Leiterin der Frauengruppe der Moschee zum Abendessen eingeladen. Dort erfuhr ich wieder einmal diese herzliche Gastfreundschaft. Wir drei, Chadidscha, Maryam und ich wurden wie Ehrengäste behandelt.

Der Tisch war bereits gedeckt, als wir ankamen, und das Haus duftete nach orientalischen Köstlichkeiten. Doch irgendwann mussten wir natürlich wieder aufbrechen, denn wir hatten ja noch einen weiten Heimweg vor uns, und es war immerhin schon dunkel.

Auf der Heimfahrt im Auto erzählte Chadidscha mir dann, dass eine Menge von den Frauen dort bei ihr Erkundigungen eingezogen hätten, ob ich noch zu haben sei. »Meist ist es so«, sagte sie, »dass sie so einen Sohn zu Hause haben, wie dein früherer Muhammad einer war. Einer, der nicht nach dem Islam leben will und nur das Vergnügen sucht. Die Mütter und Tanten erhoffen sich dann, dass eine Schwiegertochter wie du diese jungen Männer dann zur Vernunft bringt. Aber wir beide wissen ja leider, dass das nicht funktioniert. Darum habe ich auch keine Auskunft über deine Verhältnisse gegeben. Du heiratest lieber einen praktizierenden Muslim, alles andere hat keinen Sinn.«

Da stimmte ich ihr voll zu. Wenn ich jetzt noch einmal einen Versuch in diese Richtung starten würde, dann sollte es ein Muslim sein, der seinen Glauben auch lebt.

Kurz darauf, an einem Samstagabend, nachdem unser Seminar beendet war, sprach mich Chadidscha noch einmal auf dieses Thema an. »Mein Sohn kennt einen jungen Kurden, der ein guter Muslim ist. Er sucht eine Frau. Hättest du Interesse, ihn einmal kennen zu lernen?«

»Na ja, warum nicht. Nur einmal kennen lernen . . . Ja, okay. Wann und wo?«

»Er wartet drüben bei den Männern. Wir können gemeinsam rübergehen, wenn ich jetzt telefonisch Bescheid gebe.«

Nachdem ich das erste Mal bei Chadidscha in der Wohnung zum Seminar gewesen war, hatte ich erfahren, dass es nur eine Ausnahme gewesen war, weil die eigentlichen Seminarräume, die Frauenräume in der Moschee, nicht frei gewesen waren. Danach hatten wir uns immer in der Moschee getroffen. Doch seit einiger Zeit war die FII umgezogen und hatte eigene Räume. Diese Räume stellte die ZIDS, unser Dachverband, der FII kostenlos zur Verfügung. Unter dem Dach der ZIDS befinden sich neben der FII und der ZIDS-Verwaltung noch zahlreiche Schlafräume mit sanitären Einrichtungen, eine Kantine, eine Moschee für die Mitarbeiter, ein großer Konferenzraum, eine Buchhandlung und ein Reisebüro für Pilgerfahrten nach Mekka.

Chadidscha sagte Bescheid, dass wir kommen würden. In dem kleinen Büro des Hausmeisters, direkt neben der Telefonzentrale, erwartete man uns schon. Neben Chadidschas Sohn Abdur-rahman, dem Hausmeister und Ali, der der »Heiratskandidat« war, saßen noch ein, zwei andere Männer dort. Nach dem Koran und nach der Überlieferung Muhammads ist es Frauen und Männern ja nicht gestattet, allein miteinander zu sein, es sei denn, sie sind verheiratet oder verwandt, und zwar nah verwandt. Auch sieht man einem nichtverwandten Mann nicht in die Augen. Also sah ich nach unten und wagte nur einen kurzen Blick auf Ali. Er war nicht sehr groß, dunkelhaarig, schlank und hatte einen Bart. Er war weder besonders attraktiv noch hässlich. Was wir in der kurzen halben Stunde miteinander redeten, weiß ich heute nicht mehr. Es ging alles sehr schnell, und ich war zu unsicher, wie ich mich zu benehmen hatte. Schließlich wollte ich nicht als unanständige Frau ins Gerede kommen.

An den darauf folgenden Samstagen sahen wir uns ungefähr noch vier bis fünf Mal. Mittlerweile war es Dezember geworden, genau gesagt der 5. Dezember. Morgen Abend sollte ich Ali meine endgültige Antwort geben. Ich hatte mich für ein »Ja« entschieden, obwohl ich Ali in der kurzen Zeit nicht besser kennen gelernt hatte und auch nicht in ihn verliebt war. Ich vertraute aber ganz auf Allah, dass er alles zum Guten fügen würde, da ich nur aufrichtige Absichten hatte.

Bevor das FII-Seminar begann, sprach ich ganz kurz mit Chadidscha. Sie strahlte mich an und sagte: »Morgen ist der große Tag, ja? Morgen heiratet ihr?«

Was hatte sie da gesagt, morgen schon? Ich hatte doch noch gar keine klare Antwort gegeben. Im ersten Moment fühlte ich mich überrumpelt. Dann aber dachte ich, dass ich ja sowieso ja gesagt hätte, und dass es Allah wahrscheinlich so wollte. So wartete ich voller Aufregung auf den morgigen Tag.

Am nächsten Abend fuhr ich zu Chadidschas Wohnung, in der die Eheschließung stattfinden sollte. Mittlerweile wusste ich, dass diese Zeremonie der Eheschließung nicht gefeiert wurde. Erst nach der standesamtlichen Trauung gab es ein Fest. So würde auch dieses Mal der Tag meiner Hochzeit sang- und klanglos vorbeiziehen. In Chadidschas Wohnung war Ali schon bereit. Er saß im Wohnzimmer zusammen mit Chadidschas Sohn, dem Geistlichen, der die Nikka vornehmen sollte, und Hussain, Alis Cousin, mit Ayscha, einer anderen deutschen Muslima, die an diesem Abend Hussain heiraten wollte. Wieder begann die gleiche Zeremonie, die ich nun schon etwas kannte. Dann die Frage:

»Willst du, Zaynab, Tochter von Heinrich, Ali, Sohn von Nurdal, als deinen Mann annehmen?«

»Ja, ich nehme ihn an.«

Dreimal die Frage, dreimal die Antwort. Auch Hussain und Ayscha gaben ihre Antworten und dann gingen wir Frauen ins Gästezimmer, um dort Tee zu trinken und Teigtaschen, eine orientalische Köstlichkeit, zu essen. Nach ungefähr einer Stunde rief Ali mich zum Aufbruch. Ich wusste nicht, was jetzt kommen würde. Wir verabschiedeten uns alle voneinander, dann war ich mit Ali allein im Aufzug.

»Komm, ich werde dir mein Appartment im Studentenwohnheim zeigen«, sagte er.

»Na ja, da ist nichts gegen zu sagen«, dachte ich. »Außerdem ist er Muslim und wird wohl nicht nur an das Eine denken.« Groß war das Appartment nicht, aber aufgeräumt und sauber.

»Du bleibst doch heute Nacht hier?«, sagte er zu mir.

»Ja, aber meine Eltern wissen gar nicht Bescheid. Ich müsste sie erst anrufen. Besser ich fahre bald nach Hause.«

»Aber du bist doch jetzt meine Frau.« Seine Augen funkelten mich lüstern an.

»Das darf doch nicht wahr sein! Wir kennen uns doch noch gar nicht richtig. Ich muss mit ihm reden«, schoss es mir durch den Kopf. Aber er zog mich bereits an sich und versuchte mich zu küssen. Was sollte ich nur tun? Panische Angst ergriff mich. Ich hatte doch nicht das Recht, mich ihm zu verweigern, dachte ich. Da kam mir die rettende Idee:

»Du, Ali, ich kann nicht . . ., na ja, du weißt schon . . . Es geht nicht, ich habe meine Periode.«*

»Oh – deswegen können wir trotzdem ein bisschen nett zueinander sein.«

Natürlich hielt er sich an das islamische Verbot, aber seine ganze Haltung stieß mich ab. Irgendwie ging die Nacht vorbei, und am nächsten Morgen stand er zum Frühgebet auf. Mich weckte er nicht, denn als menstruierende Frau (wie er ja dachte) war ich vom Gebet befreit. Wie sehr brauchte ich aber gerade jetzt die Verbindung zu Gott. So betete ich leise mit meinen eigenen Worten. In was für eine verfahrene Situation war ich da geraten?

Nach dem Frühstück fuhren wir wieder zu Chadidscha. Ich hatte noch ein Problem. Ich war ohne Entschuldigung nicht an meinem Ausbildungsplatz erschienen. Aber Chadidscha nahm das in die Hand, sie rief in der Firma an und erklärte die Situation, so dass zumindest diese Sache geordnet war. Über mein Erlebnis mit Ali wagte ich nicht mir ihr zu sprechen.

Nach ein paar Wochen, als ich Ali meinen Eltern als meinen Mann vorgestellt hatte, konnte ich mich ihm nicht mehr verweigern. Mit großem Widerwillen und voller Abscheu kam ich meinen ehelichen Verpflichtungen nach. Ich hatte Angst vor den Nächten, Angst vor meinem Mann und konnte weder mit ihm noch mit sonst irgendwem darüber sprechen. Irgendwann im Februar oder März war es dann soweit. Ich verweigerte mich ihm. Ich konnte einfach nicht

---

* Muslimen ist es wie Juden verboten, mit ihren Frauen während der Monatsblutung sexuell zu verkehren.

mehr. Er wurde sehr böse. Es gab einige schlimme Vorfälle, die ich hier lieber auslassen möchte, aber ich war in einer total ausweglosen Situation. Ich versuchte Ali alles zu erklären, aber er war nur böse und wohl auch verletzt. Er sagte, er hätte eben doch eine Jungfrau heiraten sollen, und zwar eine kurdische. Seine Familie hätte das schon immer gesagt. Außerdem wolle er zu Chadidscha gehen, um ihren Rat zu holen.

Ich fühlte mich total im Unrecht. Was sollte ich nur tun? Scheidung kam doch wohl nicht in Frage? Er hatte doch keine Pflicht vernachlässigt. Außerdem konnte ich auch in einem Buch, das Ali mir geschenkt hatte, nachlesen, dass Muhammad gesagt hatte, jede Frau, die sich grundlos von ihrem Mann scheiden lasse, würde nicht den Duft des Paradieses wahrnehmen, und das Paradies wollte ich auf keinen Fall aufs Spiel setzen. Aber eine Ehe mit einem ungeliebten Mann, vor dem ich sogar Abscheu empfand, wäre die Hölle auf Erden. Ich war gefangen in einer ausweglosen Situation. Was sollte ich bloß tun. Am liebsten wäre ich gestorben.

Ich ging nach Hause – zu meinen Eltern.

In meiner Not wandte ich mich an Zaynab und Ahmad, aber sie gaben Ali Recht und meinten, dass ich doch froh sein solle, einen so gläubigen, anständigen Ehemann von Allah bekommen zu haben.

Für einen längeren Zeitraum zog ich mich ganz aus der islamischen Frauengruppe und von Chadidscha zurück. Ich dachte, dass sie jetzt wohl nichts mehr von mir wissen wollten. Dann bekam ich einige Anrufe und Briefe von Ayscha, der Frau von Alis Cousin. Sie war sehr nett und fragte mich, was denn los sei. Sie würden mich alle vermissen. Es wäre doch egal, was passiert sei. Genau würden sie es sowieso nicht wissen.

Da der Druck in mir immer größer wurde und Ali mich sogar bedrohte, nachdem er eine ganze Nacht vor dem Haus meiner Eltern zugebracht hatte, um mich zu beobachten, entschloss ich mich, Chadidscha aufzusuchen und ihr alles zu erzählen. Sie hatte sofort Verständnis für meine Situation und sagte zu Ali, dass es unter diesen Umständen keinen Sinn hätte, die Ehe weiterzuführen. Ali wies aber wieder auf den Ausspruch Muhammads hin, nach dem alle Frauen in die Hölle kämen, die sich grundlos von ihrem Mann scheiden lassen würden. Darauf sagte Amina:

»Zaynab will sich nicht grundlos von dir trennen. Es gibt auch ein Hadith*, in dem eine Frau zu Muhammad kam und zu ihm sagte: ›Ich hasse nichts von meinem Mann, weder seines Charakters, noch seines Glaubens wegen. Aber ich fürchte den Unglauben (das heißt, dass diese Frau festgestellt hat, dass sie ihre ehelichen Verpflichtungen ihrem Mann gegenüber nicht erfüllen konnte und dass sie keine Sünde auf sich laden lassen wollte; deshalb begehrte sie die Scheidung . . .)‹. Muhammad sagte: ›Bist du bereit, ihm seinen Obstgarten zurückzugeben?‹ Sie sagte: ›Ja!‹ Sie gab ihm dann den Obstgarten zurück, und der Prophet befahl ihm, sich von ihr zu trennen. Also hat Zaynab das Recht, die Scheidung von dir zu verlangen.«

Ali antwortete nicht darauf.

Einige Monate später, es war bereits Sommer, verlangte er ein Gespräch mit mir. Er sagte: »Du willst also nicht mit mir verheiratet bleiben. Also, für mich ist das kein Problem. Ich kann eine zweite Frau nehmen, auch ohne von dir geschieden zu sein. Du dagegen kannst nicht wieder heiraten, solange wir nicht getrennt sind. Bist du gar nicht eifersüchtig, wenn ich wieder heirate? Ich habe da schon ein Mädchen im Auge.«

»Ach, Ali«, sagte ich, »wie soll ich auf etwas eifersüchtig sein, was ich gar nicht haben will? Wenn du meinst, dass es gut ist, dann heirate doch. Auch wenn du nicht in die Scheidung einwilligst, erstens ist es mir tausendmal lieber, nicht mehr mit dir zusammen sein zu müssen, auch wenn ich nie wieder heiraten kann, zweitens werde

---

* Überlieferung der Tradition Muhammads. In ihr ist alles festgehalten, was Muhammad gesagt, getan, gebilligt oder verboten hat. Die Überlieferung ist zunächst mündlich erfolgt, später schriftlich, wobei aber immer die genaue Kette der einzelnen Überlieferer mitgenannt wurde. Diese Überlieferer mussten glaubwürdig in ihrer Person, ihrem Lebenswandel und ihrer Gedächtnisstärke sein. Es gibt eine spezielle Wissenschaft über die Ahadith (Plural von Hadith).

ich mich an einen islamischen Rechtsgelehrten wenden, der die Ehe nach einer Wartezeit auflösen wird, auch wenn du es nicht willst. Chadidscha hat mich über diese Möglichkeit informiert. Also sei vernünftig und mache es uns allen leichter.«

Kurze Zeit später willigte er dann in die Scheidung unserer Ehe ein, die in Wirklichkeit ja nie eine gewesen war.

4. Den Islam gesellschaftlich etablieren

Im Frühjahr schloss ich dann meine Ausbildung mit der Prüfung erfolgreich ab. Amina hatte mir angeboten, im FII-Büro zu arbeiten. Zunächst halbtags, später vielleicht länger. Es sei dringend notwendig, dass jeden Tag jemand im Büro wäre, anders seien die anfallenden Arbeiten nicht mehr zu bewältigen. Die ZIDS, unser Dachverband, hatte sich bereit erklärt, meine Gehaltszahlung zu übernehmen, wenn ich auch ab und zu kleinere Arbeiten für sie erledigen würde. Ich war überglücklich über dieses Angebot. Endlich konnte ich mich frei zu meinem Glauben bekennen, auch mit meiner islamischen Kleidung, ja mehr noch, ich konnte Allah mit meiner Arbeit dienen. Ich musste nicht in irgendeiner Firma eine Arbeit tun, die nichts mit meinem Glauben zu tun hatte. Außerdem, wer stellte schon eine Frau mit Kopftuch ein? Außer als Putzfrau hätte ich da wohl kaum Chancen gehabt. Ich arbeitete mich schnell ein und fühlte mich sehr wohl. Außer dem Seminarraum und dem Büro der FII gab es noch eine Küche, ein Gästezimmer, das auch als Aufenthaltsraum genutzt wurde oder für Gespräche mit Besuchern und natürlich eine kleine Toilette.

Die FII hatte viele Aufgaben:

Zuerst war es nur die Betreuung und Weiterbildung von Konvertiten gewesen. Es ergaben sich oftmals Probleme aus der Konversion. Ausschluss aus der bisherigen Familie, Probleme am Arbeitsplatz oder Verlust desselbigen wegen der Kleidung oder wegen des absoluten Verbotes des Islam, mit Alkohol oder Schweinefleisch in

Berührung zu kommen bzw. es herzustellen oder zu verkaufen, und vieles mehr. Oft waren es auch Eheprobleme, die meistens der Art waren, dass ein Muslim eine deutsche Frau kennen lernt, heiratet, sie bedrängt, den Islam anzunehmen. Die Frauen wollen natürlich Näheres über den Islam wissen. Also brachte man sie zur FII, damit sie dort zu einer Muslimin »gemacht« wurden. In vielen Fällen konvertierte die Frau dann aber nicht einfach so, sondern der Islam wurde zu ihrer Überzeugung, die sie auch leben und verwirklichen wollte. Diesen Anspruch hatte sie dann auch an ihren westlich geprägten Mann, der längst nicht mehr betete und fastete. Dem Mann wurde das zu viel, auch die islamische Bekleidung fand er übertrieben. Züchtig bekleidet, ohne Minirock usw., das war ja schön, aber bitte nicht übertreiben und gleich das Kopftuch anziehen . . . Na ja, das hatte ich ja selbst auch mit Muhammad erlebt.

Zunehmend wandten sich aber auch Familien aus islamischen Ländern mit ihren Problemen an uns, die FII. Ihre Töchter wurden an den Schulen oder Arbeitsplätzen wegen der islamischen Bekleidung diskriminiert. Besonders schlimm fand ich es, wenn 13-, 14-jährige Mädchen für die Taten eines Saddam Hussein herhalten mussten. Man setzte diese Mädchen Repressalien aus, verwies sie der Schule oder schloss sie vom Unterricht aus. In vielen Fällen wurde den Eltern eine hohe Geldstrafe angedroht. Es waren auch viele Konfessionsschulen darunter, von denen wir so etwas eigentlich nicht erwartet hätten. Chadidscha, die ja Jura studiert hatte, unterstützte die Eltern und schrieb viele Briefe an Schulen und Verwaltungsbehörden.

Eine weitere Sache war, dass wir als Mitarbeiter der FII uns selbst im Islam weiterbildeten, um dieses neu erworbene Wissen an die anderen Muslime weiterzugeben. Hierzu las Chadidscha sehr viel und besuchte Vorlesungen in Orientalistik und Islamwissenschaften an der Universität. Sie sprach das Gelesene und Gehörte auf Band und ich schrieb es auf, zuerst noch auf einer elektrischen Schreibmaschine, später dann hatten wir einen Computer. Was ich dabei alles lernte, war unglaublich wertvoll für mich. Ich konnte mich praktisch durch meine Arbeit im Islam fortbilden. Oft dachte ich, womit ich diese Gnade Allahs wohl verdient hatte, dass er mich aus der Unwissenheit heraus in den Islam hineingeführt hatte. Warum gerade mich und nicht andere aus meiner Familie? Dann schenkte er mir noch eine solche Arbeitsstelle. Ich war ihm von Herzen für das alles dankbar. Der Dialog mit Nichtmuslimen wurde im Laufe der Zeit ein immer größeres Thema. Auch das war unsere Aufgabe, da wir als deutsche Muslime die besten Voraussetzungen hierzu hatten.

Ich war mit meinem ganzen Herzen bei der Arbeit und erkannte immer mehr, worum es im Islam wirklich geht. Der Islam war keine Religion, wie ich sie bisher erlebt hatte. Man lebte nicht einfach so vor sich hin und sah zu, dass man ein möglichst großes Stück vom Kuchen abbekam. Nein, hier waren Menschen mit Idealen. Sie hatten es sich zu ihrer Aufgabe gemacht, die Welt zu verändern. Sie wollten der Welt das Heil bringen, das Heil, das ihrer Meinung nach, und auch meiner, nur durch den Islam verwirklicht werden konnte. Die Welt, besonders die westliche, war offensichtlich am Ende. Probleme über Probleme türmten sich vor den Politikern auf: Umweltverschmutzung, Arbeitslosigkeit, Kriminalität, besonders Jugendkriminalität, Drogen, Korruption, hohe Staatsverschuldungen, Ausländerhass, Verfall der moralischen Werte und Normen usw. Die Politik versuchte dem allen beizukommen, indem sie an ihrem Konzept hier und da herumflickte, ohne jemals wirklich Abhilfe zu schaffen. Aus all diesem wusste der Islam den Ausweg: Weg mit diesem alten Konzept, das sowieso keine Besserung brachte, und Schaffung einer neuen islamischen Gesellschaft, basierend auf den Werten und Normen des Koran. Kein »Ismus« hatte der Welt geholfen, weder Kapitalismus noch Kommunismus, nur der Islam war der Ausweg. Er würde allen Menschen ein sinnvolles, erfülltes und gesichertes Leben ermöglichen, sowohl im Diesseits als auch im Jenseits. Der Durchsetzung dieser islamischen Gesellschaft, zunächst in den islamischen Ländern, später weltweit, zum Wohle und Heil der ganzen Menschheit, verschrieben wir uns ganz. Die gesamte Erde sollte

Allahs sein, denn nur das könnte den Menschen den Frieden bringen, den sie sich so sehr erhoffen.

Mein ganzes Leben war nun vom Islam geprägt, auch jede noch so kleine Handlung im Alltag. Mein Tag begann früh vor Sonnenaufgang mit dem rituellen Gebet. Zuvor reinigte ich mich entsprechend der islamischen Vorschrift. Dann sagte ich:

»A'uthu bil-lahi mina-sch-scheytani-r-radschim!« (Ich nehme meine Zuflucht zu Allah vor dem verfluchten Satan!)

Wie jede wichtige Handlung begann ich auch das Gebet mit den Worten »bismi-l-lahi-r-rahmani-r-rahim!«

Danach folgte die eigentliche Eröffnung des Gebets. Ich hob meine Hände hoch, seitlich zu meinen Schultern, die Handflächen nach vorne und sagte leise: »Allahu akbar« – Allah ist größer (als alles).

Ich verschränkte die Hände über meiner Brust, die rechte über der linken, und betete (alles auf Arabisch):

»Gepriesen seist du, o Allah!
Dein ist das Lob, gesegnet ist dein Name
und erhaben sei deine Majestät und Größe!
Es gibt keinen Gott außer dir!

Im Namen Allahs, des Allerbarmers, des Barmherzigen!
Alles Lob sei Allah, dem Herrn der Welten,
dem Erbarmer, dem Barmherzigen,
dem Herrscher am Tage des Gerichts!
Dir (allein) dienen wir, und dich (allein) bitten wir um Hilfe.

Führe uns den geraden Weg, den Weg derer,
denen du Gnade erwiesen hast,
nicht derer, denen du zürnst, und nicht den der Irregehenden!«

Dann folgte eine frei gewählte Stelle aus dem Koran und anschließend sagte ich, während ich mich nach vorne verbeugte:

»Allah ist größer!
Gepriesen sei mein erhabener Herr!

Gepriesen sei mein erhabener Herr!
Gepriesen sei mein erhabener Herr!«

Indem ich mich wieder aufrichtete sagte ich: »Allah hört den, der
ihn lobpreist.«

Nach dem Aufrichten sagte ich: »Unser Herr, dir gebührt Lob!«

Danach folgte die Niederwerfung, das heißt man berührt mit folgenden Körperteilen den Boden: Stirn, Nase, beide Handflächen,
wobei die Finger in Gebetsrichtung zeigen, beide Knie und die Ze-
hen, die ebenfalls in die Gebetsrichtung zeigen. In dieser Körper-
haltung sagte ich mindestens dreimal:

> »Gepriesen sei mein höchster Herr!«

Nach dieser Niederwerfung richtete ich mich zum Sitzen auf und
sagte wieder:

> »Allah ist größer! Mein Herr, vergib mir; mein Herr,
> vergib mir; mein Herr, vergib mir!«

Der ersten Niederwerfung folgte eine zweite in derselben Weise wie
die erste. Der Gebetsablauf bis hierhin ist ein Abschnitt, genannt
Rak'a. Es werden weitere Rak'a ausgeführt, die Anzahl ist von Gebet zu Gebet unterschiedlich. Zum Beispiel betet man morgens
2 freiwillige und 2 Pflicht-Rak'a, mittags bis zu 8 freiwillige und
4 Pflicht-Rak'a. Abends kommt zu dem normalen Pflichtgebet
noch ein weiteres besonderes Nachtgebet hinzu, das eine ungerade
Anzahl von Rak'a haben muss.

Hatte ich alle Abschnitte ausgeführt, betete ich noch sitzend:

> »Die Ehrenbezeugungen, Gebete und guten Taten
> gebühren Allah.
> Friede sei mit dir, o Prophet, und die Gnade
> und der Segen Allahs!
> Friede sei mit uns und mit den aufrichtigen Dienern Allahs!
> Ich bezeuge, dass es keinen Gott gibt außer Allah
> und dass Muhammad sein Diener und Gesandter ist.

O Allah, schenke Muhammad Heil
und der Familie Muhammads,
so wie du auch Abraham und der Familie Abrahams
Heil geschenkt hast!
Und segne Muhammad und die Familie Muhammads,
so wie du auch Abraham und die Familie Abrahams
gesegnet hast, in allen Welten!
Du bist ja der zu Preisende, der Rühmenswerte!«

Zum Abschluss wendete ich mich erst zur rechten und dann zur linken Schulter und sagte:

»Friede sei mit euch und die Gnade Allahs!«

Man wendet sich hierbei an die beiden Engel auf der rechten und der linken Schulter. Die Muslime glauben, dass auf jeder Schulter ein Engel sitzt und alle Taten eines Menschen aufschreibt. Rechts sitzt der, der das Gute, links der, der das Böse aufschreibt.

Nach diesem rituellen Gebet kann man noch Bittgebete an Allah richten, so genannte Dua. Meistens gibt es auch hier vorgefasste Texte.

Das Gebet darf aber unter keinen Umständen verlassen bzw. unterbrochen werden, auch in Krankheit nicht.

Morgens, mittags, nachmittags, abends und nach Sonnenuntergang verrichtete ich meine Pflichtgebete. War ich zu Hause, bei Bekannten oder im FII-Büro war das kein Problem. Unterwegs aber gestaltete sich das Ganze oft zu einer Schwierigkeit, bei der es galt, mehrere Hindernisse zu überwinden. Zum einen musste ich ja die rituelle Reinheit haben. War sie mir verloren gegangen, musste ich einen geeigneten Platz zum Waschen finden. Das war aber gar nicht so einfach, da ich hierzu mein Kopftuch abnehmen und die Ärmel hochkrempeln musste. Eine muslimische Frau muss sich aber in der Öffentlichkeit bedeckt halten, und das war nicht auf allen Damen-WCs gewährleistet.

Die zweite Schwierigkeit war ein geeigneter Gebetsplatz, denn Frauen sollen im Islam nicht vor Männern beten.

Einmal, als Jamila und ich einen Ausflug in einen Vergnügungs-
park machten, hatten wir reichlich Mühe, all diese Bedingungen zu
erfüllen.

Beim Essen benutzte ich nach Möglichkeit nur noch die rechte
Hand. Ich aß auch nur noch mit einer Gabel, ohne Messer, da dies
zu Muhammads Lebensweise (Sunna) gehörte. Nach dem Toilet-
tengang wusch ich mich an den betreffenden Stellen mit kaltem
Wasser. Ich gähnte nie mit offenem Mund, da Muhammad gesagt
hatte, dass Scheitan (Satan) durch den gähnenden Mund in einen
Menschen eingehe. Musste ich niesen, sagte ich: »Preis sei Allah.«
Muslime antworteten mir mit: »Allah sei dir barmherzig!«, worauf
ich wieder sagte: »Allah leite euch recht und bessere eure Angelegenheiten.«

Ich hörte auf, mir die Augenbrauen zu zupfen, denn das ist im Islam verboten. Die vielen Regeln für die täglichen großen und kleinen Dinge im Islam waren nun meine Lebenspraxis geworden.

Ganz im Gegensatz zum Christentum hatte ich hier eine klare
Orientierung. Es gab keinen Bereich, der im Unklaren blieb: Alles
hatte Allah geregelt, vom großen Geschäft bis hin zur Körperpflege.

Zu Hause gab es immer häufiger Zusammenstöße mit meinem Vater wegen der islamischen Bekleidung. Er stichelte: »Na, gehst du
wieder in Uniform.« Vergeblich versuchte ich ihm zu erklären, warum ich diese Kleidung trug. Schließlich kam es zum längst überfäl-
ligen großen Knall:

»Wenn wir im Sommer in kurzen Hosen draußen im Garten sitzen, dann ziehst du dich entweder auch vernünftig an, oder du
bleibst im Haus«, sagte mein Vater mit einem Tonfall, der keinen
Widerspruch duldete.

»Ja, in Wirklichkeit wissen sie nämlich genau, dass so eine Kleidung ungehörig und nicht von Allah gewollt ist. Darum können sie
meine Gegenwart dann auch nicht ertragen, weil es sie daran erinnert«, dachte ich bei mir. Laut sagte ich: »Gut, wenn es so ist, wenn

ihr mich so nicht akzeptieren könnt, dann ziehe ich eben aus. Chadidscha hat mir sowieso schon angeboten, in ein Zimmer bei ihrer Mutter zu ziehen. Das werde ich jetzt tun.«

Dass mein Vater (und auch meine Mutter) aber weiterhin mein mich liebender Vater war, das konnte ich damals nicht erkennen, obwohl er mir für den Umzug Leute aus seiner früheren Firma besorgte – mittlerweile war er in Rente gegangen –, so dass für mich keine Kosten entstanden. Ich sah nur die ablehnende Haltung meiner Eltern dem Islam gegenüber und fühlte mich dadurch persönlich von ihnen abgelehnt und unverstanden. Ich nahm mir vor, mich nun meinen Eltern gegenüber in eisiges Schweigen zu hüllen und sie zu ignorieren. Dann würden sie schon sehen, was sie von ihrer Haltung hatten.

Eine kurze Zeit ging das ganz gut. In der Woche kam ich abends oft erst spät nach Hause, denn ich arbeitete mittlerweile nicht mehr Teilzeit. Außerdem gab es meist so viel Arbeit, dass ich über meine Arbeitszeit hinaus im Büro blieb. Dann hatte ich auch noch begonnen, Arabischunterricht zu nehmen, um den Koran besser verstehen zu lernen. An vielen Abenden war ich auch mit Chadidscha und Jamila, Aminas Tochter, zusammen.

Jamila war mir inzwischen eine gute Freundin geworden, ja, meine beste Freundin. Wir waren seelenverwandt und verstanden uns oft ohne viele Worte. Im Laufe der Zeit sagten wir oft, dass es schade war, dass nicht einer von uns beiden ein Mann war, dann wären wir die idealen Ehepartner gewesen. Nicht dass wir uns auf homosexuelle Weise voneinander angezogen fühlten, nein, sondern so wie wir uns als Freundinnen verstanden, so wie wir unsre Gedanken teilen konnten und uns immer etwas zu sagen hatten, so gut sollten sich auch Mann und Frau verstehen, wenn sie heiraten.

Am Wochenende waren Chadidscha, Jamila und ich unterwegs zu Moscheen, um dort zu den Frauen zu sprechen. Mittlerweile war das für mich ganz normal geworden, ich empfand keine Angst mehr, mich vor die vielen Frauen zu stellen und zu sprechen, denn ich tat es ja für Allah, für den Islam, damit endlich eine gerechte islamische Gesellschaft enstehen konnte.

Doch dann war ich an einem Wochenende allein in meinem Zimmer. Es gab keinen Termin, Chadidscha und Jamila waren nicht da, und alle anderen hatten etwas anderes vor. Ich saß in meinem Zimmer und vermisste meine Eltern. So schlecht war es zu Hause doch nicht gewesen. Außerdem war gerade Sommer und meine Eltern saßen bestimmt in ihrem wunderschönen großen Garten und tranken Kaffee. Oft schon hatten meine Eltern mich eingeladen, sie zu besuchen. Man würde auch nichts mehr gegen das Kopftuch oder den Islam sagen. Bisher hatte ich immer kurz angebunden abgesagt. Doch nun überwand ich meinen Stolz und rief meine Eltern an. Ja, sicher könne ich kommen. Sie würden sich sehr freuen. Ich setzte mich also in mein Auto, das übrigens immer noch von meinen Eltern finanziert wurde (inzwischen hatten sie mir sogar ein neues gekauft), denn ich verdiente bei der FII nur sehr wenig. Angekommen im Garten meiner Eltern, genoss ich diesen sonnigen, schönen Tag, trank Kaffee mit ihnen und aß den köstlichen selbst gebackenen Kuchen meiner Mutter. Abends grillte mein Vater. Ich konnte von dem Fleisch zwar nichts essen, denn es war nicht islamisch geschlachtet, also ausgeblutet, aber es war einfach schön, mit meinen Eltern zusammen zu sein. Ich blieb sogar über Nacht dort und fuhr erst am Montagmorgen wieder zurück. Von da an besuchte ich meine Eltern, so oft ich konnte. Sie waren jetzt sogar bereit, sich mit mir auf der Straße sehen zu lassen, was sie vorher abgelehnt hatten.

Das FII-Seminar fand immer mehr Zulauf. Sogar von weiter her kamen Frauen, weil sie von der FII und ihrer Arbeit gehört hatten. Durch den großen Zuspruch entstanden aber auch Probleme. Immer mehr junge Mütter kamen mit ihren Kindern, da die Väter nicht bereit waren, während des Seminars auf die Kinder aufzupassen. Chadidscha war sehr erbost darüber, denn nach dem Islam hat der Mann die Frau sehr wohl zu unterstützen und ihr auch eine Weiterbildung im Islam zu ermöglichen. Doch leider waren viele Ehemänner und Familien in Traditionen festgefahren, die mit dem Islam nichts zu tun hatten. Viele Bemühungen und Kämpfe, die Chadidscha wegen dieser Sache ausfocht, waren ohne Ergebnis. Aber wir waren voller Hoffnung, denn wir als Frauen erzogen die nächste Generation von Männern, und diese sollten nicht von den Traditionen, sondern vom Islam geprägt sein.

Irgendwann wurde die Regelung getroffen, dass sich die Mütter in der Kinderbetreuung abwechseln sollten, so dass reihum jeweils ein oder zwei Mütter die Kinder während des Seminars betreuten. Doch nach kurzer Zeit ging das wieder unter, und die Kleinen machten sich lautstark bemerkbar. Es war natürlich nervenaufreibend, gegen so eine Geräuschkulisse anzureden, und Chadidscha wurde ungehalten. Zum ersten Mal erlebte ich, dass sie laut werden konnte. Das konnte ich gar nicht glauben, aber es war auch wirklich schwer, bei diesem Trubel die Nerven zu behalten, und Chadidscha hatte sehr viel um die Ohren.

Die Frauen, die zu den Seminaren kamen, kann man grob in zwei Gruppen aufteilen. Da waren zum einen die, die einfach Gemeinschaft suchten und mal über ihre Probleme reden wollten. Dann gab es die Frauen, die zwar auch Gemeinschaft suchten, aber nicht immer wieder die gleichen Probleme und Sachen durchkauen wollten. Nein, sie waren gekommen, um etwas zu lernen, um mehr über den Islam zu hören, denn schließlich ist es ein wichtiges Gebot im Islam, Wissen zu erwerben. Muhammad hat einmal gesagt: »Strebe nach Wissen, und wenn es in China sein sollte.« Um diesem Anspruch besser gerecht werden zu können, strukturierte Chadidscha die FII und die Seminare um. Fortan sollte man sich verbindlich zu den Seminaren anmelden. Es sollten jeweils abschließende Themenkreise erarbeitet und schließlich auch jeder geprüft werden. Vor Anfang jeder Stunde sollte eine Anwesenheitskontrolle stattfinden, und nur wer regelmäßig kam, konnte weiterhin teilnehmen. Ferner konnte Chadidscha einen jungen deutschen Muslim gewinnen, der uns in Arabisch, Islamwissenschaften und in Fikh, der islamischen Rechtslehre, unterrichten sollte. Viele Frauen und Mädchen nahmen dieses Angebot an, auch wenn es sich bald als harte Arbeit herausstellte.

Wir waren alle ein wenig verlegen, von einem Mann unterrichtet zu werden. Ich wusste oft nicht, wo ich hinsehen sollte. Auch Abdullah, so hieß der junge Bruder, starrte meist auf den Boden. Es war überhaupt ein sehr heikles Thema gewesen, dass ein Mann uns Frauen unterrichtete. Aber Chadidscha fand stichhaltige Absicherung in den Ahadith, dass so etwas in unserer Diaspora-Situation möglich war.

Chadidscha wusste, dass ich trotz meiner schlechten Erfahrungen gerne wieder heiraten und eine Familie gründen würde. Abdullah wollte dasselbe. So brachte uns Chadidscha zusammen, das heißt sie arrangierte mehrere Gespräche zwischen uns, während deren sie aber natürlich gemäß dem Islam anwesend war. Eine Zeit lang spielte ich ernsthaft mit dem Gedanken, dass es etwas zwischen Abdullah und mir werden könnte. Er wollte sogar schon auf Wohnungssuche gehen. Aber noch einmal wollte ich mich nicht drängen lassen. Zu sehr hatte ich doch Angst vor einer weiteren negativen Erfahrung. Es erwies sich auch als gut, dass ich so vorsichtig war, denn nach einigen Monaten wurde mir klar, dass Abdullah und ich nicht zusammenpassten. Ich teilte ihm das brieflich mit, aber er nahm es nicht böse auf. Er sagte, dass es mein Recht wäre und dass es auch sehr wichtig sei, gründlich zu prüfen, ob man zusammenpassen würde. Er respektierte meine Entscheidung. Im Unterricht behandelte er mich nicht anders als sonst, und das anfängliche Gefühl der Befangenheit, das ich nach dieser Sache hatte, verflog bald wieder.

Der Dialog mit den Nichtmuslimen gewann immer mehr an Bedeutung. Zunehmend traten Kirchen, Volkshochschulen und ähnliche Einrichtungen an uns heran, ob wir nicht zu solchen Veranstaltungen zu ihnen kommen könnten. Meist war es das Thema »Stellung der Frau im Islam«, das wir behandeln sollten. Ich begleitete Chadidscha zu diesen Einladungen, manchmal kam auch Jamila mit, allerdings nicht so oft, denn sie war mit ihrem begonnenen Medizinstudium voll ausgelastet.

Ich hörte Chadidscha aufmerksam zu und dachte, dass ich an Chadidschas Stelle diesen Fragen, die die Leute stellten, und manchmal auch Angriffen nicht standhalten könnte. Wenn wir dann wieder bei Chadidscha zu Hause waren, redeten wir oft noch bis tief in die Nacht hinein über den Islam. Wir sprachen über wissenschaftliche Vergleiche oder über das, was islamische Mystiker geschrieben hatten. Ihr Sohn Abdurrahman, der ebenfalls Medizin studierte und in der ZIDS eine Führungsposition innehatte, war oft mit dabei. Bei seiner Frau, einer Deutschen, die, wie sich später herausstellte, nur pro forma den Islam angenommen hatte, fand er nicht das Verständnis für seine Arbeit und seine Ideale, so dass er oft bei seiner Mutter und seiner Schwester war. Ich hatte das Gefühl, geistige Höhenflüge zu erleben, wenn wir diese Gespräche führten. Wir alle sehnten uns nach einer gerechten Gesellschaft, die eine islamische Gesellschaft sein würde. Wir resümierten, wie dieses und jenes zu regeln sei, was für Auswirkungen es haben würde und wie arm die westliche Gesellschaft doch sei, dass sie diesen Schatz, der der Islam war, nicht entdecken und nutzen konnte, obwohl er doch genau vor ihrer Nase war. Sie waren eben einfach verblendet dadurch, dass sie sich von Allah abgewendet und entfernt hatten. Aber wir wollten sie wieder zu ihm zurückführen, wir wollten ihnen helfen. Sie hielten uns und den Islam für ihre Feinde, dabei wollten wir ihnen Frieden bringen, Gerechtigkeit, der Unterdrückung ein Ende bereiten. Denn unterdrückt waren die Menschen hier im Westen doch auch, oder was ist es denn anderes, wenn jemand ein Gefangener seiner Süchte, Wünsche und Bedürfnisse ist? Die Medien bestimmten das Ideal von einem Menschenbild: erfolgreich, wohlhabend, jung oder doch wenigstens dynamisch, gut aussehend, schlank, braun gebrannt. Und was passiert mit all denen, die diesem Ideal nicht entsprechen? Die Alten, die Drogenabhängigen, die Arbeitslosen, die Kranken . . .?

Sie werden an die Seite gedrängt, einfach ausgeblendet. Weg mit allem, was an Alter, Tod, Vergänglichkeit, Geschöpflichkeit erinnert, weg auch mit Gott, denn wir schaffen das schon allein.

Das alles wollten wir mit einem islamischen System verändern. Wir wollten, dass der Mensch als Person geachtet wird, dass Alte mit Respekt behandelt werden, dass den Drogensüchtigen und Arbeitslosen geholfen würde, dass die Menschen ihre eigentliche Bestimmung wieder erkannten.

Es waren kostbare Abende, an denen ich das Gefühl hatte, Allah ein wenig näher zu sein.

Die Arbeit im FII-Büro nahm überhand. Gleichzeitig klopften immer mehr muslimische Mädchen an unsere Tür, weil sie auf unsere Hilfe hofften bei der Suche nach einem Ausbildungsplatz. Sie mussten meistens die Erfahrung machen, dass sie aufgrund ihres praktizierten Muslimseins, also auch wegen der islamischen Bekleidung, abgelehnt wurden. Es war eine regelrechte Diskriminierung. Immer öfter hörten sie: »Du lebst in Deutschland, also passe dich gefälligst an. Wenn du das nicht willst, geh doch zurück in dein Land.« In manchen Fällen konnten wir eine Verständigung erreichen, viele beharrten aber auf ihrer intoleranten Position. Wir als FII wollten wenigstens zunächst einem Mädchen die Chance geben, eine Ausbildung bei uns zu machen. So konnten wir bei der IHK erreichen, ein Ausbildungs-»Betrieb« zu werden. Unsere Organisation war ein eingetragener Verein, die Anerkennung auf Gemeinnützigkeit lag vor, so war es kein Problem gewesen. Bald hatte ich also Verstärkung im Büro. Fatima, ein pakistanisches Mädchen, stellte sich sehr gut an. Sie war intelligent und hatte eine schnelle Auffassungsgabe. Es machte Spaß, mit ihr zusammenzuarbeiten, und auch in der Pause war ich nun nicht mehr allein, denn Chadidscha war nur wenig im Büro. Seit ich da war, hatte sie ihre Tätigkeiten mehr in den »Außendienst« verlegt, das war ja auch der Sinn meiner Anstellung gewesen.

Aber obwohl wir nun zwei Personen waren, die die Arbeit erledigten, schien sie nie zu enden. An manchen Tagen klingelte oft das Telefon und gleichzeitig kamen Besucher bzw. Ratsuchende, so dass viel von unserer Arbeit liegen blieb. Chadidscha war dann immer sehr unbeherrscht, und manchmal fand ich die Zusammenarbeit mit ihr schwierig. Wenn sie etwas störte oder ihr gegen den Strich ging, dann reagierte sie meistens sehr laut und heftig, etwas, mit dem ich schwer umgehen konnte. Sie meinte es wahrscheinlich gar nicht so, aber ich fühlte mich immer öfter verletzt. Ich konnte aber nicht mit ihr darüber sprechen, denn sie war für mich eine Respektsperson, auch wenn wir uns sehr nahe standen. Ich wollte auch nicht nachtragend sein, und wenn sie mich um etwas bat, auch gerade im Privaten, was sich kaum trennen ließ, war ich für sie da. Meine Eltern prangerten das oft an und sagten, ich solle mich nicht so ausnutzen lassen. Ich erwiderte dann, dass das kein Ausnutzen sei, sondern dass es sich hier um die Liebe der Geschwister im Islam untereinander handele. Schließlich war Chadidscha ohne Mann und Auto, so dass ich es absolut richtig fand, ihr zu helfen.

»Ja«, sagten meine Eltern, »schön und gut, aber warum gibt sie dir niemals Benzingeld für die weiten Fahrten, die ihr am Wochenende macht.«

»Das tue ich für den Islam und nicht für Geld.«

»Aber wir finanzieren dein Auto, und wir möchten nicht den Islam unterstützen.«

»Dann lasst es doch bleiben. Ich finde schon einen Weg.«

An diesem Punkt brachen meine Eltern das Gespräch meistens ab. Gut, ich hatte nicht viel Geld, ich verdiente nicht viel bei der FII, aber sie konnte mir einfach nicht mehr bezahlen. Und außerdem arbeitete ich nicht um reich zu werden, sondern um Allah zu dienen.

Der Monat Ramadan kam, und fast immer war ich zum »Fastenbrechen« eingeladen, oder ich aß mit anderen Schwestern zusammen in der Küche der FII. Es war ein schönes Erlebnis, Gemeinschaft mit so vielen verschiedenen Menschen zu haben. Wir waren uns wirklich nahe, wir kochten, aßen, lachten und beteten zusammen.

Zum Gebet im Ramadan, dem Tarawih-Gebet, gingen wir oft in die Moschee. Es war ein wunderbares Gefühl, mit so vielen Menschen im Gebet zu Allah vereint zu sein, sich vor ihm verneigend und auf die Erde werfend, ihm dienend, ihm nahe. Ich empfand, dass das die eigentliche Bestimmung des Menschen ist, Gott nahe zu sein, ihm zu dienen. Wenn wir es schaffen würden, das in Vollkommenheit zu erreichen, das musste die absolute Erfüllung aller Sehnsüchte in uns sein.

Die Arbeit in der FII war niemals langweilig. Ich lernte die verschiedensten Menschen kennen. Menschen, die alle eine Geschichte hatten. Viele deutsche Konvertiten waren darunter. Nur wenige von ihnen waren aber bereit, so wie ich mit der ZIDS zusammenzuarbeiten oder sich ihr irgendwie zu verpflichten. Sie wollten lieber unabhängig von irgendeiner »Gruppierung« bleiben, und Gruppierungen, wenn man es so nennen kann, gibt es auch im Islam viele. Für mich selbst hatte ich im Laufe der Zeit erkannt, dass es ein Gebot Muhammads war, einem islamischen »Führer, Leiter« Nachfolge zu leisten, den so genannten Biyat. In einer Art Schwur beteuert man, dass man sich diesem Führer verbunden fühlt und ihm in allem gehorsam sein wird. Ursprünglich war es so gewesen, dass man dem Kalifen den Biyat gegeben hatte. Heute ist das Kalifat abgeschafft, so gab ich meinen Biyat dem Vorsitzenden der früheren JIP (einer islamischen Partei in einem islamischen Land), Abdurrahman Al-Assaad.

Die ZIDS war sehr eng mit der JIP verbunden. Die Strukturen sahen so aus, dass alle, die in einer Führungsposition bei der ZIDS waren, Abdurrahman Al-Assaad auch Biyat gegeben hatten. Er war und ist also auch die oberste Autorität der ZIDS. Offiziell werden diese Strukturen verwischt, da solch eine Verbindung zwischen einer Partei und einem religiösen Verein illegal ist. Viele wissen um diese Vernetzungen, aber man kann es eben nicht beweisen. Den Biyat gibt es nicht auf dem Papier.

Die meisten deutschen Muslime sahen keine Notwendigkeit eines Biyat, da es auch keinen islamischen Staat gäbe. Verstehen konnte ich das nicht, aber ich denke, es liegt wohl einfach an der immer stärker werdenden Tendenz in Deutschland, sich seine eigene Religion zusammenzubauen. Nach den Grundsätzen von Koran und Ahadith ist eine solche Haltung nämlich nicht möglich. Das Prinzip des Biyat ist fest verankert in Koran und Sunna (Tradition Muhammads).

Aber auch unter den Muslimen herrschte Uneinigkeit. Neben der ZIDS gab es noch die Anhänger von Cemalettin Kaplan. »Khomeini von Köln« wurde er oft genannt. Er hatte radikale Ansichten, die wir von der ZIDS bzw. FII nicht teilen konnten. Kaplan wollte eine Revolution in der Türkei. Gewalt war für ihn der einzige Weg. Auch in der Theologie hatte er andere Ansichten. Die Frauen hatten sich alle in den schwarzen »Carsaf« zu hüllen, die türkische Variante des Tschador. Muslimische Frauen, die sich mit Mantel und Kopftuch bekleideten, waren für ihn und seine Anhänger inakzeptabel. Frauen, die Kaplan-Anhängerinnen waren, grüßten uns grundsätzlich nicht, im Gegenteil, bei Gelegenheit beschimpften sie uns sogar.

Eine andere Gruppe ist eine Art mystische Geheimvereinigung. Sie kümmern sich weniger um die Politik als um rituelle Praktiken.

In der ZIDS hatte man schon lange erkannt, dass diese Uneinigkeit unter den Muslimen nur Verderben brachte. Es schwächte sie. Solange man sich nicht geschlossen gegen den Westen stellen könne, sei sowieso alles umsonst. Der Westen hetze die einen gegen die anderen auf und verhindere so, dass die Muslimen an Stärke gewinnen konnten. Das hatte ich oft in den Reden von Abdurrahman Al-Assaad gehört. Er erklärte auch, wer hinter den ganzen Kriegen, Katastrophen und Problemen auf der Welt steckte. Das seien die Juden, die Zionisten. Sie hielten die Fäden in der Hand, sie hetzten die Völker gegeneinander auf und belieferten sie mit Waffen, um reich zu werden. Sie stifteten überall Unfrieden, hieß es, und gäben sich obendrein noch als Gottes auserwähltes Volk aus. Im Koran können wir aber nachlesen, dass Allah kein Volk vor einem anderen auserwählt habe. Die Juden selbst hätten ihre Schriften dementsprechend gefälscht. Die Christen seien darauf reingefallen und verteidigten die Juden jetzt sogar noch. Aber Muhammad hat gesagt: »Ihr werdet gegen die Juden so lange kämpfen, bis sich der eine von ihnen hinter einem Stein versteckt und dieser (Stein) spricht: ›Du Diener Allahs, dieser ist ein Jude, der sich hinter mir versteckt, so töte ihn.‹«

Man erklärte mir, dass an dem ganzen Nord-Süd-Gefälle auch die Juden die Schuld trügen, denn sie ständen hinter der Weltbank und ließen die Dritte-Welt-Länder immer mehr in Schulden versinken. Sie beuteten diese Länder aus, um selbst reich zu sein, und alle westlichen Länder, besonders Amerika, würden in Wirklichkeit von den Juden beherrscht.

In mir klingelte eine Alarmglocke. »Wer mein Volk antastet, der tastet meinen Augapfel an«, hatte ich in der Bibel gelesen, und dieser Satz kam mir ins Bewusstsein. »Aber die Juden haben ja die Schriften, also auch die Bibel, gefälscht. Klar, dass dann so etwas dasteht«, dachte ich. Doch ein ungutes Gefühl bei diesem Judenhass blieb immer in mir, auch wenn ich es zu verdrängen suchte.

Je mehr ich darüber las und je mehr ich darüber hörte, desto klarer glaubte ich aber, diese verborgenen Machtstrukturen zu erkennen. Auch wenn ich da doch lieber für mich unterschied zwischen den gläubigen Juden und den nationalen Juden, für mich war immer mehr klar, diese nationalen Juden seien es, die die Welt regierten, und unsere Aufgabe als Muslime sei es, dies zu ändern. Ein gerechtes islamisches System sollte überall auf der Welt den Frieden garantieren. Dafür mussten wir kämpfen, nicht militärisch, aber ideologisch. Wir mussten allen Muslimen klarmachen, wie die Wahrheit aussah, und dann musste gehandelt werden. Konkret sollte das so aussehen, dass zunächst in einem islamischen Land ein islamischer Staat installiert werden sollte, und zwar auf dem Wege der Politik. Wir erhofften uns, dass die JIP irgendwann an die Regierung käme. Wenn man ihr dann lange genug Zeit geben würde, dann würden die Menschen schon sehen, dass ihnen nun geholfen würde. Eine weitere Bestrebung würde dann auch sein, die Einigung aller Muslime weltweit zu erreichen und den wirtschaftlichen Zusammenschluss aller islamischen Länder, als Gegengewicht zur EG, zum Westen. Wenn das erreicht würde, dann wären die Karten anders gemischt. Nicht mehr länger wäre die Dritte Welt abhängig vom Westen, sondern umgekehrt würde es dann sein. Doch bis dahin war es noch ein langer Weg und viel Arbeit.

Nach ungefähr einem halben Jahr zog ich doch wieder zu meinen Eltern. Ich war froh, denn trotz der vielen Arbeit und Termine hatte ich mich doch immer wieder allein gefühlt. Eltern, das bedeutete auch immer Geborgenheit und Liebe. Außerdem hatte ich ja schon feststellen müssen, dass Chadidscha trotz all ihrer guten Eigenschaften kein leichter Mensch war. Persönlich hatte ich den Eindruck, dass sie immer unbeherrschter wurde. Sogar mit den Männern in den Büros der ZIDS hatte sie Zusammenstöße. Bei meinen Eltern hatte ich so etwas nie erlebt. Zwar war ich als Kind auch ausgeschimpft worden, und auch meine Eltern hatten manchmal Auseinandersetzungen, aber niemals auf diese laute, unbeherrschte Art und Weise.

5. Pilgerfahrt nach Mekka

Das Dar-ul-salam hatte neben vielen Veranstaltungen jedes Jahr in der Weihnachtszeit auch eine Pilgerfahrt nach Mekka im Programm. Diese Fahrt war zudem für konvertierte Muslime noch besonders preisgünstig. 500 DM waren selbst zu zahlen, der Rest wurde von einem reichen Saudi bezahlt, der mit seinem Geld ein gutes Werk tun wollte. Man munkelte zwar auch, dass er sich unter den weiblichen Konvertiten stets nach einer zweiten Frau umsah, aber ob es stimmte oder nicht, habe ich nie so ganz herausfinden können.

In den letzten Jahren hatte ich immer interessierter den Berichten der zurückkehrenden Pilger gelauscht. Dieses Jahr, so wusste ich, wollte ich selbst dabei sein. Ich meldete mich an und erhielt bald darauf die Bestätigung, dass ich in die Liste der diesjährigen Pilger aufgenommen war.

Eines Tages war in meiner Post auch ein Brief des Saudischen Botschafters in Bonn. Er sei daran interessiert zu erfahren, wie ich als Deutsche zum Islam gekommen sei. Gerne beantwortete ich diese Anfrage, nicht aber ohne auch auf die beklagenswerte Uneinigkeit unter den Muslimen hinzuweisen und dass ich doch hoffe, dass alle Muslime sich bald auf ihre Wurzeln besinnen würden. Eine besondere Verantwortung hätte da doch auf jeden Fall auch Saudi Arabien. Auf dieses Schreiben erhielt ich allerdings niemals eine Antwort.

Ich packte nun bald meine Koffer für die so genannte »Umra«, die kleine Pilgerfahrt. Im Gegensatz zur »Hadsch«, der großen Pilgerfahrt, die nur zu einer bestimmten Zeit durchgeführt werden kann, ist die Umra jederzeit möglich. Die Umra wird auch die »besuchsweise Pilgerfahrt« genannt. Trotzdem war ich schon Wochen vorher aufgeregt. Wie sollte ich bloß die ganzen arabischen Gebete auswendig lernen, die auf der Pilgerfahrt gesprochen würden? Hoffentlich würde ich nichts falsch machen. Hoffentlich würde ich alle wichtigen Stätten innerhalb der Umra in richtiger Reihenfolge aufsuchen. Es galt so viel zu beachten. Aber ich freute mich, dass ich wirklich zur Kaaba reisen durfte. Dort würde ich Allah nahe sein.

Die Pilgerfahrt nach Mekka ist ein wichtiger Punkt im Leben eines jeden Muslims, und sie ist in ihrem Ablauf und in ihren Ritualen auch voller Symbole. Wer die Pilgerfahrt mit aufrichtigem Herzen vorschriftsgemäß ausführt, der ist wieder unschuldig wie ein neugeborenes Kind. Ein neues Leben beginnt. Während der Pilgerfahrt wendet man sich ganz vom Alltag ab. Man konzentriert sich auf das Wesentliche, auf Allah. Das kommt zum Ausdruck in einem besonderen Zustand, den man Ihram nennt. Dieser Zustand ist eine Voraussetzung für die Pilgerfahrt. Ihram ist ein Weihezustand. Um ihn zu erlangen, nimmt man zunächst die rituelle Ganzreinigung vor. Meist werden auch noch die Nägel geschnitten und ggf. der Bart ge-

kürzt. Ebenso werden alle Haare unter den Achseln und im Scham-
bereich entfernt, was allerdings auch außerhalb des Ihram ein Gebot im Islam ist.

Männer parfümieren ihren Körper dann noch (Frauen ist Parfüm in der Öffentlichkeit verboten) und legen dann die Pilger-Klei-
dung an. Sie besteht aus zwei weißen, undurchsichtigen Tüchern,
jedes ca. 1 x 1,80 m groß. Die Tücher dürfen keine Nähte aufweisen,
denn sie symbolisieren das Leichentuch, in das jeder Muslim zur
Beisetzung gewickelt wird. Viele Muslime bewahren zu diesem
Zweck ihre Pilgertücher auf und lassen sich in ihnen beerdigen.

Frauen tragen auch während der Pilgerfahrt die übliche islamische Bekleidung, die den gesamten Körper bis auf Hände und Gesicht verhüllt. Von vielen Frauen wird weiße Kleidung gewählt. Die
Farbe spielt an sich aber keine Rolle bis auf eine Einschränkung:
Gelbe oder rote Kleidung darf zur Pilgerfahrt nicht getragen
werden.

Nach Anlegen dieser Kleidung befindet man sich im »Ihram«.
Ab jetzt sind für die Dauer des Ihram Bedecken des Gesichtes (für
Männer des Kopfes), Haare schneiden, Rasieren oder anderweitig
entfernen, Parfüm, Streiten und Kämpfen, Verloben, Heiraten und
jemanden Verheiraten, Gespräche über sexuelle Dinge, sexuelle
Annäherung, Geschlechtsverkehr, Jagd auf Tiere, Töten jeglicher
Lebewesen (außer in Gefahr und beim Schlachten) verboten. Man
stellt also für einen bestimmten Zeitraum alle Tätigkeiten ein, die
zum normalen Leben gehören. Man befindet sich in einem ähnlichen Zustand wie ein Toter und begibt sich in Allahs Gegenwart.
Man besucht Allah.

In der Nacht vor unserer Abreise konnte ich vor Aufregung nicht
schlafen. Trotzdem war ich am nächsten Morgen keineswegs müde.
Schon früh hatte ich meine Pilgerkleidung, einen weißen Afgha-
nenanzug und ein weißes Kopftuch, angelegt. Ich hatte die vorgeschriebenen Gebete verrichtet und traf mich mit den anderen Brü-
dern und Schwestern zur Abreise. Ohne einen »Mahram«, einen
männlichen Verwandten, darf man die Pilgerfahrt eigentlich nicht

antreten. Eine Reisegruppe, die von einem Mann geleitet wurde, sah man aber als gleichwertig an. Sicherlich gab es zwar einige Muslime, die das nicht so sahen. In den Kreisen, in denen ich mich bewegte, erkannte man das aber an.

Bald schon saß ich im Flugzeug nach Jeddah und sprach immer wieder das Gebet der Pilger:

>>Labbaik, allahumma, labbaik.
Labbaika la scharika laka, labbaik.
Inna-l-hamda
Wa-nimata laka
Wa-l-mulk.
La scharika lak.

Hier bin ich, o Allah, hier bin ich.
Hier bin ich, du hast keinen Mitgott, hier bin ich.
Alles Lob
Und alle Huld sind Dein
Und alle Herrschaft.
Du hast keinen Mitgott.<<

Dieses Gebet spricht man jeweils dreimal hintereinander. Es soll zum Ausdruck bringen, dass man allein um Allahs Willen gekommen ist, nur um ihn zu verherrlichen und ihn anzubeten. Männer sprechen das Gebet mit lauter Stimme, Frauen leise oder unhörbar.

Mein Herz sprach unaufhörlich diese Worte, und um mich herum klangen sie in der Luft – wie sanfte Wellen, die mich trugen, wie ein Schwingen, das alles in Bewegung brachte. Es kam mir alles so wirklich und doch so fern vor. Wirklich – das Gebet, Allah und der eigentliche Sinn des Lebens. Fern – diese Welt, dieses Leben, mein Alltag. Ich schien nur noch aus diesen Worten des Gebets zu bestehen. Mein Herz sehnte sich nach Mekka, nach dem Anblick der Kaaba.

Als wir dann endlich in Mekka ankamen, war es schon bald Morgen. Ungeduldig erwartete ich das Ende der Prozedur des Zimmerverteilens. Dann endlich erneuerten wir unsere rituelle Waschung und versammelten uns in einer Gruppe vor dem Eingang des Hotels. Es lag ganz nahe bei der Kaaba, ungefähr 5-10 Minuten zu Fuß. Obwohl es Nacht war, waren Menschen auf der Straße: Pilger wie wir, die auch zur Kaaba wollten oder von ihr zurückkehrten. Es war angenehm warm, und ein tiefes Glücksgefühl durchströmte mich. Endlich gingen wir los, nein, wir schritten, das Gebet wieder auf den Lippen. Ich glaube, niemand sagte es einfach nur so auf, sondern wir sprachen aus tiefstem Herzen, denn wir waren da, waren gekommen, um unseren Gott, den einzigen Gott anzubeten.

Hell erleuchtet war die Masdschid al-Haram, die »Heilige Moschee«, in deren Hof sich die Kaaba befindet.

Am Eingang wurden wir von Soldaten kontrolliert. Seit den Vorfällen der vorigen Jahre wurde jeder genauestens untersucht, und das Mitführen von Taschen war untersagt worden.

Ich betrat die Moschee gemäß der Sunna mit dem rechten Fuß zuerst und sprach dabei die Worte auf Arabisch, wie auch alle anderen Gebete:

»Im Namen Allahs, o Allah,
öffne mir die Tore deiner Barmherzigkeit.«

Dann durchschritt ich die große Halle, in der die Menschen zwischen den beiden Hügeln Safa und Marwa hin- und hereilen. Und endlich war ich im Innenhof und erblickte die Kaaba. Ihr Anblick traf mich tief ins Herz. Sie stand da, von schwarzen Samttüchern umhüllt, die Menschen umkreisten sie andächtig. Hell erleuchtet war alles, und obwohl so viele Menschen hier waren, war es ruhig, irgendwie erhaben. Ich sah an der Kaaba hinauf zum Himmel, der ebenfalls wie schwarzer Samt aussah. Nie werde ich diesen Moment vergessen. Und doch durchzuckte mich der Gedanke: »Nie kannst du die Gnade Allahs erlangen.« Aber laut bezeugte ich: »Allah ist am größten, es gibt keinen Gott außer Allah.«

Danach begann ich ebenfalls mit dem »Tawaf«, dem Umschreiten der Kaaba. Dieses siebenmalige Umschreiten beginnt beim schwarzen Stein. Während dieses Umschreitens war ich ganz konzentriert auf Allah. Ich sprach Bittgebete und versuchte an den schwarzen Stein zu kommen, um ihn zu küssen, doch in dieser Nacht war es mir nicht vergönnt. In einer späteren Nacht gelang es mir aber tatsächlich, ohne Drängeln den schwarzen Stein zu erreichen. Innerlich bewegt beugte ich mich vor und küsste ihn. Ein köstlicher Duft entströmte ihm, und er war gar nicht hart wie ein Stein, sondern samtweich. Die Tränen traten mir in die Augen, so glücklich war ich in diesem Moment.

Nachdem ich meinen »Tawaf« beendet hatte, ging ich zur »Stätte Abrahams«, um dort die vorgeschriebenen Gebete zu verrichten. Dann ging ich zur Quelle »Zamzam«. Von einer Quelle ist heute leider nicht mehr viel zu sehen, alles liegt unterirdisch und erinnert an einen riesigen Waschraum in einer Turnhalle oder ähnlichen Einrichtung. Man trinkt das Wasser stehend, der Kaaba zugewendet. Man trinkt so viel man kann, denn es ist eine Gnade Allahs. Jemand hat einmal gesagt, ich weiß nicht ob es Muhammad selbst war, man soll das Wasser von Zamzam trinken für den Durst am Tage des Gerichts, wenn alle Menschen vor Allah versammelt sein werden. Dieser Tag wird oft verglichen mit einem Tag in der Hadsch, der großen Pilgerfahrt, an dem sich alle Pilger an einem bestimmten Ort versammeln müssen, um dort den ganzen Tag in sengender Hitze, möglichst stehend, auszuharren.

Nun blieb noch der letzte Teil der Umra, das Laufen zwischen den beiden Hügeln Safa und Marwa, genannt »Sa'i«. Siebenmal läuft man hin und her, und die Strecke war ziemlich lang, 395 m genau. Allmählich spürte ich doch meine Müdigkeit.

Als ich alle Riten erfüllt hatte, schnitt mir eine Schwester ein kleines Stück meines Haars ab. Dieser Ritus hebt den Zustand des Ihrams wieder auf. Todmüde und glücklich legte ich mich aufs Bett.

So oft ich konnte, besuchte ich die Masdschid al-Haram. Das Leben in Mekka erschien mir irgendwie leichter. Alles fiel einem leichter, besonders die Gebete. Wenn man in der Moschee war, schien die Zeit stehen geblieben zu sein. Hier schien sich das wirkliche Leben abzuspielen, alles was draußen war, war unwichtig.

Ich lernte Ayscha, eine deutsche Frau kennen, die ebenso empfand. Sie war vor Jahren aus ihrem Leben ausgebrochen, weil sie an einen Punkt gekommen war, an dem sie nicht mehr weiterwusste. Sie reiste ziellos herum, bis sie in einen kleinen Ort in Griechenland kam. Dort hatte sie eine Moschee gefunden und trat ein. In der Moschee hatte sie einen Zusammenbruch. Sie lag auf der Erde und konnte nicht aufstehen, bis sie eine Art Offenbarungserlebnis hatte. Sofort wurde sie Muslim und reiste nach Mekka. Sie blieb hier einfach in der Heiligen Moschee und wurde von anderen Pilgern oder auch Ortsansässigen mit dem Notwendigen versorgt. Die Soldaten wollten sie vertreiben, aber da jede Gewalt in der Heiligen Moschee verboten ist, und sich Ayscha einfach weigerte freiwillig zu gehen, konnte sie irgendwann bleiben. Sie heiratete und lebte jetzt mit ihrem Mann in Mekka. Ayscha war ganz und gar schwarz verschleiert. Zuerst fand ich das übertrieben, doch nach einem Erlebnis mit mekkanischen Männern besorgte auch ich mir bald einen Gesichtsschleier und trug nur noch Schwarz: Ich kam gerade mit einer Schwester aus der Masdschid al-Haram und wollte zurück ins Hotel gehen. Da kamen uns zwei Saudis entgegen und starrten uns direkt ins Gesicht. Sie stellten sich dicht vor uns hin, starrten uns an und redeten in einem anzüglichen Tonfall auf uns ein. Später fand ich heraus, dass die Saudis alle Frauen, die nicht in Schwarz gekleidet und deren Gesicht nicht verhüllt war, als promiskuitiv einschätzten.

Die Tage und Nächte verflogen nur so, und schon brach der Tag der Heimfahrt an. Zum letzten Mal besuchte ich die Kaaba, umrundete sie, und als ich Abschied von all dem nehmen musste, war mein Herz schwer und die Tränen liefen mir unaufhaltsam das Gesicht herunter. Ich war doch nach Hause gekommen, und nun sollte ich wieder Abschied nehmen?

Der Alltag hatte mich bald wieder, aber ich sträubte mich dagegen. Mein Herz und meine Gedanken waren noch lange Zeit in Mekka.

Stundenlang unterhielt ich mich mit Jamila, die auch schon die Umra vollzogen hatte, darüber, wie es wohl wäre, wenn wir dort leben könnten. Ganz so fern schien der Gedanke nicht. Durch Ayscha hatte ich von einer reinen Frauenuniversität in Mekka gehört, an der man Arabisch und Islamwissenschaften studieren konnte. Wir sprachen mit Chadidscha darüber, und langsam nahm dieser Gedanke konkrete Formen in unseren Köpfen an. Aufnahmebedingungen gab es für diese Uni nicht, abgesehen davon, dass man natürlich Muslim sein musste, denn nach Mekka dürfen nur Muslime. Nichtmuslimen ist der Zutritt verboten.

Jamila und ich malten uns schon unsere Zeit in Mekka aus. Es würde zwar ein Leben in aller Bescheidenheit sein, aber es würde ein intensives Leben sein, angefüllt mit den wirklich existenziellen Dingen, mit dem Wesen aller Dinge. In Mekka war es immer Realität, dass das Diesseits nur eine Durchgangsstation war, dass das wirkliche Leben noch vor uns lag. Der Tod, als Ende dieses kurzen Lebens, war eine Realität. Das Streben nach mehr Wissen war eine Realität.

Bis unser Ziel Wirklichkeit werden sollte, dahin war es allerdings ein weiter Weg. Viele Anträge mussten gestellt werden. Wir versuchten Kontakt mit Ayscha aufzunehmen, doch es gelang uns nicht. Telefonisch war es nicht möglich, und auf unsere Briefe erhielten wir keine Antwort. Es gestaltete sich alles schwieriger, als wir gedacht hatten, und so verlief sich die ganze Sache allmählich.

Die muslimische Gemeinde hat viele Pflichten. Eine dieser Pflichten ist es, Tote für ihre Beerdigung vorzubereiten. In vielen Fällen tun das Familienangehörige, doch manchmal findet sich keiner, der dazu bereit ist, oder es ist einfach keiner da. In diesem Fall ist dies eine Pflicht der ganzen Gemeinde, es sei denn, jemand hat ausdrücklich diese Pflicht anstelle der anderen übernommen. Bei uns war es so, dass diese Sache wohl für die Männer durch ein islamisches Beerdigungsinstitut geregelt war, doch bei den Frauen war es noch immer offen. Männer dürfen nur Männer waschen, Frauen nur

Frauen. So war es dann eines Tages so weit, dass das eintrat, was wir doch irgendwie fürchteten. Es wurde die Anfrage an uns gerichtet, ob wir nicht eine verstorbene iranische Frau waschen könnten. Es fänden sich keine Angehörigen, die das übernehmen könnten, so dass nur wir blieben. Nun ist es so, dass man sich nicht einfach vor dieser Verpflichtung drücken darf. Jeder, der dazu körperlich in der Lage ist und an den diese Frage gerichtet wird, ist vor Allah verpflichtet, diese Totenwaschung vorzunehmen. Man kann nicht einfach sagen: »Das kann ich nicht, da habe ich Angst.« So musste ich dann, als Chadidscha mich fragte, ob ich bereit wäre, bei der Totenwaschung mitzuhelfen, auch »ja« sagen. Ich hatte zwar große Angst davor, aber was sollte ich tun?

Der Morgen der Totenwaschung kam, und so betraten Chadidscha, zwei andere Schwestern und ich den Raum in der Leichenhalle, der für Totenwaschungen vorgesehen ist. Geschlossen stand der Sarg vor uns. Mein Herz klopfte bis zum Halse und mir war übel vor Angst, was mich erwarten würde. Wie sah die Tote wohl aus, nach vier Tagen im Sarg! Wir beteten laut und öffneten den Sarg. Die Frau lag da, in einem Nachthemd, ein Auge halb geöffnet. Es kam mir vor, als sehe sie mich an. Wachsbleich war ihre Haut und eiskalt. So sollte ich auch einmal daliegen? Ein Zittern durchfuhr mich. Aber es war die Realität. Nichts ist so real wie der Tod. Er ist die einzige Sache, von der wir mit Bestimmtheit wissen, dass sie uns treffen wird.

Vorsichtig hoben wir die Frau aus dem Sarg und legten sie auf den Waschstein. Dann breiteten wir Handtücher über ihrem Körper aus und schoben das Nachthemd langsam hoch. Die Frau hatte einen künstlichen Darmausgang, und man hatte den Beutel mit den Exkrementen einfach drangelassen. Eine Schwester unter uns war Krankenschwester. Sie stellte fest, dass ein Teil des Darmes in den Beutel ausgetreten war, so dass wir ihn nicht entfernen konnten. Normalerweise hätten die Exkremente entfernt werden müssen, um die rituelle Reinheit herzustellen, aber in diesem Fall war es wohl in Ordnung, wenn wir alles so ließen, denn der Beutel war geschlossen, so dass er als Haut betrachtet werden konnte. Wir baten Allah, dass er unsere Entscheidung annehmen möge, und wuschen die Frau behutsam mit warmem Wasser. Die Toten werden so wie ein Lebender behandelt, denn niemand konnte ja sagen, was ein Toter noch von dem allen empfindet. Es gibt darüber im Islam ganz klare Anweisungen.

Nach der Waschung salbten wir die Frau an Stirn, Händen, Knien und Füßen (all diese Stellen berühren beim rituellen Gebet den Boden) mit einem duftenden Parfümöl, dann hüllten wir sie in die Leichentücher, wovon eins wie ein Kopftuch gelegt wird. Als wir fertig waren, beteten wir die Sure al-Fatiha, die zu jedem rituellen Gebet rezitiert wird:

>»Im Namen Allahs, des Allerbarmers, des Barmherzigen.
>Alles Lob sei Allah, dem Herrn der Welten,
>dem Erbarmer, dem Barmherzigen,
>dem Herrscher am Tage des Gerichts,
>dir allein dienen wir und dich allein bitten wir um Hilfe.
>
>Führe uns den geraden Weg,
>den Weg derer, denen du Gnade erwiesen hast,
>nicht derer, denen du zürnst, und nicht den der Irregehenden!
>Amen.«

Innerlich bewegt fuhren wir zu Chadidscha nach Hause und führten dort alle die rituelle Ganzwaschung durch, die nach Berührung mit einem Toten vorgeschrieben ist. Es war nicht leicht, nach diesem eindrücklichen Erlebnis einfach zur Tagesordnung überzugehen, aber ich musste ins Büro, und auch die anderen gingen an ihre Arbeit. Doch ich war sehr froh, dass ich diesen Dienst erfüllt hatte, denn nun konnte ich einen Sinn darin sehen, dass jeder dazu verpflichtet war. Ich denke auch heute noch, dass es keinen besseren Weg gibt, die Realität des Todes zu be-greifen (im wahrsten Sinne des Wortes), als einen toten Menschen zu berühren. Niemals wieder ist mir unsere Sterblichkeit so bewusst, so real geworden.

6. In den Medien und auf Konferenzen

Durch die vielen Dialog-Veranstaltungen, die ich gemeinsam mit Chadidscha besuchte, hatte ich doch auch einige Erfahrungen gesammelt. Nun sei es soweit, meinte Chadidscha, dass ich selbst solche Vorträge wie sie auf diesen Veranstaltungen halten könnte. So ganz war ich mir da zwar nicht sicher, aber nun gut, versuchen konnte ich es ja einmal. Immerhin hatte ich schon einmal einem Radioreporter ein Interview gegeben.

Meinen ersten »Auftritt« brauchte ich aber glücklicherweise doch nicht allein zu bestreiten. Jamila und ich wollten es gemeinsam angehen. Wir waren von einer Studentengemeinde eingeladen, und der Abend war auch ganz gut. So mancher andere »Dialog« verlief dagegen doch ganz anders. Oft mussten wir uns gegen Angriffe und Vorurteile regelrecht verteidigen. Das war aber kein Dialog mehr, und darüber ließen wir die Zuhörer auch nicht im Unklaren. Manchmal gab es auch Interessierte, und von denen ließen wir uns immer sofort die Adressen geben. Sie kamen dann in eine Kartei, denn es war sehr wichtig für uns, islamfreundliche Menschen kennen zu lernen. Bei ihnen konnten wir die Vorurteile gegen den Islam abbauen helfen. Wir wollten, dass die Menschen endlich begriffen, dass der Islam keine frauenfeindliche, mittelalterliche Religion ist.

Irgendwann wurde auch das Fernsehen auf die FII aufmerksam. Man wollte in der Sendung »Gott und die Welt« über unsere Arbeit, speziell unsere Hilfe bei Diskriminierung muslimischer Mädchen in den Schulen, berichten. Das Fernsehteam kam und die Aufnahmen wurden gemacht. Als wir dann aber gemeinsam vor dem Fernseher saßen, erkannten wir die Nachteile der Pressefreiheit. Man hatte unsere Aussagen aus dem Zusammenhang gerissen und willkürlich zusammengeschnitten, so dass uns Worte in den Mund gelegt wurden, die wir so nie gesagt bzw. gemeint hatten. Die ganze Sendung diente nur der Aufrechterhaltung aller Vorurteile über den Islam. Wenn wir überhaupt noch einmal zu einer Zusammenarbeit mit Medien bereit wären, dann nur in Life-Sendungen, da konnte man wenigstens nichts zusammenschneiden. Dort würden unsere Aussagen so stehen bleiben, wie wir sie auch gesagt hatten. Allerdings rechneten wir nicht damit, dass man in dieser Form wirklich an uns herantreten würde.

Doch schon bald danach saß ich tatsächlich in einer Life-Diskussion. Es ging um den Bau einer großen Moschee. Mittlerweile ist sie ja eröffnet worden, aber damals war ein Großteil der Bürger der Stadt gegen diesen Bau. Mit in der Diskussionsrunde war eine Schriftstellerin aus einem islamischen Land, die allerdings nicht nach den islamischen Glaubensvorschriften lebte und auch eine Reformation des Islam forderte. Das ist für praktizierende Muslime natürlich undenkbar, und deswegen wurde diese Frau auch von uns abgelehnt. Aber sie sagte mir etwas, über das ich mich damals erhaben fühlte, was mir später aber noch zu denken geben sollte:

»Sie kommen aus der westlichen Kultur, sie haben eine westliche Erziehung genossen und sich für den Islam entschieden, so wie er hier in Europa präsentiert wird. Aber Sie haben nie in einem islamischen Land gelebt, haben nie dem Druck standhalten müssen, der auf mich ausgeübt wurde. Sie wissen noch gar nicht richtig, was der Islam eigentlich ist bzw. wie die Islamisten ihn sehen.«

Ich antwortete ihr, dass man den Islam nach seinen Quellen, also nach dem Koran und der Sunna beurteilen müsse, und nicht nach den Menschen, also den Muslimen. Was die Menschen aus einer Religion machen, das sei nicht das Ausschlaggebende. Ich würde mich an den Quellen ausrichten und fände, dass sie die Wahrheit wären. Damit war die Sache für mich erledigt.

Etwas später trat das ZDF an uns heran. Sie wollten Adressen von Muslimen, die bereit wären, in einer Life-Diskussion zum Thema Islam zu sprechen. Chadidscha gab meine Adresse an. Unabhängig von der FII wurde auch Jamila vom ZDF für diese Sendung angesprochen. Wir bekamen beide Anschreiben, in denen man uns mitteilte, dass in nächster Zeit ein Team bei uns vorbeischauen würde, die eine Art Probeaufnahmen mit uns machen würden. Man hätte um die 100 Adressen und wolle nun bei diesen Probeaufnahmen sehen, wer für die Sendung geeignet wäre. Nach diesen Aufnahmen warteten Jamila und ich voller Spannung, ob eine von uns beiden ausgewählt werden würde. Erstaunlicherweise wurden wir beide in die Sendung eingeladen. Niemand beim ZDF wusste natürlich, dass wir uns kannten, geschweige denn zusammenarbeiteten.

Vor der Sendung waren wir nervös und gingen noch einmal miteinander durch, was wir sagen sollten. Schon vorher hatten wir das mit Chadidscha und Abdurrahman besprochen. Als es dann soweit war, waren wir ruhig und es lief alles ganz gut. Als besonders positiv sahen wir, dass eben niemand wusste, dass Jamila und ich »zusammengehörten« und dass wir sogar noch mit einem dritten Muslim, der auch auf unserer Linie lag, ganz klar absprechen konnten, was wir sagen würden. So konnten wir auch leichter die Richtung bestimmen, in die das Gespräch gehen würde. Neben dem hohen Honorar, das wir vom ZDF bekamen, gab es auf die Sendung auch viele positive Reaktionen. Ich erhielt einige Briefe von anderen Muslimen oder von Menschen, die sich für den Islam interessierten. Der für uns wichtigste Brief kam von einem Mann, der andeutete, dass er unsere Organisation finanziell unterstützen würde, wenn wir ihm eine islamische Ehefrau und ein sorgloses Leben in einem islamischen Land ermöglichen würden. Wir gingen dieser Sache nach, indem wir den Mann aufsuchten und mit ihm sprachen. Die ZIDS war bereit, den Vorstellungen dieses Mannes zu entsprechen, denn Geld konnten wir immer gebrauchen. Irgendwie ist dann aber die ganze Sache im Sand verlaufen.

Nach diesem Fernsehauftritt kam ich mir schon sehr wichtig und wie ein »alter Hase« vor. Darum stimmte ich auch sofort zu, als die ZIDS mich bat, auf einer Konferenz zu sprechen. Mein Thema sollte die »Diskriminierung muslimischer Schüler und Jugendlicher an Schulen und in der Ausbildung« sein. Den Text hierzu verfasste Chadidscha, so dass ich ihn nur vorzulesen brauchte. Diese Konferenz war von großer Wichtigkeit, und wir hatten wochenlang mit der Vorbereitung zu tun. Natürlich spielte sich für die Mitwirkenden alles im gehobenen Rahmen ab. Es verstand sich von selbst, dass wir in einem Hotel der oberen Klasse untergebracht wurden, waren doch wirklich wichtige Personen zu dieser Konferenz geladen, u.a. natürlich auch Abdurrahman Al-Assaad.

Um dem Ganzen den passenden Rahmen zu verleihen, und damit nicht direkt auffiel, wer der eigentliche Veranstalter war, hatte die ZIDS längst einen neuen Verein gegründet. Mit dem Briefkopf dieses Vereins verschickten Fatima und ich die Einladungen an die verschiedenen Referenten.

Die Konferenz erstreckte sich über ein Wochenende. Am letzten Tag war ich als eine der wenigen Frauen an der Reihe. Mein Beitrag fand viel Beifall, besonders von Abdurrahman Al-Assaad.

Am Rande der Konferenz lernte ich eine Menge interessanter Leute kennen. Einer von ihnen war ein Journalist. Er war vor vielen Jahren Muslim geworden und kam durch seinen Beruf viel in der Welt herum. Er hatte Khomeini persönlich kennen gelernt und war wie alle praktizierenden Muslime der Meinung, dass die Juden unter der Mithilfe Amerikas Schuld an allem Unrecht auf der Welt seien. Auch prophezeite er, dass Amerika bald untergehen und endlich der Islam ein gerechtes System aufrichten würde. Jamila, er und ich führten sehr interessante Gespräche und korrespondierten später auch gelegentlich miteinander. Er unterstützte auch unsere Haltung, dass ein frischer Wind im Islam notwendig wäre, der die veralteten Vorstellungen aus den Köpfen der Traditionalisten fege, die immer noch nach Richtlinien und Gesetzen leben wollten, die vor 200 Jahren erstellt wurden, also unter ganz anderen Bedingungen. Das heißt nicht, dass wir den Islam ändern wollten, sondern vielmehr, dass wir die Prinzipien des Islam anwenden wollten. Das hieß konkret: Um allen Geboten des Islam gerecht werden und der Vollkommenheit näher kommen zu können, braucht der Muslim oder der Mensch schlechthin eine islamisch geprägte Gesellschaft. Die habe ich dann, wenn ich dieser Gesellschaft einen gesetzlichen Rahmen gebe, der sich an Koran und Sunna orientiert, also die so genannte »Scharia«. Der Koran steckt hierfür den Rahmen ab, gibt aber für spezielle zeit- und situationsgebundene Bereiche keine konkreten Gesetze. Die müssen von den jeweiligen Rechtsgelehrten einer Zeit nach den Grundsätzen von Koran und Sunna neu ausgearbeitet werden.

Leider gab es aber kaum Rechtsgelehrte, die das so sahen, vielmehr übernahm man einfach die Regelungen von den früheren Rechtsgelehrten, die natürlich für die heutige Situation kaum noch anwendbar sind. Nur eine Minderheit der muslimischen Führer hatte bisher begriffen, dass das der Weg der Muslime immer war und auch heute ist. Die meisten hielten sich eben an solche alten Traditionen und Gesetze, die manchmal reichlich grotesk wirken. So freuten wir alle uns, Chadidscha, Jamila und ich, dass wir hier einen denkenden Muslim fanden.

7. Ehe nach Allahs Weisung und der Sunna Muhammads

Im Hause meiner Eltern hatte ich seit einiger Zeit meine eigene Wohnetage mit Wohnzimmer, Schlafzimmer, Küche, Bad und einem großen Flur. Nur war das Ganze nicht abgeschlossen, sondern offen zur Wohnung meiner Eltern hin. Ich war ganz froh, wieder zu Hause zu wohnen, denn in M. hatte ich mich doch einsam gefühlt. Allerdings fehlte mir im Laufe der Zeit einfach meine eigene Familie, die mich in meinem Denken und Handeln versteht. Mit meinen Eltern konnte ich gut über alle belanglosen Sachen sprechen, aber in dem, was mich wirklich bewegte und beschäftigte, fand ich bei ihnen kein Verständnis. So sehnte ich mich mehr und mehr nach einem Ehemann und nach Kindern.

Zaghaft hatte ich manchmal meine Fühler ausgestreckt. Ich setzte sogar eine Heiratsannonce in eine islamische Zeitung, aber unter den Zuschriften fand ich keinen Muslim, der meine Arbeit bei der

FII und der ZIDS unterstützt hätte. Die meisten von ihnen waren gesellschaftlich relativ uninteressiert. Sie lebten einfach brav vor sich hin und erfüllten die Vorschriften des Islam. Das war mir entschieden zu wenig. Ich wollte einen Mitstreiter, am liebsten jemanden, der auch der ZIDS angehörte und selbst aktiv war. So freute ich mich dann, als Chadidscha mir mitteilte, dass es einen jungen Mann gebe, der sehr aktiv in der ZIDS sei, der selbst geschieden sei und nun wieder heiraten wolle. Er sei noch Student und würde mich gerne kennen lernen. Wir verabredeten einen Tag, an dem ich Yahya in Anwesenheit von Chadidscha und einigen anderen kennen lernen sollte.

Beim ersten Treffen war er mir ganz sympathisch. Er schien ruhig und zurückhaltend zu sein und benahm sich gut. Wir sahen uns öfter und sprachen über die Arbeit des ZIDS. Doch so schnell entschied ich mich diesmal nicht. Wenn ich diesmal heiraten würde, so sollte es auch ein Leben lang halten.

Chadidscha, Jamila und ich planten einen gemeinsamen Sommerurlaub in Dänemark. Erst danach wollte ich Yahya meine Antwort geben. Er akzeptierte das.

Der Urlaub kam, und Chadidscha, Jamila und ich fuhren mit meinem Auto in aller Frühe los. Wir hatten ein kleines Ferienhaus dicht am Meer gemietet. Es war einfach, aber gemütlich und sauber. Der Strand war meistens menschenleer, so dass wir es gelegentlich auch wagten ohne Kopftuch ein Sonnenbad zu nehmen. Wir unternahmen Ausflüge in die weitere und nähere Umgebung und genossen die schöne Zeit ohne Stress.

Nur Chadidschas unbeherrschtes Temperament trübte unseren Urlaub etwas. Ich musste Zeuge einer sehr unschönen Auseinandersetzung zwischen ihr und Jamila werden, bei der sie Jamila so anherrschte, dass diese in Tränen ausbrach. Ich war schockiert und sprachlos. Zum Glück blieb das aber der einzige Zwischenfall in unserem Urlaub, und am Ende der Ferienzeit wusste ich, dass ich Yahya mein Ja-Wort geben würde.

Am Morgen unserer islamischen Eheschließung dann arbeitete ich noch ganz normal im Büro. Am Abend kamen meine Eltern, um der Zeremonie beizuwohnen. Da ich diese Zeremonie ja nun schon zur Genüge beschrieben habe, lasse ich sie hier weg. Dafür möchte ich aber den islamischen Ehevertrag nachfolgend wiedergeben, den mein Mann und ich mit unserer Hochzeit abschlossen. Im Islam wird ein solcher Vertrag sehr empfohlen. Vor der deutschen Justiz ist er allerdings wertlos, da er ja nicht vor dem Notar abgeschlossen wurde und sich auch nach den islamischen »Gesetzen« richtet:

Bismillahir-rahmanir-rahim

EHEVERTRAG

Zwischen . . ., wohnhaft in . . ., ausgewiesen durch . . .
und . . ., wohnhaft in . . ., ausgewiesen durch . . .
wird heute folgender Ehevertrag geschlossen:

1. Wir schließen die Ehe gemäß der Weisung ALLAHs und der Sunna des Gesandten Muhammads (sav.). Beide Eheleute bekennen sich zur islamischen Religion und zu deren Prinzipien, wonach Ziel menschlichen Lebens Gotteserkenntnis ist.
2. Nach Erkenntnissen des islamischen Rechts steht der Ehefrau standesgemäßer Unterhalt nach den Möglichkeiten des Ehemannes zu, während die Ehefrau ihr Vermögen bzw. ihren Dienst frei zu ihrer Verfügung einsetzen kann.
3. Während der Ehemann zum Zeitpunkt der Eheschließung sein Studium fast abgeschlossen hat, beginnt die Frau ein Studium neu. (. . .) Ziel des Studiums der Ehefrau ist es, die zu erwerbenden Kenntnisse in den Dienst des Islam zu stellen. (. . .) Der Ehemann unterstützt daher die Bemühungen der Ehefrau und erkennt sie als Dschihad auf dem Wege ALLAHs an. Er unterstützt diese Haltung u.a. auch dadurch, dass auf der weitgehend traditionellen Auffassung, dass der Ehefrau Kindererziehung und Haushaltsführung alleine aufgebürdet wird, und ihr gesell-

schaftlich kein Betätigungsraum eröffnet wird, nicht bestanden wird. Der Ehemann erkennt ausdrücklich an, dass grundsätzlich die Aufwendungen und die Leistungen für die Haushaltsführung Angelegenheit des Ehemannes ist, wobei die Ehefrau selbstverständlich im Rahmen ihrer Möglichkeiten den Ehemann hierin unterstützt.

4. Beide Eheleute erkennen an, dass die Mehrehe im Islam eine grundsätzlich segensreiche Einrichtung ist, die eine starke soziale Komponente hat. Beide Eheleute weisen die Vorstellung, dass die Mehrehe ein Privileg des Mannes zum Nachteil der Frau wäre, übereinstimmend zurück. Sie erkennen an, dass heute außer den Gründen wie Kinderlosigkeit, Krankheit der Ehefrau und ähnliche soziale Gründe, kaum Raum für eine solche Einrichtung gegeben ist. Sollten in dieser Hinsicht Überlegungen und Bestrebungen des Ehemannes im Laufe der Ehe auftauchen, so verpflichtet sich dieser, solche eventuellen Absichten mit seiner Ehefrau zu besprechen, sie entsprechend in seine Überlegungen miteinzubeziehen und ihr ggf., wenn sie das wünscht, das Scheidungsrecht durch einseitiges Aussprechen des Talaqs vonseiten der Ehefrau, einzuräumen.

5. Als Mahir werden 5000 DM vereinbart.

Ort, Datum

Unterschrift des Ehemannes   Unterschrift der Ehefrau

Unterschrift der vier Zeugen

Nach der Eheschließung gab es ein Essen zusammen mit den anderen Mitarbeitern der ZIDS.

Meine Eltern fühlten sich nicht sehr wohl in unserem Kreis, aber ich fand es sehr lieb von ihnen, dass sie trotzdem gekommen waren.

Im Auto, auf der Fahrt nach Hause, war ich zum ersten Mal ganz allein mit Yahya. Wir waren beide sehr aufgeregt. Während wir uns unterhielten, stellten wir fest, dass wir gar nicht voneinander wussten, wie alt wir waren. Da mussten wir lachen und das Eis war gebrochen.

Am nächsten Tag, einem Freitag, hatte ich einen Tag Urlaub genommen.

Am Wochenende ging aber schon das Telefon. Ich sollte zu einem Vortrag mitkommen. Dazu war ich natürlich nicht bereit. Schließlich befand ich mich sozusagen in meinen Flitterwochen bzw. Flittertagen. Das fand ich schon ein starkes Stück: Gerade hatte ich geheiratet, da sollte ich auch schon wieder am Wochenende verfügbar sein. Auch Yahya war nicht gerade erbaut davon. Er nahm den Telefonanruf entgegen und regelte die Sache. Unser »Flitter-Wochenende« war gerettet, zumindest für dieses Mal.

8. Unser Wahlkampf für den islamischen Staat

Chadidscha hatte mich mittlerweile zur 2. Vorsitzenden der FII gemacht. Das bedeutete natürlich auch noch mehr Verantwortung und Einsatz. Aber es kam noch mehr hinzu. Der ZIDS fehlte noch eine spezielle Frauenarbeit. Die FII reichte hierzu nicht aus. Sie konnte den Bedürfnissen der ausländischen Musliminnen nicht ausreichend gerecht werden. So hatte man beschlossen, einen ZIDS-Zweig speziell für Frauenarbeit zu gründen, das so genannte »ZIDS-Women's Work«. Alle Frauen, die hier für die Mitarbeit in Frage kamen, trafen sich an einem Vormittag bei Chadidscha in der Wohnung. Yahya, der immer noch seine eigene Wohnung hatte und nur zum Wochenende zu mir kam, brachte mich hin. Er wollte in die ZIDS-Zentrale gehen, um dort einige Freunde zu treffen. Wir verabredeten, dass er mich nach zwei Stunden abholen sollte. Als er dann nach zwei Stunden an der Tür klingelte, sagte ihm Jamila durch die Gegensprechanlage, dass es noch ungefähr eine Stunde dauern würde. Nach einer Stunde fand ich dann einen total verärgerten Yahya vor. Er empfing mich mit den Worten: »Findest du es toll, mich hier eine Stunde wie einen Trottel warten zu lassen, ohne Bescheid zu sagen?« Er sprach so laut und wütend, dass ich ganz perplex war, denn ich war mir keiner Schuld bewusst. Jamila hatte ihm doch gesagt, dass es noch dauern würde.

»Wieso?«, warf ich zaghaft ein. »Wir waren noch nicht fertig, als du kamst. Es waren noch einige Dinge zu klären.«

»Dann hättet ihr mir das sagen können. Ich warte und warte hier wie ein Idiot und du kommst nach einer Stunde seelenruhig an, als ob nichts wäre.«

»Deswegen brauchst du doch nicht so zu brüllen.« Angst kroch in mir hoch. Sollte ich auch dieses Mal den »falschen« Mann geheiratet haben? Ich erkannte in dem Mann, der da laut schimpfend neben mir saß, nicht den Yahya wieder, den ich vor meiner Hochzeit kennen gelernt hatte. Später stellte sich heraus, dass die Gegensprechanlage von Chadidschas Wohnung kaputt war. Als Yahya gekommen war um mich abzuholen, konnte er Jamila nicht hören, die ihm sagte, dass es noch eine Stunde dauern würde. So hatte er angenommen, dass ich gleich kommen würde und sich wieder ins Auto gesetzt. Als ich dann erst nach einer Stunde kam, kochte er natürlich vor Wut, weil er dachte, ich hätte ihn einfach da sitzen lassen, obwohl ich wusste, dass er mich abholen wollte.

Mein Mann war zwar in der Tat ein anderer als der, den ich vor der Hochzeit kennen gelernt hatte. Ich hatte ihn ja für zurückhaltend und ausgeglichen gehalten. Er war aber temperamentvoll und leicht cholerisch.

Im ZIDS-Women's Work wurde mir das Amt des Kassenführers zugewiesen. So war ich auch hier im Vorstand, was meinen Aufgabenkreis erweiterte und natürlich auch mehr Zeit erforderte. Zudem standen noch Wahlen vor der Tür. Das bedeutete für uns bei der ZIDS: Noch mehr Einsatz! Die Massen mussten mobilisiert werden, damit sie der JIP, die für die ZIDS zuarbeitete, ihre Stimme gaben.

Auch mussten finanzielle Mittel aufgetrieben werden, um den Wahlkampf zu unterstützen. Konkret hieß das für uns Frauen: Wir mussten noch mehr in den Moscheen sprechen. Wir veranstalteten regelrechte »Tourneen« durch die Moscheen Deutschlands. Hier sprach sehr oft Maryam Al-Fakir, die 1. Vorsitzende von ZIDS-Women's Work. Sie war rhetorisch sehr begabt und erzählte den gebannt lauschenden Frauen herzergreifende Geschichten von unterdrückten Muslimen in den islamischen Ländern und von islamischen Märtyrern. Dann forderte sie die Frauen auf, ihre Verantwortung als Musliminnen wahrzunehmen. Sie ließ sie den Treueeid auf »den ehrwürdigen« Abdurrahman Al-Assaad leisten. Danach wurde gesammelt. Es kamen unglaubliche Summen und jede Menge Goldschmuck zusammen.

Aber Maryam Al-Fakir hatte nicht nur gute rhetorische Fähigkeiten, sie war auch überaus geschäftstüchtig. So hatte sie nebenbei einen Textilhandel mit islamischer Bekleidung aufgezogen. Im Ausland kaufte sie die Sachen günstig ein, und hier in Deutschland in den Moscheen am Rande des Programms wurden Kopftücher und andere islamische Bekleidung zum Verkauf angeboten. Der Gewinn hieraus und das gesammelte Geld samt dem Gold wanderte in die Kasse der JIP. Natürlich inoffiziell, denn es ist den Parteien verboten, Geld aus dem Ausland für den Wahlkampf anzunehmen. Aber wer konnte das schon nachprüfen?

Das Geschäft mit der islamischen Bekleidung ging übrigens so gut, dass hierfür bald in der ZIDS ein Extraraum zur Verfügung gestellt wurde. So war das Zentrum also um ein Bekleidungsgeschäft bereichert worden.

Zum direkten Wahlkampf vor Ort wurden wir aufgerufen. Man fragte bei uns deutschen Muslimen an, ob wir nicht bereit wären, auf Kosten der ZIDS in das Land der JIP zu fliegen, um dort in den Moscheen zu den Menschen zu sprechen und unsere persönlichen Geschichten zu erzählen. Natürlich war ich sofort Feuer und Flamme. Yahya unterstützte mich hierin, und so saß ich schon bald im Flugzeug.

Mit Ummkulthum, einer jungen gebürtigen Muslimin, wurde ich in eine kleine Stadt geschickt. Untergebracht waren wir in der Familie des Bürgermeisters. Die Wohnung der Familie war in einem Neubau, der noch nicht ganz fertig gestellt war. Das Treppenhaus befand sich noch im Rohbau, und man musste sehr aufpassen, wohin man trat. Wieder einmal war ich beeindruckt von der isalmischen Gastfreundschaft. Ganz selbstverständlich wurden wir in die Familie aufgenommen. Sie tischten uns die besten Speisen auf, die sie hatten, und sagten uns, dass wir ihr Haus als das unsere betrachten sollten. Die Wohnung war für unsere Verhältnisse mehr als einfach. Die Zimmer waren klein, die Sitz- und Schlafmöbel für Europäer unbequem, weil sehr, sehr hart, und die Toilette war ein einfaches »Plumpsklo«, wohl in der Wohnung, aber eben doch so eins. Sehr oft gab es kein Wasser, so dass ständig ein Wasservorrat im Badezimmer da war, mit dem wir uns dann wuschen.

Schon am Morgen nach unserer Ankunft machten wir uns sofort an die »Arbeit« und fuhren in die erste Moschee. Die meisten »Wahlreden« hielten wir aber in den kleinen Dörfern in den umliegenden Bergen. Die Wege dorthin waren oft sehr abenteuerlich, und am Ziel angekommen, führte man uns in einen mittelgroßen Raum, der sowohl als Moschee als auch als Schule genutzt wurde. Ich fühlte mich dann oft an alte Dorfschulen erinnert, die ja auch häufig als Kirche genutzt worden waren. Manchmal gab es aber nicht einmal ein solches Gebäude, sondern wir gingen einfach in das Wohnzimmer einer Familie. Zuerst sprach Ummkulthum, sie hielt eine kurze Einleitung mit Begrüßung und Gebet. Danach stellte sie mich vor und erteilte mir das Wort. Ich erzählte dann in einfachen kurzen Sätzen in der Sprache der Menschen hier, wie ich Muslimin geworden war, und leitete über zu Themen, die für uns speziell für den Wahlkampf auf einer Liste zusammengefasst waren. Über diese Themen sprach ich in Deutsch und Ummkulthum übersetzte mich. Ich sagte ungefähr Folgendes:

»Ich kann die Haltung eures Landes dem Westen gegenüber nicht verstehen. Ihr seht den Westen nach wie vor als den ›goldenen

114

Westen‹ an. Ihr erwartet Wohlstand und Fortschritt vom Westen. Aber eure Politiker schildern euch nur die Sonnenseiten Europas. Aber Europa bzw. die EG will euch in Wirklichkeit gar nicht. Der Westen hat genug eigene Probleme. Er hat eine ausbeutende Weltwirtschaftsordnung installiert. Alle Dritte-Welt-Länder, auch euer Land, werden von ihm nur ausgebeutet. Die Kolonialzeit ist in Wirklichkeit noch nicht vorbei. Der Westen hält durch wirtschaftliche Macht weiter die Fäden in der Hand. Und wozu führt das? Zur Zerstörung der Sozial- und Wirtschaftsordnungen in den Entwicklungsländern und daraus resultierend zu riesigen Flüchtlingsströmen, die alle in den Westen wollen, weil ihnen ihre Lebensgrundlage genommen wird. Aber das ist alles erst der Anfang, es wird noch schlimmer werden.

Wie reagiert der Westen auf diese Flüchtlingsströme? Mit Abschottung. Man will euch natürlich nicht haben, man will nichts vom Kuchen abgeben. Zum Beispiel wurde ja das ganze Ausländergesetz verschärft. Man will eine ›Festung Europa‹, und das kann in letzter Konsequenz nur zu weiterer Unruhe und Krieg führen.

Ein anderes Problem in Europa ist, dass es zunehmend mehr alte Leute, aber immer weniger Kinder gibt. Die Renten sind längst nicht mehr sicher. Viele Leute treffen private Vorkehrungen für ihre Altersversorgung, aber das können nur die Reicheren. Die Ärmeren fallen unten durch.

Auch sonst gibt es viele wirtschaftliche Probleme. Die Zahl der Arbeitslosen wächst ständig. Deutschland ist verschuldet. Es gibt eine neue Armut. Immer mehr Familien kämpfen um ihre Existenz. Auf der einen Seite sterben Obdachlose auf der Straße. Gegenüber stehen die Prachtbauten der Banken.

Soziale Probleme nehmen überhand. Die Scheidungsrate explodiert. Jede zweite Ehe wird innerhalb der ersten fünf Jahre geschieden. Die Menschen werden immer unfähiger, soziale Bindungen aufzubauen. Ihr Egoismus lässt nur noch Alleinsein zu. Es kommt zu Isolation, Vereinsamung. Immer mehr Selbstmorde sind zu verzeichnen. Die Zahl der Drogentoten nimmt zu: jedes Jahr das

Doppelte. Es gibt immer mehr Prostitution. Aids ist ein weiteres Problem.

Psychopharmaka und Potenzmittel sind die am meisten konsumierten Medikamente.

Es gibt sexuellen Missbrauch an Kindern, Kinderpornographie. Jedes vierte Mädchen wird durch ein männliches Familienmitglied vergewaltigt oder missbraucht.

Und das Schlimmste an allem ist: Der Westen findet keine Lösungen hierfür!!!

Weil es in unserer Kultur/Religion keine Lösungen gibt, wenden sich viele Menschen anderen Kulturen/Religionen zu, so auch wir deutschen Muslime. Immer mehr Menschen treten aus den Kirchen aus, weil sie enttäuscht sind und hier keine Antworten finden. Es entstehen immer mehr neue Sekten und Religionen, die großen Zulauf haben. Es gibt in Deutschland mittlerweile mehr als 80 000 deutsche Muslime, Tendenz steigend.

Wir kommen von dort, wo ihr hinwollt!!!

Kapitalismus, Kommunismus, Sozialismus, Sozialdemokratie, Liberalismus sind die politischen Konzepte des Westens. Jeden Tag sehen wir ein Stück mehr das Versagen dieser Konzepte.

Als ein islamisches Land sollte euer Land nicht westlichen politischen Konzepten folgen, sondern Konzepten, die eurer eigenen Kultur entstammen, zumal diese Konzepte ihre Leistungsfähigkeit bereits bewiesen haben. Die einzige Partei hier, deren politisches Konzept nicht auf dem Westen beruht, ist die JIP.

Wieso erwartet ihr Unterstützung vom Westen? Braucht ihr diese Unterstützung denn?

Nein! Dieses Land hier ist ein reiches Land. Es hat Bodenschätze, auch Öl. Es hat viel Küste, gute landwirtschaftliche Bedingungen wie guten Boden, gesundes Klima. Es verfügt über Industrie. Die Menschen sind fleißig, ehrlich, genügsam, geduldig.

Außerdem: Wieso sollte der Westen euch wirklich helfen?

Habt ihr noch nicht bemerkt, dass er in Wirklichkeit – nur mit anderen Mitteln – den Kreuzzug heute weiterführt? Was hat sich denn im Westen geändert, dass ihr meint, ihr hättet es mit jemand anderem zu tun? Eure Landsleute in Deutschland kriegen die dreckigsten Jobs, werden unterbezahlt, bekommen die schlechtesten Wohnungen usw. Warum sollte der gleiche Westen, der eure Landsleute so behandelt, euch hier in eurem Heimatland helfen? Ihr geltet in Deutschland doch als nichts anderes als menschliche Ersatzteile, die weggeschmissen werden, wenn sie kaputt sind. 1600 Jahre lang hat der Westen die Muslime als Ungläubige betrachtet, die noch nicht einmal als Menschen galten. Es gab Kreuzzüge. Die wurden militärisch zurückgeschlagen. Später gab es den Kolonialismus. Der wurde in Befreiungskriegen militärisch und in der OPEC wirtschaftlich zurückgeschlagen.

Heute will George Bush eine ›Neue Weltordnung‹ errichten. Diese wird durch das Parteiprogramm der JIP, das in Ansätzen von 1974 bis 1978 realisiert wurde, zurückgeschlagen. Das Parteiprogramm sieht unter anderem vor:

- – Wirtschaftsunion der islamischen Länder;
- – eine gemeinsame Währung in allen islamischen Ländern, der US-$ soll nicht mehr Verrechnungsgröße unter den Muslimen sein;
- – ein islamischer Verteidigungspakt;
- – Islamische Vereinte Nationen;
- – Koordination von Wissenschaft, Forschung, Bildung.

Wir müssen doch die Realitäten sehen:

- – Welches Land hat sich denn bisher mit westlicher Hilfe entwickelt? Welches Land hat sich mit Konzepten des IMF oder der Weltbank entwickeln können? Warum sollte der Westen euer Land entwickeln wollen? Damit sie keine Rohstoffe mehr bekommen, ihre Absatzmärkte verlieren und in der Industrie Konkurrenten auf dem Weltmarkt bekommen?
- – Welchen Konflikt hat der Westen denn bisher wirklich gelöst? Indochina, Vietnam, Falkland, Granada, Mittelamerika, Irland/England, Israel/Arabien, Iran/Irak, Bosnien? Viele dieser Konflikte hat doch der Westen selbst erzeugt.

Der Westen sucht selbst nach einer neuen Gesellschaftsordnung, weil er sieht, dass die alte zu kollabieren droht. Diese neue Gesellschaftsordnung darf aber nicht das Recht des Stärkeren, sondern muss Gerechtigkeit als Grundlage haben. Eine gerechte Ordnung ist das, wonach die gesamte Menschheit sucht.«

Wenn ich das alles gesagt hatte, fuhr Ummkulthum fort. Sie führte die genannten Themen noch weiter aus und forderte die Menschen dann direkt auf, die JIP zu wählen. Dabei ging sie immer auch noch auf die konkreten Probleme der Menschen ein.

Besonders bedrückte die islamischen Frauen in dieser Gegend nämlich eine Sache: Da sie nahe der Landesgrenze wohnten, kamen viele nicht-muslimische Frauen aus dem Nachbarland in diese Städte. Sie arbeiteten dort illegal als Prostituierte. Viele von den Männern hier waren arbeitslos. Während ihre Frauen auf den Feldern hart arbeiteten, saßen die Männer resigniert zusammen und tranken Tee. Die Frauen aus dem Nachbarland nutzten diese Situation aus und präsentierten sich schamlos den einheimischen Männern, indem sie sich breitbeinig ohne Unterwäsche auf die Straße setzten und sich überhaupt sehr provokant kleideten. In einer stark religiösen Gegend wie dort, wo viele Frauen ganz in Schwarz gehüllt und mit Gesichtsschleier gingen, übte das auf die Männer natürlich einen besonderen Reiz aus. Viele Ehen wurden auf diese Weise zerstört. Nun erhofften sich diese betrogenen Ehefrauen von der JIP, dass sie wieder Ordnung herstellte und die Prostituierten des Landes verwies.

Unser Wahlkampf stellte sich später übrigens als erfolgreich heraus, denn in diesem Landstrich erzielte die JIP eindeutig die Mehrheit.

Kurz vor Ende unseres Aufenthaltes hatten wir dann noch ein wirklich abenteuerliches Erlebnis. Wir wurden in ein sehr abgelegenes Dorf bestellt. Auch dort sollten wir unbedingt sprechen, bedrängte man uns in der Bevölkerung. So stiegen wir zu dritt in einen alten Mercedes Benz, Baujahr 1965, und ließen uns chauffieren.

Wir fuhren in die Berge hinein, auf einem schmalen Weg. Wie alle Wege dort war er natürlich nicht gepflastert, dafür gab es umso mehr Schlaglöcher. Wir fuhren Schritttempo, denn etwas anderes war bei diesen Straßenverhältnissen nicht möglich. Langsam wurde es dunkel, und der Weg wurde immer schmaler. Wir waren bestimmt schon zwei Stunden unterwegs, da machten wir eine kleine Rast, um etwas zu essen. Danach setzten wir unsere Fahrt im Schneckentempo fort. Langsam wurde uns das alles unheimlich. Wir schauten links aus dem Wagen und sahen, dass es dort steil bergab in die Tiefe ging. Rechts ganz dicht der Berg. Plötzlich fiel dem Fahrer des Wagens das Lenkrad in den Schoß. Wir drei Frauen schauten uns sprachlos an. Der Fahrer lachte kurz, zuckte mit den Schultern und steckte das Lenkrad wieder auf die Halterung. »Kein Problem«, sagte er, »das kommt öfters vor.« Entgegen unseren Befürchtungen kamen wir aber doch noch an und auch wieder wohlbehalten zurück.

Am nächsten Abend saß ich dann etwas nervös im Flugzeug. Ich wollte nämlich noch einige Tage bei den Eltern meines Mannes verbringen, die hier im Heimatland Yahyas lebten. Nervös war ich deswegen, weil ich die Familie meines Mannes noch gar nicht kannte. Aber bei dem herzlichen Empfang »meiner« neuen Familie verflog meine Nervosität rasch. Ich war sofort eine der ihren und ganz als Schwiegertochter akzeptiert. Man war sogar ein wenig stolz darauf, dass ich eine Konvertitin war, die sich ganz an die Regeln des Islam hielt, denn es gab einige Familienmitglieder, die in dieser Beziehung eher liberal waren. Ich glaube, ich wurde fast als so etwas wie ein gutes Beispiel hingestellt für die Frauen der Familie, die ohne Kopftuch gingen und die Gebete nicht einhielten.

Meine Schwiegermutter lernte ich als eine sehr bescheidene, herzliche Frau kennen, die stets um das Wohl aller anderen besorgt war und niemals an sich selbst dachte. Dafür, dass ich damals auch noch Yahyas Vater kennen lernen durfte, bin ich sehr dankbar, denn ein paar Monate später verstarb er dann ganz plötzlich an einem Herzinfarkt. Auch er war ein ruhiger, herzensguter Mann.

Hier verfolgte ich auch noch mit Spannung den Ausgang der Wahl. Zwar kam die JIP nicht an die Regierung, aber sie hatte eine deutliche Zunahme der Stimmen zu verzeichnen. Nicht mehr lange, dachten wir, und es wird endlich eine islamische Regierung geben. Auch die Eltern und Geschwister meines Mannes waren Mitglieder der JIP und sehnten »ihren« Wahlsieg herbei. Das war nicht immer so gewesen. Die Familie meines Mannes hatte sich zwar immer am Islam orientiert, nie aber in politischer Hinsicht. Das wurde erst der Fall, als Yahya 16-jährig an einem Zeltlager der JIP, die damals noch ganz anders hieß, teilnahm. Dort hörte er zum ersten Mal von den Zielen dieser Partei und wurde auf den »reinen« Islam, basierend auf Koran und Sunna ohne traditionelle Prägung, aufmerksam. Er wurde praktizierender Muslim und erzählte davon auch in seiner Familie. Anfangs fand er wenig Gehör, doch mit der Zeit fing man an ihn ernst zu nehmen. Heute ist es so, dass seine Mutter und seine Geschwister samt ihren Familien aktiv für den Islam und für die Ziele dieser Partei arbeiten.

Nach diesem Einsatz im Ausland wartete zu Hause bereits wieder unsere Arbeit in der FII auf uns. Doch viel Zeit hatte ich nicht, das Liegengebliebene aufzuarbeiten, denn schon bald saß ich wieder im Flugzeug, diesmal in Richtung Lybien. Dort sollte ich zusammen mit Jamila auf einer internationalen Konferenz, deren Veranstalter Gaddhafi war, der auch unsere gesamten Reisekosten trug, die ZIDS-Women's Work und die FII repräsentieren. Yahya war mit dieser Reise zuerst nicht einverstanden gewesen. Er meinte, dass es nun doch zu weit ginge, wenn zwei Frauen ohne männliche Verwandte in ein fremdes Land zu solch einer Veranstaltung reisten. Zwar wurden wir von anderen männlichen Mitarbeitern der ZIDS auf dieser Reise »betreut«, die dort die ZIDS vertraten, aber das erschien Yahya doch nicht ausreichend. Schließlich willigte er aber doch ein, nachdem ihn Abdurrahman, Chadidschas Sohn, und einige andere von der Notwendigkeit dieses Unternehmens überzeugt hatten.

Die Reise war sehr anstrengend mit einigen Zwischenstopps. Wir waren mehr als froh, als wir im Hotel ankamen. Aber bei dem Anblick des Hotels, in dem wir untergebracht waren, stockte mir fast der Atem. Es war ein absoluter Luxuskasten, allererste Sahne. Noch nie hatte ich so ein Hotel von innen gesehen. Alles war großzügig gehalten und prunkvoll ausgestattet. Das Zimmer war einfach traumhaft, und man hatte uns bei unserer Ankunft gesagt, dass wir den Zimmerservice rund um die Uhr in Anspruch nehmen durften. Beim Abendessen, zu dem uns ein 6-Gänge-Menü von livrierten Kellnern serviert wurde, wusste ich zuerst gar nicht, wie ich mich benehmen sollte – welches Besteck gehört zu welchem Gang?!? Doch die anderen Frauen um mich herum, die aus allen Ländern kamen, benahmen sich ganz unkonventionell und zwanglos, was mich bald »auftauen« ließ.

Insgesamt kann man von dieser Konferenz sagen, dass sie durch die Randgespräche interessant war. Wir trafen dort den Journalisten Muhammad Möller wieder, mit dem wir einige angeregte, inspirierende Unterhaltungen hatten.

Die Konferenz selber stellte sich als eine Farce heraus, bei der es nur darum ging, Gaddhafi hochzujubeln. Allen Rednern, die das taten, wurde massenhaft Zeit eingeräumt. Wagte jedoch einer kritische Töne anzuschlagen, wurde ihm sofort das Wort abgeschnitten: »Bruder/Schwester soundso, ihre Zeit ist zu Ende, bitte kommen Sie zum Schluss.«

Wir waren auch entsetzt über die Armut, die wir in dem Land sahen. Die Konferenz fand nicht im Hotel statt, sondern in einem Gebäude in einem anderen Stadtteil. Jeden Morgen wurden wir mit einem voll klimatisierten Bus dorthin gebracht. Unterwegs sahen wir dann das Elend der Lybier. Die Stadt war total verslumt. Es war dreckig, der Müll lag überall herum, und viele Häuser waren zerfallen. Wir konnten es einfach nicht glauben, wie man uns und Hunderten anderen den Aufenthalt in diesem Luxushotel finanzierte und auf der anderen Seite das eigene Volk in solch einem Elend leben lassen konnte.

Wir kamen mit vielen neuen Kontakten nach Hause, was unsere Arbeit natürlich belebte.

Nach wie vor waren wir im »Dialog« mit den Nichtmuslimen. Immer mehr lud man uns ein, Vorträge über den Islam zu halten. Fast nie war ich zu Hause.

Langsam wurde das auch Yahya zu viel. Wir hatten ernsthafte Auseinandersetzungen, weil er meinte, dass man sich zuerst um die Familie kümmern müsse, dann erst kommt der Dschihad, der Einsatz für den Islam. Besonders würde das für Frauen gelten. Ich traute meinen Ohren nicht, als ich auch von ihm hörte, dass ich mich nicht von Chadidscha und den anderen ausnutzen lassen sollte. Auch er fragte, warum es denn immer mein Auto sein müsse, das für diese ganzen Fahrten herhalten müsse, und das noch ohne angemessenes Benzingeld. Immer würde man von mir verlangen, dass ich präsent sein sollte, auf die Familie würde keine Rücksicht genommen.

Einerseits dachte ich tief in mir drin, dass er vielleicht Recht hätte, aber gerade deswegen glaubte ich umso mehr, dass ich Chadidscha und die anderen verteidigen müsse. So hatten wir dann unseren ersten schlimmen Krach, der auch fast zum Bruch geführt hätte. Doch die Liebe siegte glücklicherweise. Was übrig blieb, war ein immer häufiger wiederkehrendes stilles Aufbegehren gegen den Anspruch, dass ich immer selbstverständlich und überall mitzuarbeiten hatte. Mir wurde klar, dass mir unausgesprochen vermittelt wurde: »Wenn du das nicht so siehst, bist du kein ernsthafter Muslim. Wenn du nicht bis zum Letzten Einsatz bereit bist, bist du nicht auf Allahs Weg und gehörst nicht zu uns.« Das wollte ich natürlich nicht, und so versuchte ich, diese Gedanken zu verdrängen. Es tat mir allerdings sehr gut, dass ich hier Verständnis bei Yahya fand, der mich darin unterstützte, auch mal nein zu sagen.

In den vielen Vorträgen, die wir hielten, wurde uns immer bewusster, dass wir eigentlich an zwei Fronten kämpften. Einmal »kämpften« wir gegen die Vorurteile gegenüber dem Islam und gegen das Feindbild Islam bei den Nichtmuslimen. Wir versuchten ihnen zu erklären, dass der Islam nicht so war, wie sie ihn sahen. Wir versuchten zu vermitteln, dass es eben ein großer Unterschied ist zwischen dem, was im Koran steht, und dem, was viele Muslime leben und für den Islam halten. Doch auf der anderen Seite »kämpften« wir auch gegen die Lebensweise dieser traditionellen Muslime, die sich am Islam ihrer Großmutter und nicht am Koran orientierten. Manchmal kam ich mir dabei vor, wie Don Quichotte beim Kampf gegen die Windmühlen, aber dann sagte ich mir wieder, dass Allah über allem stehe und sein Reich aufrichten werde, auch wenn alle es verhindern wollen.

9. Ich werde Mutter

Yahya und ich führten weiterhin eine Wochenend-Ehe. Irgendwann hielt ich diese Situation nicht mehr aus und zog zu ihm. Wir hatten eine kleine Wohnung gefunden. In der Woche war ich dann in M. und schlief bei meinen Eltern, am Wochenende fuhr ich zu Yahya, sofern es die Termine zuließen. Sobald Yahya mit seinem Studium fertig wäre, wollten wir dann in meinen Heimatort ziehen. Doch es kam alles ganz anders.

Wir waren nun schon seit zwei Jahren verheiratet. Einige Zeit nach unserer islamischen Eheschließung hatten wir es auch amtlich, also »standes«amtlich gemacht, sogar mit weißem Brautkleid, Familienfeier, Hochzeitsreise und allem was dazugehört. Nach einem halben Jahr Ehe wünschten wir uns auch Kinder. Doch dieser Wunsch war bis jetzt unerfüllt geblieben. Wir hatten auch einige Ärzte aufgesucht, die weder bei mir noch bei Yahya etwas fanden, doch ein Frauenarzt konnte uns schließlich weiterhelfen. Es stellte sich eine Hormonschwäche bei mir heraus, und als wir das beheben konnten, wurde ich auch prompt schwanger. Riesengroß war unsere Freude darüber. Ich betete schon während der Schwangerschaft für unser Kind: »Oh, Allah, mache dieses Kind zu deinem aufrichtigen Diener. Bewahre es vor allem Bösen und führe es den Weg der Wahrheit.«

Die Schwangerschaft verlief komplikationslos, und ich durfte dieses Wunder eines in mir wachsenden neuen Menschenlebens nun voller Staunen an oder besser in mir selbst erleben.

Ein einziger Schatten fiel auf diese Zeit. Yahya musste nun endlich seinen Militärdienst in seiner Heimat absolvieren. Er erreichte durch glückliche Umstände zwar eine Befreiung bis auf nur zwei Monate, doch diese fielen gerade in das letzte Drittel meiner Schwangerschaft, das ja auch das beschwerlichste ist.

Dazu kam noch, dass meine Eltern ihr Haus verkauft hatten, da es ihnen nach meinem Auszug zu groß geworden war. Sie bauten nun ein kleineres Haus mit zwei Wohnungen, in das wir auch miteinziehen sollten. Das neue Haus war aber bei Verkauf des alten noch nicht fertig, so dass meine Eltern für einige Zeit in ein kleines Einzimmer-Appartement zogen. Dort gab es nun natürlich keinen Platz mehr für mich, und ich musste während der Woche in dem kleinen Raum neben dem FII-Büro wohnen. Doch auch dort konnte ich nicht lange bleiben, denn der Raum wurde bald gebraucht, da eine große Veranstaltung vor der Tür stand, bei der auch dieser Raum mit eingeplant war. So schlief ich dann die letzte Zeit vor meinem Mutterschutz bei Chadidscha. Ich kam mir fast vor wie Maria, kurz vor Jesu Geburt, die auch keinen Raum finden konnte. Doppelt empfindsam, wie ich in der Schwangerschaft war, fühlte ich mich einsam und verlassen, mit einem Mann, der weit, weit weg von mir war und ohne eine eigene Wohnung. Als »Krönung« des Ganzen kam dann noch ein Anruf von Yahya hinzu:

»Du, ich kann noch nicht nach Hause kommen. Mein Bruder heiratet und da kann ich meine Mutter doch hier nicht allein lassen, jetzt wo mein Vater nicht mehr lebt. Ich muss bei der Hochzeit die Rolle meines Vaters übernehmen, als ältester Sohn der Familie.«

Am liebsten hätte ich laut geheult.

»Yahya, das kannst du doch nicht machen. Du kannst mich doch nicht kurz vor der Geburt hier alleine lassen. Wo soll ich denn hin? Zu meinen Eltern kann ich nicht. Chadidscha fährt auch bald weg.

Soll ich auf der Straße schlafen? Und was ist, wenn das Kind früher kommt. Du wolltest mit zur Geburt. Das geht nicht. Du musst nach Hause kommen.«

»Aber ich kann nicht. Du musst doch auch meine Mutter verstehen. Sie hat es schwer genug gehabt.«

»Aber ich bin deine Frau und ich kriege unser erstes Kind! Du darfst mich jetzt nicht alleine lassen.«

»Na ja, vielleicht kannst du ja auch hierher zur Hochzeit kommen. Sie ist ja schon in ein paar Tagen. Ich kümmere mich um einen Flug für dich.«

»Bist du verrückt? Meinst du, ich fliege hochschwanger in so ein Land? Ich will das Kind hier kriegen und nicht in irgendeinem Krankenhaus, in dem ich nicht einmal weiß, ob ich richtig versorgt werden kann. Weißt du, was da alles passieren kann?«

»Und wenn ich dich abholen komme?«

»Vielleicht . . . Aber ich rufe auf jeden Fall zuerst Dr. Haydari, meinen Frauenarzt, an und frage ihn, was er dazu meint.«

Das tat ich dann auch. Er sagte mir, dass ich bedenkenlos fliegen könne, es gäbe absolut keine Anzeichen dafür, dass das Kind früher kommen würde. In der Tat kam Amir dann auch erst mit zweieinhalb Wochen Verspätung auf die Welt. Vorher musste ich aber noch das Begleitpersonal des Flugzeuges davon überzeugen, dass ich nicht die Absicht hatte, das Kind im Flugzeug zu bekommen. Das war nicht so einfach, doch schließlich glaubten sie mir, dass ich mit ausdrücklicher Erlaubnis meines Arztes reiste. Die Crew des Rückflugs nahm es uns ebenfalls ab.

Seit einiger Zeit hatte Chadidscha zunehmend unzufrieden auf mich gewirkt. Sie verlor schon wegen geringer Sachen ihre Geduld und war immer häufiger gereizt. Zu diesem Zeitpunkt machten wir die Bekanntschaft einer deutschen Muslimin, Nuray C., die Psychologin und selbst sehr dem Sufismus (der Mystik im Islam) verbunden war. Sie hatte einen geistigen Führer, einen Scheich in der Türkei. Ein Scheich hat die Aufgabe, seinen »Murrid«, seinen

Schüler, auf »dem Pfad« zu begleiten. Ziel ist es, in Allah zu »ent-werden«, eins zu werden mit Allah. Getrieben ist jeder Murrid hierbei von seiner großen Liebe zu Allah. Viele berühmte Sufi-meister haben Liebeslieder und Gedichte an Allah verfasst. Sie ver-gleichen sich mit einem Verliebten und Allah mit der Geliebten. Nicht immer wurde diese Strömung im Islam von den anderen Mus-limen verstanden. Einige Sufis bezahlten ihren Weg sogar mit dem Leben.

Chadidscha fühlte sich sehr angezogen vom Sufismus und be-gann zu überlegen, ob sie nicht selbst zu diesem Scheich als Murrid gehen sollte. Sie spielte eine ganze Weile mit dem Gedanken, ins Helvet* zu gehen, kam später aber durch eine andere Muslimin davon ab.

Auch ich begann, mich für diesen Weg zu interessieren, mich Al-lah zu nähern. Das wollte ich doch, Gott ganz nahe sein, praktisch eins-sein mit ihm. Als ich noch schwanger war, kam der Scheich aus der Türkei nach M. Ich packte die Gelegenheit am Schopfe und ging zu dem Seminar, das er veranstaltete. Das Publikum dort war bunt gemischt. Männer und Frauen (was ja eigentlich unüblich im Islam ist) und viele Nichtmuslime. Der Scheich war körperbehin-dert und saß umringt von seinen Anhängern am einen Ende des Raumes. Er erzählte einige tiefgründige Sufi-Geschichten und Anekdoten. Dann nahm er ein Streichinstrument und gab uns ein »Mantra«, wie er sagte. Ich war irritiert, denn dieser Begriff kam doch aus dem Buddhismus. Aber ich verstand, dass er die Men-schen hier, die ja vorwiegend Nichtmuslime waren, nicht mit unbe-

---

* Ein Sich-Zurückziehen aus der Welt. Man geht dazu in ein verdunkeltes Zim-mer, das nur das Nötigste enthält. Der Scheich entscheidet, ob und was man ins Helvet mitnehmen darf. Meistens ist das nur ein Koran und einige wichtige per-sönliche Dinge. Man ist im Helvet ganz auf sich gestellt. Abends stellt einem je-mand eine Kleinigkeit zu essen vor die Tür. Man fastet während des Helvets tags-über, abends trinkt man Wasser und isst eine Kleinigkeit, z.B. eine Suppe oder ei-ne Hand voll Datteln. Man darf mit keinem Menschen zusammentreffen, sonst hebt sich das Helvet auf. Es gibt Helvets von verschiedener Dauer. Das kürzeste sind 40, das längste 1001 Tage.

kannten islamischen Begriffen konfrontieren wollte, denn Mantra ist sicherlich bekannter als »Dhikr« (Gottesgedenken).

Nachdem wir einige »Mantras« durchhatten, sollten wir »Allah« als neues Mantra sagen. Nach jedem »Allah« sollten wir aus- und sofort wieder einatmen. Wir begannen damit, und nach einiger Zeit hörte ich den Scheich aus der Menge heraus. Seine Stimme klang nicht mehr wie die eines Menschen, sondern erinnerte an ein röchelndes Tier. Mir wurde unheimlich zu Mute. Ich fühlte, dass hier keine gute Macht am Werke war. Ich bekam solche Angst (auch um mein ungeborenes Kind), dass ich am zweiten Tag dem Seminar fern blieb. Ich konnte dieses Erlebnis aber nur schwer verarbeiten. Wieso war beim »Gottesgedenken«, beim Dhikr, so etwas passiert? Wieso hatte ich dabei das Gefühl, als ob da kein Mensch, sondern der Teufel uns beim Dhikr führte???

Amir wurde geboren und stellte unser Leben völlig auf den Kopf. Er hatte ganz andere Schlafgewohnheiten, als ich sie von einem Baby erwartet hätte. Er schien nämlich nie zu schlafen. Selbst meine Mutter, die ja selbst drei Kinder großgezogen hatte, war sehr erstaunt über das minimale Schlafbedürfnis ihres Enkelkindes.

Schon nach zwei Wochen war ich am Ende meiner Kraft und bereute, überhaupt jemals den Wunsch nach einem Kind gehabt zu haben.

Doch Yahya unterstützte mich, so gut er konnte, und als diese Krise überwunden war, war Amir der Sonnenschein in Yahyas und meinem Leben. Alles drehte sich um ihn, und er schenkte uns viel Freude. Stundenlang hätte ich Amir einfach ansehen und über ihn staunen können, aber ich glaube, das geht wohl jeder Mutter so.

Erstaunt war ich auch über meine Muttergefühle, die ich mir nie bei mir selbst hätte vorstellen können. Doch nun war mein ganzer Lebensinhalt wirklich dieses kleine, süße Wesen.

10. Lebenskrise

Ich hatte nun Erziehungsurlaub und musste nicht mehr nach M. zur Arbeit fahren. Wir zogen um in eine größere, schönere Wohnung, und unser Glück war vollkommen. Endlich waren wir die kleine Familie, die ich mir so gewünscht hatte. Der Mittelpunkt meines Lebens verlagerte sich von der aktiven Arbeit für den Islam auf die Sorge und Versorgung unserer kleinen Familie. Anstatt von Moschee zu Moschee und von Vortrag zu Vortrag zu eilen, wechselte ich nun Windeln, kochte und wusch winzige Strampelanzüge. Bücher und Zeitschriften über Kindererziehung allgemein und speziell im Islam traten an die Stelle hochgeistiger Literatur. Anfangs tat ich das alles voller Elan, und es befriedigte mich auch ganz. Doch irgendwann sah ich mich um und stellte fest, dass ich in meiner Nähe gar keine Bekannten hatte. Sicher, Yahya kannte die eine oder andere muslimische Familie, doch die Frauen dieser Familien waren so gar nicht auf meiner Wellenlänge. Entweder waren sie nur Namensmuslime und lebten gar nicht nach dem Islam, oder es waren brave Hausfrauen, deren einziges Interesse, ganz überspitzt gesagt, neue Kochrezepte und Strickmuster waren. Chadidscha und Jamila, die ja nun einige hundert Kilometer von mir entfernt waren, fehlten mir doch sehr. Ich versuchte mit Yahya geistige/geistliche Gespräche zu führen, doch er fand, dass ich mich mit solchen Sachen lieber an islamische Gelehrte wenden sollte, das wäre nicht seine Aufgabe.

Ich fühlte mich einsam. Nun hatte ich einen Mann, aber dieser teilte so gar nicht mein geistliches Leben mit mir. Aber gerade das hatte ich doch in einer Ehe ganz stark gesucht. Wieso war Yahya bloß so uninteressiert an solchen Gesprächen. Sicher, er hielt sich ganz an die Ge- und Verbote des Islam, er hatte sich auch immer aktiv für die Arbeit der ZIDS eingesetzt, in seiner Heimat sogar manchmal unter Gefahr seines Leibes und Lebens, aber tiefer in den Glauben vordringen – das schien nun so gar nicht »sein Ding« zu sein. Dazu kam noch, dass Yahya, bedingt durch seinen Beruf, kaum Zeit für mich hatte.

Inzwischen hatte er sein Studium abgebrochen, das heißt er war zwar noch immer immatrikuliert, aber er studierte de facto nicht mehr. Vielmehr hatte er sich selbstständig gemacht, und sein Geschäft nahm nun fast seine ganze Zeit in Anspruch. Lange hatte ich mich gegen diese Selbständigkeit gewehrt, denn als Tochter eines Unternehmers wusste ich ja nur zu gut, was das bedeutete. Doch irgendwann ließ Yahya sich nicht mehr davon abbringen. Meine Eltern unterstützten Yahya dann noch finanziell, damit er seine Firmengründung vornehmen konnte. Yahya ging auf in seinem Unternehmen und war auch ein guter Geschäftsmann. Doch je mehr er auflebte, desto mehr schien ich einfach nur noch vor mich hin zu leben. Ich sah meinen Mann nur noch zu hastig eingenommenen Mahlzeiten. Er kam meistens sehr spät nach Hause, nur um zu schlafen, und ging dann nach dem »Frühstück« sofort wieder zur Arbeit. Immer mehr wurde die Kindererziehung meine Aufgabe. Ich fühlte mich einsam und regelrecht allein gelassen. Oft versuchte ich Yahya zu erklären, wie unglücklich ich war, doch er verstand mich einfach nicht. Für ihn war alles »in Butter«. Natürlich sei er nicht viel zu Hause, doch das würde doch auch einmal anders sein. Und schließlich würde er sich ja nicht irgendwo herumtreiben und zum Spaß so wenig zu Hause sein, nein, er würde schließlich für uns und unsere Zukunft arbeiten. Dafür sollte ich doch wohl Verständnis aufbringen können.

Wo war bloß die schöne Zeit am Anfang unserer Ehe geblieben?

Trotz dieser ungünstigen Umstände wünschten wir uns beide ein zweites Kind. Amir war mittlerweile zwei Jahre alt, und irgendwie hoffte ich auch immer auf eine bessere Zukunft. Auch dieses Mal mussten wir ein wenig der Natur nachhelfen, doch es klappte sehr schnell, und ich wurde wieder schwanger.

Doch diese zweite Schwangerschaft verlief nicht so komplikationslos wie die erste. Zuerst litt ich lange unter der schweren Übelkeit, fast vom ersten Tag an. Als das abebbte, setzten plötzlich vorzeitige Wehen ein, und ich lag einige Male im Krankenhaus, und wir bangten um unser Kind, dass es gesund und lebensfähig auf die Welt käme.

Im letzten Monat der Schwangerschaft kam meine Schwiegermutter zu uns, um mich in dieser schwierigen Zeit, in der ich gar keine Hausarbeit mehr tun durfte, und auch in der stressigen Zeit nach der Geburt zu unterstützen. Sie war mir eine große Hilfe. Nicht nur körperlich tat mir ihre Hilfe gut, sondern ich war nicht mehr allein. Sie war einfach da, und wir unterhielten uns, soweit es meine Sprachkenntnisse zuließen. Was mir an Vokabeln fehlte, das glichen wir durch eine Sprache des Herzens aus, denn wir mochten uns gegenseitig sehr. Mit meiner Schwiegermutter gut auszukommen ist nicht schwer; aber ich kann wirklich sagen, dass wir mehr als nur gut miteinander auskamen. Sie verstand mich in meiner Situation, dass ich mich so einsam fühlte, und sagte Yahya, dass er mal etwas anders mit mir umgehen solle. Zunehmend hatten Yahya und ich lautstarke Auseinandersetzungen wegen seiner ständigen Abwesenheit gehabt, in denen Yahyas cholerisches Naturell durchbrach. Oft fühlte ich mich dann so verletzt, dass ich unter Tränen den Raum verließ. Ich wusste zwar, dass Yahya es nicht so meinte, was er da alles in Wut sagte, aber die Schwangerschaft hatte mich nahe am Wasser bauen lassen. Hier bekam ich nun »Verstärkung« und Unterstützung durch seine Mutter.

Auf den Tag pünktlich kündigte sich Dawud, unser Zweitgeborener, an.

Nachdem meine Schwiegermutter wieder in ihre Heimat zurückgekehrt war, zog der Alltagstrott wieder ganz bei uns ein. Noch mehr als vorher fühlte ich mich allein und einsam. Jetzt war da niemand, mit dem ich mich unterhalten konnte. Ab und zu telefonierte ich mit Jamila, doch die hatte inzwischen auch geheiratet und ein Kind bekommen. Zusätzlich war sie ja noch im Medizinstudium und arbeitete beim ZIDS-Women's Work mit, so dass sie eigentlich gar keine Zeit für solche Telefonate hatte.

Von Chadidscha hörte ich gar nichts mehr. Das enttäuschte mich sehr, denn schließlich hatten wir nicht nur zusammen für den Islam gearbeitet, ich hatte sie auch immer als eine Art islamische Ersatzmutter angesehen. Doch nun musste ich schmerzlich erfahren, was auch schon Jamila bei ihrer eigenen Mutter erfahren hatte. Der Dschihad, der Einsatz, war ihr wichtiger als die Beziehungen zu den Menschen. Sie hatte auch mehrmals gesagt, dass der einzelne Mensch nicht zählt, bzw. dass man sich nicht mit einzelnen Menschen aufhalten kann. Man muss effizient arbeiten. Es bringe nichts, wenn man stundenlang mit einem einzelnen Menschen diskutiere. Gesellschaftliche Arbeit im Globalen muss getan werden. Sie sah ihre Aufgaben nicht in Telefongesprächen, die ja oft kamen, wenn Muslime sie in islamischen Rechts- und Glaubensfragen um Rat baten. Solche Dinge gingen ihr eher auf die Nerven. Zugegeben, das Telefon stand bei ihr oft nicht still, aber trotzdem fand ich diese Haltung den Menschen gegenüber nicht richtig. Den Mut, es ihr zu sagen, hatte ich aber nie.

Der einzige Anruf, den ich von Chadidscha erhielt, nachdem ich nicht mehr im Büro der FII arbeitete, betraf meine Weiterarbeit in der FII/ZIDS – ob sie die Stelle anderweitig besetzen könne.

Diese ganzen äußeren Umstände brachten mich in eine Krise. Ich war an einen Punkt gekommen, an dem ich das Gefühl hatte, dass es so nicht mehr weitergehen konnte. Alles, aber auch alles war ganz anders gekommen, als ich es mir vorgestellt und erhofft hatte. Ich wohnte immer noch weit weg von allen Bekannten und Verwandten, obwohl Yahya und ich vor unserer Eheschließung im Beisein Chadidschas verabredet hatten, dass wir in absehbarer Zeit zusammen im Raum M. wohnen würden. Yahya hatte das im Laufe der Zeit einfach ignoriert, und mit seiner Selbstständigkeit waren nun endgültig die Weichen anders gestellt.

Obwohl ich verheiratet war, saß ich allein da und war so etwas wie eine verheiratete allein erziehende Mutter mit Mann irgendwo. Alles musste ich allein tun, und Abend für Abend, Wochenende für Wochenende war ich auch allein. Ich sah neidisch andere Familien, die im Sommer abends im Garten zusammensaßen oder anderes Schönes unternahmen.

Ich war immer allein.

Ich fiel in eine Depression, in der ich begann, Kinder und Haushalt zu vernachlässigen. Das wiederum machte Yahya wütend. Wenn er abends in eine unaufgeräumte Wohnung kam, war er natürlich böse. Das war nicht das, was ein Mann, der, zugegeben, hart für seine Familie arbeitete, erwartete, wenn er müde und erschöpft nach Hause kam. Doch ich war wie gelähmt und konnte einfach nichts auf die Beine bringen. Nur wenn meine Eltern zu Besuch kamen, erwachte Leben in mir und ich richtete in aller Eile die Wohnung wieder her. Das ärgerte Yahya natürlich umso mehr, weil er das Gefühl hatte, dass meine Eltern mir wichtiger waren als er. Es war also eine Art Teufelskreis. Wie viele heiße Tränen ich in dieser Zeit vergoss – ich weiß es nicht mehr. Wäre da nicht mein Glaube an Allah gewesen, ich hätte mich wahrscheinlich umgebracht.

Meine Eltern sahen mein Elend, und ich tat ihnen unendlich Leid; doch sie wohnten weit entfernt und wussten auch nicht, wie sie mir hätten helfen können. Aber sie beteten für mich und meine ganze Situation. Wenn sie das mir gegenüber erwähnten, sagte ich: »Ja, ihr könnt ruhig für mich beten. Ich bete auch für euch, dass ihr zum Islam findet.«

Ich selbst suchte in dieser Lebenskrise nur im Islam Trost. Ich versuchte konzentrierter zu beten, begann wieder islamische Literatur zu lesen und dachte viel nach. Ich wollte mich Allah annähern und klagte ihm mein ganzes Leid. Ich flehte ihn auf Knien an, doch Mitleid mit mir zu haben und meine Ehe zu retten, nein, mehr noch, eigentlich die ganzen Lebensumstände zu ändern. Was das konkret sein sollte, wusste ich selbst nicht. Ich sah keinen Ausweg. In meiner Verzweiflung zog ich in Erwägung, eine Eheberatungsstelle aufzusuchen, doch es war eine kirchliche Stelle. Sollte ich dort etwa meine Hilflosigkeit zugeben, die ja genau genommen auch die Unfähigkeit des Islam war, unsere Situation zu verbessern? Nein, das konnte ich auf keinen Fall. So verwarf ich den Gedanken wieder.

Unablässig betete ich zu Allah. Nicht im rituellen, sondern im freien Gebet, das es auch im Islam gibt. Gleichzeitig hatte ich aber das Gefühl, dass ich einfach zu gering wäre, als dass meine Probleme Allah wirklich berühren könnten. Außerdem war ein Zeichen wahren Glaubens Geduld. Doch dieser Gedanke tröstete mich nicht. Immer tiefer versank ich in die Depression. Ängste plagten mich. Ich kam mir vor, wie der schlechteste Mensch auf der Welt. Abends lag ich im Bett und dachte über den vergangenen Tag nach. Wie viele Fehler und Sünden hatte ich begangen! Wie konnte ich jemals erwarten, ins Paradies zu kommen. Ob wohl alle Muslime so voller Fehler waren wie ich? Ob es überhaupt einem Muslim gelingen konnte, ins Paradies zu kommen?

Ich wusste es nicht.

Exkurs: Die Unterschiede erkennen

Ulrich Neuenhausen

1. Der Koran oder die Bibel

Das Buch, auf das sich der Islam gründet, heißt Koran. Es ist ein heiliges Buch, so wie die Christen die Bibel als heilig betrachten, und doch ist es etwas ganz anderes als die Bibel:
– Der Koran wurde nicht von Menschen geschrieben, sondern von Allah persönlich.
– Der Koran wurde nicht zu einer bestimmten Zeit geschrieben, sondern existierte schon immer bei Gott.
– Der Koran wurde nicht an einem bestimmten Ort geschrieben, sondern kam direkt vom Himmel, um auf Erden von einem Auserwählten Gottes gelesen, gelernt und aufgeschrieben zu werden.
Das heilige Buch der Moslems hat also keinen direkten Bezug zu Raum und Zeit dieser Welt, sondern gehört zu einer anderen Welt und wurde durch die Gnade Gottes für eine gewisse Zeit einem Menschen geöffnet und zum Lesen zur Verfügung gestellt.
Dieser Mensch hieß Mohammed.
Die Inhalte des Koran, die Mohammed zu lesen bekam, hatten keinen Bezug zu seinem Leben oder seiner Geschichte. Sie waren zeit- und geschichtslos.
Man könnte dies mit einem Menschen vergleichen, der den Computercode einer Software zu lesen bekommt. Er sieht eine Unmenge von Zahlen oder Zeichen, er erkennt keinen Bezug zu sich und seiner Umwelt, er weiß aber, dass es irgendetwas Wesentliches mit seinem Leben zu tun hat.
Ähnlich gehen heute noch viele Muslime aus nicht-arabischen Ländern mit dem Koran um: Sie lesen ihn, sie lernen ihn auswendig und rezitieren ihn, können dabei aber kaum ein Wort Arabisch und deshalb den Text des Koran nicht verstehen. Sie glauben, dass diese Worte und Kapitel eine bedeutende Schrift sind, weil sie von Gott kommen. Deshalb sind sie bereit, sich damit zu beschäftigen, auch wenn sie nichts für sich und ihr Leben daraus lernen können.

Der Fastenmonat Ramadan ist der Monat, in dem Mohammed seine erste Offenbarung erhielt, und das Fasten soll bis heute daran erinnern. Der Vorgang der Offenbarung ist unklar. Sure 53,1-18 kann so gedeutet werden, dass Mohammed Gott sah. An anderer Stelle spricht er von einem Gesandten, den er gesehen hat. Möglicherweise hat sich Mohammed zuerst getäuscht, und kam nach und nach zu der Überzeugung, dass er Gott nicht gesehen haben könnte, sondern vielmehr seinen Gesandten, denn er schreibt später:

Und nicht kommt es einem Menschen zu, dass Allah mit ihm sprechen sollte, es sei denn in Offenbarung oder hinter einem Vorhang. (Sure 42,51)

Spätere muslimische Tradition geht davon aus, dass es der Engel Gabriel war, der Mohammed den Koran brachte. Andere Traditionen sprechen vom Heiligen Geist.

Kein Muslim aber zweifelt daran, dass der Koran direkt von Gott offenbart wurde und somit Gottes Wort in Reinform ist. Im Vergleich zur Bibel wird der Koran als besser inspiriert aufgefasst. Er wurde direkt von Gott geschrieben, während die Bibel von Menschen geschrieben wurde. Er kam direkt vom Himmel, während die Bibel erst nach und nach auf der Erde entstand. Der Koran ist deshalb auch fehlerlos, weil kein Mensch irgendwie mitwirken konnte. Die Bibel dagegen kann durchaus Fehler enthalten, die sich beim Schreiben oder Abschreiben einschlichen.

Für einen Muslim ist der Islam nicht auf einen Menschen zurückzuführen. Deshalb werden Muslime auch nicht so gerne Mohammedaner genannt. Sie sind in ihrem Verständnis nicht Anhänger Mohammeds, sondern Anhänger Gottes, der sich im Koran offenbart hat.

Allah hat keine andere Art, sich zu offenbaren. Er gibt Botschaften an Propheten, die diese dann dem Volk verkünden. Alle diese Botschaften lassen sich auf den Koran zurückführen. Die Krönung aller Prophetien ist deshalb der Koran selbst. Er ist die endgültige und vollständige Offenbarung von Gottes Willen. Alles, was davor war, war nur ein schwacher Abglanz des kommenden Koran, und nach der Offenbarung des Koran gibt es keine Offenbarung mehr. Alle Propheten Israels und der Christen haben also, wenn sie echte Propheten waren, Allah und den Islam verkündigt. Jesus wird von den Muslimen Prophet genannt, genauso wie Mose und David. Es ist nicht wichtig, was diese Personen mit Gott erlebten, sondern dass sie von Gott Botschaften empfingen und weitergaben. Da in den Augen der Muslime Jesus, Moses, David und viele andere echte Propheten Gottes waren, mussten sie auch echte Muslime gewesen sein. Wer sagt, dass Jesus ein Prophet Gottes war, sagt auch, dass Jesus ein Muslim war.

Der Islam ist damit mindestens so alt wie Abraham, aber endgültig offenbart erst durch Mohammed, den größten der Propheten. Judentum und Christentum sind Vorstufen zum Islam. Juden und Christen sind allerdings zu stolz, um zuzugeben, dass ihre Propheten ja auch schon Muslime waren.

Der Respekt eines Muslim vor dem Koran äußert sich in ganz konkreten Dingen:

- Der Koran wird niemals auf den Boden gelegt; er liegt normalerweise auf der höchsten Stelle im Zimmer, beispielsweise auf dem Schrank.
- Der Koran ist meist in ein Tuch eingeschlagen.
- Oft wird er als Zeichen der Hochachtung geküsst.
- Niemals schreibt man etwas in den Koran hinein oder markiert Koranverse.
- Frauen dürfen während ihrer Menstruation den Koran nicht berühren.
- Koranverse dürfen nicht vernichtet werden; dem strengen Muslim ist es also nicht möglich, eine Zeitung ins Altpapier zu geben, in der Koranverse abgedruckt sind.
- Viele Muslime akzeptieren auch heute nur den arabischen Koran. Oft lernen sie ihn komplett auswendig. So gibt es in nicht-arabischen Ländern Menschen, die den Koran auswendig in Arabisch aufsagen können, jedoch kein Arabisch verstehen.

Muslime sind befremdet, wenn sie sehen, wie »locker« Christen mit der Bibel umgehen. Dahinter verbirgt sich jedoch ein unterschiedliches Verständnis, das auf die Entstehung beider Religionen zurückgeht.

Schon der jüdische Glaube ist nicht »vom Himmel gefallen«. Der Gott Israels ist ein Gott, der sich in der Geschichte, also *in* Raum und Zeit offenbart. Der Gott Israels fordert Abraham auf, seine Heimat zu verlassen, schenkt ihm Reichtum und begleitet ihn auf der Wanderschaft. Er schenkt dem uralten Abraham und seiner Frau einen Sohn, er segnet Israel in Ägypten und begleitet sie durch die Wüste in Form einer Wolke. Er donnert, er spricht, er tröstet, er straft. Seine Worte haben mit der politischen und persönlichen Situation von Menschen zu tun.

Gott steht nicht vor der Welt wie ein Kind vor dem Aquarium. Gottes Botschaften sind keine rätselhaften Zeichen am Horizont, quasi hinter dem Glas des Aquariums. Gott kommt in die Welt hinein. Er ist mitten unter uns.

Auch die Christen kennen ein Wort Gottes, das schon ewig existierte, wie der Koran, und das auf die Erde kam. Doch dieses Wort, so betont der Evangelist Johannes ausdrücklich, wurde nicht Papier und Buchstabe, sondern Fleisch (Johannes 1,1+14). Dieses Wort wurde Jesus Christus. Deshalb verehren Christen nicht die Bibel, sondern Jesus Christus. Die Bibel, das Wort Gottes, ist nur ein Mittel zum Zweck: nämlich uns mit Jesus Christus bekannt zu machen.

Dieser Unterschied zum Verständnis eines Muslim drückt sich sehr deutlich aus, wenn man die Bibel eines Christen betrachtet, der regelmäßig darin liest: Oft sind bestimmte Worte unterstrichen oder markiert, Parallelstellen oder Erklärungen dazugeschrieben. Für einen Muslim bedeutet das, dass Christen die Bibel nicht genug verehren, und meinen, sie müssten sie ergänzen. Ein Christ versteht dies so, dass Gott ihm durch die Bibel Christus nahe gebracht hat, und deshalb macht er sich in der Bibel Notizen oder Markierungen, um nicht zu vergessen, was er durch Gottes Geist verstanden hat.

Nicht selten entsteht zwischen Christen und Muslimen Streit darüber, welches Buch nun »inspirierter« sei: der Koran oder die Bibel. Die Zuverlässigkeit und Nähe zu Gott wird diskutiert, doch es kommt nicht zu einem Ergebnis. Das hat im Wesentlichen zwei Gründe:

1. Zum einen liegt es daran, dass man zwar den Koran kritisieren kann, nicht aber den Glauben an ihn. Entgegen der Auffassung der Muslime, dass der Koran völlig unabhängig von Menschen entstanden sei, lassen sich sehr wohl menschliche Spuren im Koran nachweisen. Aufgrund seines Glaubens und der Verehrung des Korans ist aber ein Muslim überhaupt nicht bereit, den Koran durch kritische Untersuchung »in den Schmutz« ziehen zu lassen. Jede Kritik am Koran ist wie eine Kritik an Gott selbst. Wer also über oder gegen den Koran diskutieren möchte, der verhält sich in den Augen der Muslime wie ein Atheist, der Gott nicht respektiert. Anders gesagt: Gott und Koran bzw. Allah und Koran werden im Islam so sehr in eins gesehen, dass im Grunde nur ein Gottloser es wagen kann, etwas gegen den Koran zu sagen, geschweige denn zu tun.

2. Zum anderen liegt eine grundsätzlich unterschiedliche Auffassung von inspirierter Schrift vor. Die Bibel ist Gottes Wort, das die Offenbarung Gottes in Jesus Christus bezeugt. Der Koran ist die Offenbarung Gottes als solches. Er verweist nicht auf einen Mittler zwischen Gott und Menschen, oder einen Weg zu Gott, er ist der Mittler und der Weg: Wer tut, was der Koran sagt, der kommt zu Gott.

Aufgrund dieses unterschiedlichen Vorverständnisses reden Christen und Muslime oft aneinander vorbei, wenn sie über die Inspiration der Bibel reden.

Muslime versuchen des Öfteren, historische Fehler in der Bibel nachzuweisen. Dadurch erscheint ihnen die Bibel weniger glaubwürdig als der Koran. Was Muslime dabei jedoch übersehen, ist der grundsätzliche Ansatz der Bibel, sich überhaupt mit der Geschichte des Menschen zu beschäftigen. Der Koran als »geschichtsloses« Buch kann ja keine »Geschichtsfehler« enthalten.

Das gleiche Problem ergibt sich beim literarkritischen Ansatz. Da die Bibel Gottes Wort ist, aber von Menschen geschrieben, lassen sich kulturell und literarisch bedingte Stilformen in der Bibel identifizieren. So kann ein Wort zur Zeit des Alten Testamentes eine andere Bedeutung haben, als es dann im Neuen Testament hat. Ähnlich verhält es sich in allen Sprachen (das deutsche Wort Humor beispielsweise bedeutete ursprünglich Feuchtigkeit). Für den Muslim ist eine literarkritische Untersuchung des Koran aber nicht denkbar, weil ja kein Mensch, sondern Gott selbst der Autor ist. Wer also menschlichen Stil im Koran entdeckt, der ist schon ein »Ungläubiger«. Es verwundert deshalb nicht, dass selbst islamische Wissenschaftler, wenn sie denn rational und kritisch an den Text des Koran herangehen, aus der Glaubensgemeinschaft der Muslime ausgeschlossen werden. Wer einen Muslim nach »wissenschaftlicher« Literatur über den Koran fragt, erhält denn auch fast immer »apologetische« Literatur, nämlich Bücher von überzeugten Muslimen, die sich noch vor der Untersuchung des Koran die Verteidigung ihres Glaubens vorgenommen haben. Eine »objektive« Diskussion ist unter solchen Umständen weder möglich noch sinnvoll.

Ein Dialog zwischen Muslimen und Christen kann deshalb nur zum gegenseitigen Verstehen führen, wenn der Christ versteht, was der Koran dem Muslim bedeutet, und dann wiederum bezeugt, was Jesus Christus für ihn bedeutet.

2. Allah oder Gott

Allahu Akbar – Allah ist größer! 68-mal betet ein Muslim üblicherweise diese Aussage – jeden Tag. Und als Ausdruck dieses Bekenntnisses betet er täglich 102-mal »Gepriesen sei mein Herr!« Auf jede Frage nach Gott, auf jede Frage nach dem Schicksal, nach Leid, nach der Zukunft, nach dem Leben überhaupt erfolgt diese Antwort: »Gott ist größer!«

Jeder Gedanke daran, dass Menschen mit Gott »umgehen« könnten, ihm irgendetwas entgegensetzen oder auch nur sagen könnten, ist schon fast Blasphemie. Psalmen, in denen sich Beter bei Gott beklagen, Jeremia, der nicht mehr für Gott da sein will, Elia, der an Gott und seinem Leben verzweifelt, Mose, der für Gott nicht sprechen möchte – dies sind alles Ereignisse, die vor Allah überhaupt nicht möglich sind. Der Mensch und Allah – dazwischen liegen Welten. Und die einzige Brücke zwischen diesen Welten ist der Koran. Allah ist auch zu groß, um hier oder später mit den Menschen Gemeinschaft zu haben. Auch im Paradies bleibt Allah ein ferner Gott. Die Menschen sind unter sich, Allah sorgt für den Nachschub an Essen und Wohlergehen.

Allah ist ein einziger Gott. Wer einen Gott neben Allah für möglich hält, dem wird niemals vergeben werden:

Siehe, Allah vergibt nicht, dass man ihm Götter beigesellt; doch verzeiht er, was außer diesem ist, wem er will. Und wer Allah Götter beigesellt, der hat eine gewaltige Sünde ersonnen. (Sure 4,48)

Wer den absoluten Monotheismus des Islam bestreitet, der begeht eine unvergebbare Sünde. Das heißt, er verliert unwiderbringlich sein Heil. Diese Drohung betrifft vor allem die Christen:

Und wenn Allah sprechen wird: »O Jesus, Sohn der Maria, hast du zu den Menschen gesprochen: ›Nehmet mich und meine Mutter als zwei Götter neben Allah an?‹« Dann wird er sprechen: »Preis sei dir! Es steht mir nicht zu, etwas zu sprechen, was nicht wahr ist . . . Nichts anderes sprach ich zu ihnen, als was du mich hießest, nämlich: ›Dienet Allah, meinem Herrn und eurem Herrn.‹ . . .« (aus Sure 5,116-117)

Zur *Einzigartigkeit* Allahs gehört seine Unerreichbarkeit, seine völlige Verschiedenheit vom Menschen, seine absolute Souveränität. Diese Betonung des Unterschieds zwischen Mensch und Allah soll verhindern, dass Allah vermenschlicht werden kann. Deshalb sind Aussagen der Bibel, nach denen Gott »am siebten Tag ruhte« (1. Mose 2,2), für das Gottesbild des Islam nicht haltbar:

Und wahrlich, wir erschufen die Himmel und die Erde und was zwischen beiden, in sechs Tagen, und keine Ermüdung erfasste uns.

(Sure 50,37)

Gott gibt sich nicht mit Menschen ab. Wenn er spricht, dann, um seine Befehle zu erteilen. Ob der Mensch sich danach richtet, ist dabei letztlich egal, bzw. es ist das Problem des Menschen selbst. Allah betrifft es nicht. Wer zur Hölle geht, geht eben zur Hölle. Wer in den Himmel geht, geht eben in den Himmel. Allah leidet nicht, wenn Menschen leiden, und er ist nicht glücklich, wenn Menschen gerettet werden. Allah hat es nicht nötig, sich irgendwie auf den Menschen einzulassen oder sogar sich ihm zu verpflichten, wie es der Gott des Alten Testamentes in seinen Bündnissen tut. So bleibt dem Menschen nur die totale Unterwerfung. Ob Allah ihm gnädig sein wird, bleibt offen: Allah ist zu nichts verpflichtet.

Trotzdem wird Allah im Koran mit scheinbar sehr menschlichen Attributen versehen. Jede Sure des Korans fängt mit den Worten an: »Im Namen Allahs, des Erbarmers, des Barmherzigen.«

Allah wird als Beschützer und Helfer bezeichnet (Sure 4,45) und sogar als Freund der Gläubigen (Sure 3,68). Folgende Namen Allahs sind die häufigsten im Koran:

Der Erbarmer	Der einzigartig Mächtige	Der Allwissende
Der Barmherzige	Der Vergebende	Der Weise

Drei dieser Namen geben doch den Eindruck, dass Allah ein durchaus freundlicher und Menschen zugewandter Gott ist. Der Unterschied zum christlichen Glauben ist jedoch der, dass diese »Freundlichkeit« ungebunden ist. Sie kann einen Menschen treffen, sie kann auch an ihm vorbeigehen. Es bleibt ganz und gar Sache Allahs, ob er denn sich erbarmt oder nicht.

Dem Gläubigen steht nicht Allah als Ansprechpartner gegenüber, sondern das Gesetz des Koran und der Überlieferung. Mit dem Gesetz muss er sich arrangieren, will er die Chance erhöhen, Gottes Barmherzigkeit zu erfahren. Eine Beziehung zu Gott, die »bereinigt« oder »versöhnt« werden müsste, kennt der Muslim nicht. Er muss seine Beziehung zum Gesetz bereinigen. Das heißt, er muss tun, was das Gesetz sagt, oder wieder gutmachen, wenn er das Gesetz gebrochen hat.

Das Gesetz steht ihm dabei wie ein Händler gegenüber: Es hat bestimmte Forderungen, einen Preis, der gezahlt werden muss, und bietet dafür bestimmte Waren, nämlich einen Himmel oder auch eine verkürzte Zeit im »Fegefeuer«.

Die Minimumforderung des Gesetzes ist das muslimische Glaubensbekenntnis. Wer nur das spricht, kommt zwar für eine gewisse Zeit in die Hölle, aber irgendwann auch wieder raus. Wer darüber hinaus auch die anderen Gesetze erfüllt, der verkürzt seine Zeit in der Hölle und kommt eher in das Paradies.

Typisch für diese Art von Gesetzesreligion ist, dass sich bei vielen Gläubigen eine Handelsmentalität beobachten lässt. Eine Pilgerfahrt nach Mekka tilgt dann für ein Jahr die Sünden des Pilgernden und seiner Familie. Gebete tilgen Sünden, und wenn sie durch bestimmte Elemente verlängert werden, werden entsprechend mehr Sünden getilgt. Fasten wird akribisch aufgerechnet. Wenn jemand aufgrund von Krankheit die Fastenzeit nicht durchhält, kann er jeden Tag des Fastens nachholen, bis er die vorgeschriebene Zahl an Fastentagen zusammenhat. Im Extremfall ist zu beobachten, dass ein Muslim seine »Sünde« plant und auch schon berechnet, wie er sie abtragen wird. Dies alles ist natürlich nicht im Koran zu finden, spiegelt aber ein Gottesverständnis wider, das vor allem auf fromme Leistung baut.

Barmherzigkeit und Gnade Allahs haben also die Stellung einer Ware, die durch fromme Anstrengung erworben werden kann. Wer sie bekommt, bekommt dadurch mitnichten eine Beziehung zu diesem Gott, sondern einen verlängerten Aufenthalt im Paradies bzw. einen verkürzten Aufenthalt in der Hölle.

Wenn ein Christ davon spricht, dass er Gnade und Barmherzigkeit »umsonst«, »kostenlos« bekomme, weil Christus sie für ihn erworben habe, dann versteht ein Muslim, dass der Christ jemand anders für sich fromm sein lässt, um selbst auf der faulen Haut zu liegen. Christen scheinen Christus zu missbrauchen, um ohne Reue die schlimmsten Sünden tun zu können. Sie sind in den Augen der Muslime wie Diebe, die, statt die Waren ordentlich zu erwerben, sie vom Tisch des Händlers stehlen. Wer ohne Werke in den Himmel kommen will, der betrügt Gott.

Ein Blick auf die vermeintlich christliche westliche Gesellschaft bestätigt jedem Muslim, dass Christen in der Tat einen Freifahrtschein zum Sündigen haben: Alkohol und Sex werden exzessiv genossen, die Kirchen bleiben leer, es betet fast keiner mehr. Wenn das die Religion des Christentums ist, dann kann sie ja nur falsch sein.

Der entscheidende Unterschied liegt im Gottesbild. Der Gott der Christen ist kein Händler, der Ware anbietet. Er ist Vater, der auf die Rückkehr seiner Kinder wartet. Welches Kind würde seinem Vater das Brot bezahlen? Welches Kind muss jeden Tag neu um die Kindschaft kämpfen? Und welches Kind würde dem Vater, weil er das Brot ja kostenlos an die Kinder gibt, deshalb in den Rücken treten, ihm den Gehorsam verweigern? Nur so lässt sich erklären, dass Gnade, wenn sie kostenlos empfangen wird, trotzdem nicht zu einem sündigen Lebensstil führt. Nur so erklärt sich, dass Christen Gott gehorchen, nicht *damit* er ihnen gnädig ist, sondern *weil* er ihnen gnädig ist.

Erst, wenn im Dialog mit Muslimen dieser grundsätzliche Unterschied im Gottesbild deutlich gemacht werden kann, kann es zu einem gegenseitigen Verstehen kommen. Wer als Christ seinen Glauben erklärt und den christlichen Gott mit Allah gleichsetzt, der muss erklären, dass es nicht um einen distanzierten Gott geht, der akribisch Leistung und Sünde des Menschen gegeneinander aufrechnet, um ihn dann entweder eiskalt abzuservieren oder überraschenderweise ihm gnädig zu sein, sondern um einen Gott, der um die Menschen kämpft, der darunter leidet, dass Menschen verloren gehen, und der ein Fest feiert, wenn ein Mensch zu ihm zurückkehrt. Ohne diese Erklärung kann es nur Missverständnisse geben. Wer Allah mit Jahwe oder dem Vater Jesu Christi gleichsetzt, ohne sein anderes Verständnis zu erklären, der befindet sich im groben Irrtum: Der Gott des Koran ist ganz grundsätzlich anders als der Gott der Bibel. Dieser Unterschied bezieht sich nicht auf den Unterschied zwischen einigen Geboten, sondern auf das Wesen Gottes selbst. Weil der Gott der Bibel den Menschen nahe kommen wollte, weil er sie um jeden Preis retten wollte, deshalb wurde er in Jesus Christus Mensch, deshalb starb er als Mensch für die Menschen. Wer die Liebe und Leidenschaft Gottes nicht glauben und verstehen kann, der kann auch nicht verstehen, dass Gott Mensch wurde. Wer Gott als distanzierten und unberührten Gott kennt, der versteht die Liebe Gottes in Christus nicht. Wer an den Gott glaubt, der um die Menschen jammert, die sich selbst vernichten, der kann nicht kühl aufrechnen, was er für diesen Gott getan hat – der gehorcht aus Liebe, ohne Kalkulation.

3. Mohammed oder Jesus Christus

Mohammed wurde 570 in Mekka geboren. Sein Vater, Abdullah, stirbt noch vor der Geburt, seine Mutter sechs Jahre später. Mohammed wird zunächst von seinem Großvater, dann von seinem Onkel Abu-Tallb erzogen und zum Handelskaufmann ausgebildet.

Als Mohammed erwachsen geworden war, trat er in den Dienst einer wohlhabenden Kaufmannswitwe, Khadija. Im Jahre 595 heiratet Mohammed seine ca. 15 Jahre ältere Chefin. Von den sechs Kindern dieser Ehe überlebten vier Mädchen, unter anderem die berühmte Fatima.

Im Jahre 610 erlebt Mohammed seine Berufung von Gott:

Bei dem Stern, da er sinkt! Euer Gefährte irrt nicht und ist nicht getäuscht, noch spricht er aus Gelüst. Er ist nichts als eine geoffenbarte Offenbarung, die ihn gelehrt hat der Starke an Kraft, der Herr der Einsicht. Und aufrecht stand er da, im höchsten Horizont; alsdann nahte er sich und näherte sich und war zwei Bögen entfernt oder näher und offenbarte seinem Diener, was er offenbarte.

(Sure 53,1-10; Übersetzung von Max Henning)

Mohammed empfängt den Koran und fängt sofort an, ihn in seiner heidnischen Umgebung zu predigen. Anfangs predigte Mohammed vor allem den Monotheismus. Diese Predigt richtete sich vor allem gegen die Götzen seiner Zeit. Im Werk Mohammeds spielen biblische Figuren eine große Rolle. Anhand der Propheten des Alten Testamentes, wie Moses und Abraham, erläutert Mohammed seine eigene Rolle als letzter und wichtigster Prophet. Dabei blieben die biblischen Berichte nicht so, wie sie sind.

Mohammed hatte wohl erwartet, dass nicht nur die arabischen Stämme, sondern auch die Juden und Christen ihn als Prophet anerkennen würden, da ja seine Botschaft in scheinbarer Übereinstimmung mit ihren Büchern war. Die Juden wurden jedoch immer entschiedenere Gegner Mohammeds und verspotteten ihn schließlich sogar. Im Koran verarbeitet Mohammed diese Feindschaft der Juden, indem er ihnen selbst die Schuld an seiner Ablehnung gibt. Niemals scheint ihm in den Sinn zu kommen, dass es auch am Islam liegen könnte. Eine Offenbarung kann nicht kritisiert werden.

Der Koran selber ist also die Beglaubigung für Mohammeds echte Berufung. Das Wunder des Korans ist erkennbar an:

- einem unnachahmlichen Stil,
- an Prophezeiungen für die Zukunft und auch Aussagen über die Vergangenheit,
- an inhaltlicher Geschlossenheit,
- an Widerspruchslosigkeit und
- daran, dass Mohammed, obwohl er Analphabet war, niederschreiben konnte.

Der Koran behauptet nicht die Sündlosigkeit Mohammeds oder der Propheten, im Gegensatz zur späteren islamischen Theologie. Neben dem oben genannten Koran als Beweis seiner göttlichen Sendung sehen Muslime heute noch drei weitere Bestätigungen:

- die Vollkommenheit Mohammeds,
- Mohammeds Erfolge als Staatenlenker und Prophet,
- Ankündigungen Mohammeds im Alten und Neuen Testament.

Tatsächlich besteht bis heute die Auffassung bei allen Muslimen, dass Mohammed in der Bibel klar und deutlich angekündigt wurde. Bibelstellen wie 5. Mose 5,18, Jesaja 9,6 und Jesaja 40,3+5 werden ebenso auf Mohammed bezogen wie die Verheißungen des Trösters in Johannes 14,26 und 15,26.

Im Jahre *622* muss Mohammed vor seinen Gegnern aus Mekka nach Medina fliehen. Ungefähr 70 Menschen begleiteten ihn auf seiner Flucht. Es gab schon vor dieser Flucht eine Reihe von Gläubigen des Islam in Medina. Diese Gläubigen setzten sich nun für den Schutz der kleinen Religionsgemeinschaft ein.

Die Auswanderung nach Medina wird Hijra genannt. Die Hijra ist ein entscheidendes Datum im islamischen Denken. Die Suren des Korans werden in die Zeit vor und die Zeit nach der Hijra eingeteilt. Der islamische Kalender beginnt mit der Hijra als das Jahr 0.

Warum ist die Hijra bedeutender als das erste Datum der Offenbarung? Weil sich in Medina erfüllt, was der Islam eigentlich will: eine islamisch-theokratische Regierungsform. Um als guter Moslem zu leben, muss man die islamischen Gebote erfüllen. Diese lassen sich jedoch nicht überall halten. Es braucht dafür einen Staat, der selber islamisches Recht achtet und praktiziert. Erst dann kann auch der Moslem vollkommen seinen Glauben leben. In Medina wurde diese Bedingung erfüllt: Mohammed gewann mehr und mehr Anhänger und wurde schließlich politischer und sozialer Führer der Stadt. Seine Botschaft war nun nicht mehr nur mit dem Jenseits beschäftigt, sondern auch mit den allgemeinen Dingen des Lebens, des Gemeinwesens und des Einzelnen.

Theologisch entfernte er sich bewusst von der Frömmigkeit der Juden. Er veränderte die Gebetsrichtung für die Muslime: aus Jerusalem wird Mekka (Sure 2,142-150). Auch die Gebote für Fasten- und Gebetszeiten wurden bewusst von den jüdischen Geboten abgesetzt.

Schließlich kam es zum Kampf: Mohammed bekämpfte die drei Stämme der Juden in Medina und erreichte bei zweien die Auswanderung, den dritten vernichtete er 628 n.Chr. Damit war alle jüdische Opposition zerstört. Der Krieg gegen den jüdischen Stamm der Banu Nadir verdeutlicht die Art, wie Mohammed Offenbarungen empfing:

Er fing an, die Palmen in der Oase der Banu Nadir abhauen zu lassen. Eine Oase ohne Palmen ist natürlich nicht mehr lange eine Oase. Ohne die Palmen gibt es weder Schatten noch Nahrung. Die Oase dient nicht mehr menschlichen Bedürfnissen. Deshalb ist es verständlich, dass in der feindlichen Wüstengegend Arabiens die Oasen unter einem besonderen Schutz standen. Das Abhauen ihrer Palmen war strengstens verboten, auch und besonders im Kriegsfall. Mohammed wollte die Bewohner der Oase unter Druck setzen und hieb deshalb trotzdem die Palmen ab, errang einen strategischen Vorteil und gewann den Kampf. Freundlicherweise ließ sich Allah dazu herab, rechtzeitig vor Infragestellung des Propheten eine Offenbarung zu schicken:

Was ihr an Palmen umgehauen habt oder stehen ließt, das geschah mit Gottes Erlaubnis, damit er den Übeltätern Schmach zufüge.

(Sure 59,5; aus Schirrmacher, S. 80)

Mit den Christen kam Mohammed besser zurecht als mit den Juden.

Wahrlich, du wirst finden, dass unter allen Menschen die Juden und die, welche Allah Götter zur Seite stellen, den Gläubigen am meisten feind sind, und wirst finden, dass den Gläubigen diejenigen, welche sprechen: »Wir sind Nazarener«, am freundlichsten gegenüberstehen. Solches, dieweil unter ihnen Priester und Mönche sind, und weil sie nicht hoffärtig sind. Und wenn sie hören, was hinabgesandt ward zum Gesandten, siehst du ihre Augen von Tränen überfließen infolge der Wahrheit, die sie darin erkennen, indem sie sprechen: »Unser Herr, wir glauben; so schreib uns ein unter jene, die es bezeugen . . .«

(Sure 5,82-83)

Trotz dieser anfänglichen Freundschaft zwischen Christentum und Islam kam es später zu deutlichen theologischen Unterschieden. Mohammed verstand die »Trinität« nicht im christlichen Sinne, sondern fasste sie als Trinität von Mutter, Vater und Kind auf, also Gott Vater, Jesus Christus und Maria.* Daran war wohl das christliche Umfeld nicht ganz unschuldig. In einigen judenchristlichen Traditionen wurde der Heilige Geist mit der Mutter Jesu verbunden (Hebräer-Evangelium). Es gab aber auch Bekenner der Gottheit Marias, ganz abgesehen von der Lehre der »Gottesmutter« Maria im orientalischen Christentum.**

Mohammed verstand die Christen also als »Tritheisten«, also Anbeter dreier Götter. Da er davon ausging, dass Jesus die Trinität ablehnte und den strikten islamischen Monotheismus predigte, war die Trinitätslehre ein Abfall von der Lehre Jesu und ein Rückfall in den heidnischen Götzendienst. Dies nennt man im Arabischen ›schirk‹: Gott jemanden beigesellen. Es ist die schlimmste Sünde, die jemand begehen kann.

Wahrlich, die sind ungläubig, die sprechen: »Gott ist Christus, der Sohn der Maria.« Christus hat gesagt: »O ihr Kinder Israels. Dienet Gott, meinem und eurem Herrn!« Wer Gott Götter zur Seite stellt, dem hat Gott das Paradies verwehrt. Im Höllenfeuer wird er wohnen. Und die Frevler werden keine Helfer finden. (Sure 5,72)

Mohammed überfiel gelegentlich Karawanen aus Mekka. Die Mekkaner reagierten 624 schließlich mit Krieg. Nach einer Reihe von Schlachten errang Mohammed 630 endgültig den Sieg über die Mekkaner. Nun konnte er als Sieger zurück in seine Vaterstadt einziehen. Im Jahre 632 n.Chr. pilgert Mohammed ein letztes Mal mit 80 000 Anhängern nach Mekka und schafft so ein Vorbild für die muslimischen Wallfahrten. Im gleichen Jahr stirbt er an einer Krankheit, ohne einen Nachfolger zu benennen oder einen Sohn zu hinterlassen.

Mohammed war ein großer und berühmter Mann. Seine Religion hat das Gesicht des Orients verändert, und es hätte nicht viel gefehlt, dann wäre auch Europa islamisiert worden. Seine Nachfolger haben ein riesiges Gebiet erobert und ein noch viel größeres Gebiet missionarisch

---

*   Sure 5,116a: Und wenn Allah sprechen wird: »O Jesus, Sohn der Maria, hast du zu den Menschen gesprochen: ›Nehmt mich und meine Mutter als zwei Götter neben Allah an‹?« (Übersetzung von Max Henning)
** M. Henning, S. 134, Anmerkung 67

durchdrungen. Wer den mächtigen und religiösen Feldherren Mohammed mit dem unscheinbaren Galiläer vergleichen will, der auf einem Esel in Jerusalem einzog, um dort hingerichtet zu werden, der findet keine gemeinsame Basis. Jesus und Mohammed lassen sich als »Menschen« nicht vergleichen. Mohammed kämpfte für den Monotheismus, Jesus Christus starb für die Wahrheit. Mohammed starb und hinterließ seinen Nachfolgern einen bis heute dauernden Streit um die Frage, wer seine Führungsposition als Kalif einnehmen darf. Jesus Christus starb und lebt wieder, und bringt bis heute Menschen und sogar ganze Kirchen dazu, sich zu versöhnen, solange sie Jesus Christus in der Mitte haben. Mohammed brachte ein sichtbares Gottesreich, in dem Menschen ihren Glauben leben können und zuweilen auch müssen. Jesus Christus brachte ein unsichtbares Königreich, in dem jeder Mensch, egal wo auf der Erde, in jedem Augenblick Bürger werden kann. Die Ziele und der Glaube dieser beiden Personen waren so unterschiedlich, dass man sie nicht miteinander vergleichen kann.

Jesus Christus beanspruchte für sich selbst, nicht nur Bote Gottes zu sein, also nicht nur etwas von Gott erzählen zu wollen, sondern auch Mittler, direkter Gesandter, Inhalt der Botschaft zu sein. Er verkündete das Königreich Gottes und er war das Königreich Gottes. Er machte mit Gott bekannt, indem er Menschen mit sich bekannt machte. Er rief zur Umkehr, indem er aufrief, ihm nachzufolgen. Jesus Christus empfing nicht nur eine Botschaft von Gott, er war die Botschaft Gottes. Wer ihn sah, der sah Gott; wer ihm glaubte, der glaubte Gott; wer ihm folgte, der gehorchte Gott. Deshalb ist der Titel »Prophet«, den jeder Muslim Jesus zugesteht, zu wenig, um Jesus Christus zu beschreiben. Im gewissen Sinne ist »Prophet« eine Abwertung Jesu: Ein Muslim meint damit, dass er nicht mehr als Mohammed war, eigentlich sogar weniger, weil erst mit Mohammed die ganze Botschaft Gottes bekannt wurde.

Der Unterschied zwischen Mohammed und Jesus wird am Leben beider deutlich: Mohammed erlebte nach islamischer Überlieferung einige Wunder, allen voran die Offenbarung des Koran. Jesus Christus erlebte nicht nur Wunder, er tat die Wunder. Nicht mal ein Gebet war nötig, um einen Sturm zum Schweigen zu bringen: Es reichte, dass Jesus sprach – und es geschah (Matthäus 8,23-27). Der Bericht von der Stillung des Sturms erzählt auch, dass selbst die Jünger Jesu sich nicht mehr erklären konnten, wie ein Mensch eine solche Vollmacht haben kann: »Was für einer ist dieser, dass auch die Winde und der See ihm gehorchen?« Jesus Christus gab keine philosophische Definition davon, wer er war – er demonstrierte es in seinen Wundern und in seiner Lehre.

Die meisten Dialoge zwischen Christen und Muslimen enden an diesem Punkt: an der Person Jesu. Dass Jesus von einer Jungfrau geboren wurde, wird von Muslimen ebenfalls geglaubt. Auch Adam war ja ohne Vater. Dass Jesus Wunder tat und lehrte, wird nicht bestritten. Aber dass er mehr als ein Mensch war, dass er sich nicht wie andere Menschen dem fernen Gott unterwerfen musste, sondern von Gott behauptete, dass er ihm nahe sei, dass er mit Gott eins sei, dass er von Gott gekommen und zu Gott gehen werde, das überschreitet die Grenze dessen, was ein Muslim für zumutbar hält. Das hebt die Distanz zwischen Gott und Mensch auf, die für den Islam so wesentlich ist. Viele vermuten, dass Alam (Islam) so viel wie Unterwerfung oder Hingabe bedeutet. Diese Begriffe bezeichnen treffend den einzigen Weg, wie ein Mensch mit Gott umgehen kann. Auch Mohammed praktizierte die totale Unterwerfung. Und selbst Mohammed konnte nicht selbstverständlich davon ausgehen, dass Gott ihn annehmen müsse.

Dies drückt sich bis heute im Friedenswunsch für Mohammed aus. Ein Muslim fügt jedes Mal, wenn er den Namen Mohammed ausspricht, die Formel »Friede sei mit ihm« dazu. Das ist ein Zeichen von Ehrerbietung und Respekt. Inhaltlich wünscht er dem Propheten des Islam, dass er bei Gott angenommen werde. Es zweifelt zwar kein Muslim daran, dass dies der Fall ist, aber die Souveränität Gottes erfordert es, dass selbst Mohammed nichts von Gott einfordern kann.

Jesus Christus beanspruchte mit einer Selbstverständlichkeit Gottes Autorität, die viele Menschen schockierte. Nicht von ungefähr beschuldigten ihn die religiös Verantwortlichen der damaligen Zeit der Gotteslästerung. Um Gottes Ehre zu schützen, beseitigten die Frommen Jesus – und vergingen sich damit an Gott selbst.

Im Dialog mit Muslimen ist es kein Problem, von Jesus zu reden. Solange man seinen Anspruch, mehr als ein Mensch, Gott gleich zu sein, nicht erwähnt, werden Muslime gerne Geschichten von Jesus hören. Was sie nicht glauben, ist, dass Jesus tatsächlich ermordet wurde. Das kann einem gerechten Propheten nicht passieren, weil Allah das nicht zulässt. Dass drei ihrer großen vier Kalifen ermordet wurden (Omar, Osman und Ali), scheint dazu kein Widerspruch zu sein. Außerdem macht der Tod

Jesu keinen Sinn, weil, wie oben schon erwähnt, das Gesetz immer den Täter fordert und keinen Ersatz akzeptiert. Jeder stirbt für seine Sünde, jeder stirbt für sich allein.

Das alles ist menschlich sehr einleuchtend und folgt den Regeln einfacher Logik. So wird denn auch gern »rational« gegen den Sühnetod argumentiert. Dass Gott aber etwas Irrationales tun kann, also etwas, was Menschen mit ihrer begrenzten Logik eben nicht sofort begreifen, ist im muslimischen Weltbild nicht vorgesehen. Gerade aber die Tatsache, dass Jesus Christus eben nicht so schnell zu begreifen ist, trotzdem aber die Vollmacht Gottes demonstriert, belegt, dass er nicht wie ein Mensch denkt und handelt. Die Jünger Jesu brauchten drei Jahre in seiner Nachfolge, um das zu ahnen und um am Ende fast nicht zu verstehen, warum Jesus starb. Erst als er auferstand, lichtete sich der Nebel. Jesus verstehen ist erst möglich, wenn man ihn betrachtet, sein Leben verfolgt, seine Lehre anhört. Deshalb gehört in den Dialog mit Muslimen das geduldige Erzählen, ebenso wie das geduldige Zuhören. Statt darüber zu streiten, wer wichtiger und größer ist, können sich Muslime und Christen gegenseitig erzählen, was ihnen Mohammed bzw. Jesus bedeutet, was Mohammed bzw. Jesus tat und lehrte. Erst im Hören der Geschichten und Lehren Jesu wird ein Muslim, ähnlich wie damals die Jünger, Verständnis dafür entwickeln können, dass und warum Jesus mehr als ein Mensch war.

4. Scharia oder Gesetz

Die Scharia ist im Westen in Verruf geraten, weil sie scheinbar außerordentlich grausame Strafen verhängt. Berühmte Beispiele, die auch heute noch in einigen islamisch regierten Ländern durchgeführt werden, sind das Abhacken der rechten Hand bei Diebstahl und die Steinigung einer Ehebrecherin. Fairerweise muss man aber berücksichtigen, dass auch das Alte Testament der Juden und Christen grausame Strafen kennt. Auch dort sollen Ehebrecher gesteinigt werden.

Besonders pikant ist der Widerspruch zwischen dem Anspruch Jesu, seine Feinde zu lieben, und der Praxis der Kirche, beispielsweise während der Kreuzzüge. Selbst wenn der moralische Anspruch der Christen höher als der der Muslime sein sollte, ist doch die Praxis kaum unterschiedlich. Dem afghanischen Bürgerkrieg entspricht der Konflikt zwischen Katholiken und Protestanten in Irland, der irakischen Aggression in Kuwait entspricht die willkürliche Bombardierung der USA in Afghanistan und Sudan oder der Einmarsch in Vietnam. Der ethnischen Unterdrückung in Sudan oder Malaysia entspricht die Kolonialzeit der westlich-christlichen Länder. Man könnte diese Vergleiche endlos fortsetzen, und immer würde auf eine Schandtat von Muslimen mit einer Schandtat von Christen geantwortet werden. Viele Christen argumentieren damit, dass die Schandtaten ja nur von Namenschristen durchgeführt würden, während die »echten« Christen so etwas nie tun würden. Abgesehen davon, dass diese Behauptung auch belegt werden müsste, argumentieren Muslime recht ähnlich: Ein »echter« Muslim würde natürlich Gottes Gebote halten.

Gibt es dann keinen wesentlichen Unterschied zwischen dem Gesetz Gottes und der Scharia Allahs? Doch, natürlich gibt es ihn. Der entscheidende Unterschied ist aber nicht die Form des Gesetzes, sondern seine Funktion. Als Gott Israel aus Ägypten rettete und dann vor dem Schilfmeer noch einmal vor der Vernichtung, da kannte Israel noch kein Gesetz. Die Rettung geschah, bevor Mose am Sinai das Gesetz Gottes empfing. Auch Abraham kannte kein Gesetz, als Gott mit ihm einen Bund schloss. Das Gesetz, sagt Paulus in Galater 3,17, kam erst 430 Jahre später. Es wurde »hinzugefügt« (Galater 3,19). Seine Funktion war, das Volk Israel bei Gott, bei seinem Bund mit Gott zu halten. Leben, Segen, Heil bekam Israel nicht durch das Gesetz, sondern durch das Bündnis, das Gott mit ihm geschlossen hatte. Heil bekommen Christen nicht durch die Gebote, sondern durch den Bund, den Jesus Christus mit ihnen geschlossen hat. Die Gebote sollen nun verhindern, dass Christen von Christus getrennt werden.

Im Islam ist die Scharia selbst die Quelle des Heils. Sie ist der Maßstab, nach dem Gott entscheidet, sie ist die Treppe, die ins Paradies führt. Alam ist Unterwerfung, ist das Halten der Gebote. Ein Christ hält an Jesus Christus fest, ein Muslim an der Scharia. Das erklärt auch die Energie, mit der afghanische Freiheitskämpfer oder iranische Revolutionäre für die Scharia kämpfen. Die »gute Nachricht« des Islam ist: Unterwirf dich Allah! Die islamische Überlieferung versucht, bis ins Detail das Alltagsleben der Muslime in Gesetze zu fassen. Das geht bis zu der Frage, mit welchem Besteck man isst und welche Hand man dabei benutzt oder wie man mit seiner Frau schläft. Das Gebet ist exakt geregelt, nicht nur im Wortlaut, sondern auch in der Bewegung: Wann man niederfällt, wann man aufsteht, wann man sich nach rechts oder links dreht – für alles hat das Gesetz Antworten. Muslime brauchen diese detaillierten Antworten, weil das Gesetz ihnen Heil bringt. Je genauer man es einhält, desto mehr Heil ist möglich. Jede muslimische Zeitung veröffentlicht jeden Tag die auf die Minute genauen Gebetszeiten. Es gibt spezielle Gremien, die gegen Ende der Fastenzeit den Mond beobachten: Sobald nach Neumond eine winzig schmale Sichel des Mondes sichtbar wird, darf die Fastenzeit beendet werden. Kein Tropfen Alkohol darf über die Lippen eines Muslim kommen, und das jährlich geforderte Almosen ist genau berechnet. So ist die Scharia ein System aus Gesetzen, das dem Muslim die Sicherheit vermittelt, dass er genau und exakt tut, was Gott will.

Dagegen wirkt die Bibel an vielen Stellen »ungenau«. Das Gesetz der Bibel ist keine Maschine, die exakt laufen muss, sondern ein Gerüst, das den Glauben stützen soll. Viele Fragen des Alltags spielen dabei keine entscheidende Rolle und können geklärt werden, indem man den höchsten Maßstab der Liebe anlegt.

Im Dialog zwischen Muslimen und Christen sollte man darauf verzichten, sich gegenseitig moralische Vorwürfe zu machen. Anhand der Vorstellung von Gott als Vater kann man deutlich machen, dass das Gesetz der Christen vor allem den Sinn hat, die Beziehung zu Gott zu pflegen. Ein Vater möchte das Leben seiner Kinder nicht in jedem Detail regulieren, sondern er möchte mit seinen Kindern leben und erwartet Gehorsam, wenn er etwas sagt. Ansonsten haben die Kinder natürlich viele Freiheiten und dürfen die Nähe des Vaters genießen, ohne sich jede Sekunde zu fragen, was sie jetzt gerade falsch gemacht haben könnten.

5. Sünden oder Sünde

Sünde ist, das Gesetz zu brechen. Sünde berührt Gott nicht. Wer sündigt, schadet sich selbst – aber nicht Gott. Gott wird nicht gereizt, man kann ihn nicht aus der Fassung bringen oder ihm auf die Nerven gehen. Sünde ist ganz menschliche Angelegenheit.

Wer sündigt, kann als Muslim die Sünde wieder wettmachen. Er kann sie kompensieren, zum Beispiel durch Frömmigkeit. Und er kann aufhören zu sündigen. Er muss nur das ganze Gesetz tun. Wer Sünde bekennt und sie lässt, dem wird vergeben. Nur zwei Sünden werden nie vergeben, es sei denn, man bekehrt sich zum Islam innerhalb dieses Lebens:

- Kufr = Unglaube, also Ablehnung des Islam,
- Shirk = Beigesellung von anderen Göttern neben Allah.

Alles andere wird vergeben, spätestens in der Hölle. Sünde wird vergeben, wenn Reue und fromme Wiedergutmachung praktiziert werden. Allerdings schließt Vergebung Allahs nicht die Strafe auf Erden aus.

Alles, was den Körper verlässt, macht den Menschen unrein: Schweiß, Samen, Urin, Speichel, Blut, Schleim. Um eine fromme Tätigkeit wie das Beten verrichten zu können, muss man rein sein. Wer auf dem Weg zum Beten von einem vorbeifahrenden Wagen mit Schlamm bespritzt wird, kann gleich wieder nach Hause gehen, um sich umzuziehen. Wem nach der Toilette ein Tropfen Urin an der Kleidung bleibt, der kann so nicht beten. Die Kategorien »rein« und »unrein« bewegen sich also nicht auf der gleichen Ebene wie Sünde. Deshalb wird Unreinheit auch nicht »wieder gutgemacht«, sondern abgewaschen.

Jesus bringt Unreinheit und Sünde miteinander in Verbindung, wenn er sagt:

Was aber aus dem Mund ausgeht, kommt aus dem Herzen hervor, und das verunreinigt den Menschen. Denn aus dem Herzen kommen böse Gedanken hervor: Mord, Ehebruch, Unzucht, Dieberei, falsche Zeugnisse, Lästerungen; diese Dinge sind es, die den Menschen verunreinigen, aber mit ungewaschenen Händen zu essen, verunreinigt den Menschen nicht. (Matthäus 15,18-20)

Sünde im christlichen Glauben macht unrein und damit unfähig zur Beziehung mit Gott. Im islamischen Glauben sind es vor allem Körperflüssigkeiten, die unrein machen. Sie verhindern das Gebet, so dass man sich vor dem Gebet gründlich Hände, Füße, Nase und Mund waschen muss. Sünde aber wird nicht abgewaschen, sie ist kein Hindernis für das Gebet, sie ist nur eine Negativbuchung auf einem Schuldenkonto, das man durch Frömmigkeit wieder abarbeiten kann.

Die Vorstellung, dass durch Jesus Christus die Sünden »abgewaschen« werden, berührt beim Muslim zwei Ebenen, die für ihn nicht zusammengehören: Seine Beziehung zu Gott besteht aus der Frömmigkeit, die Gott geboten hat, plus den dazu gehörenden Reinheitsvorschriften. Seine Sünde ist erst beim Jüngsten Gericht ein Thema.

Der Christ dagegen sieht seine Beziehung zu Gott vor allem auf Basis von Sündlosigkeit, die er zwar nicht selbst, aber Jesus Christus für ihn erreicht. Eine Reinigung durch Wasser ist im christlichen Glauben nicht möglich. Der Glaube an Jesus Christus und die Vergebung der Schuld sowie der Wille zur Wiedergutmachung sind die Voraussetzung, Gott gegenübertreten zu können.

Für den Moslem sind alle Fragen des »Heils« rein menschlich zu lösen. Allah hat alle Mittel gegeben, alle Wege im Koran gezeigt. Unreinheit kann abgewaschen, Sünde gelassen werden. Er hat wenig Verständnis dafür, dass Christen sich »Sünder« nennen. Genauso könnte man sagen, man sei ein Dieb, um sich so dafür zu entschuldigen, dass man täglich stiehlt. Wer Sünder ist, der soll aufhören zu sündigen.

Christen verstehen die Sünden, die sie tun, als Wirkung der Sünde, die ihnen anklebt, die sie immer wieder zu neuen Sünden verleitet. Deshalb muss ein Christ erst das Grundübel, die Wurzel aller Sünden, die Feindschaft des Menschen zu Gott, die Rebellion, in der er lebt, die Schuld, die ihm gegenüber Gott immer wieder ein schlechtes Gewissen macht, los werden. Dann erst kann er sich anderen Sünden zuwenden und sie durch Gebet und Mühe überwinden. Ein Christ geht davon aus, dass Gott ihm dabei hilft.

Ein Muslim versteht seine sündigen Taten, die er tut, nicht als Ausfluss einer rebellischen Haltung. Er geht davon aus, dass er sie auch lassen kann. Damit beschränkt er den Begriff »Sünde« auf eine bestimmte Menge von Taten, die im Koran oder in der Überlieferung angesprochen sind. Die Frage, welche Gedanken und Motive jemanden zu diesen Taten treiben, interessiert die meisten nicht. Insofern ist der islamische Glaube tatsächlich einfacher als der des Christen, der immer wieder nach innen schaut und über sich selbst erschaudert. Diese Einfachheit des Glaubens, die Übersichtlichkeit bei der Frage, wie ein Mensch sein muss, um bei Gott anzukommen, übt auf viele Menschen des Westens eine große Anziehungskraft aus. Dabei wird das Menschenbild vereinfacht und reduziert. Die Frage, warum dann doch noch einige sündigen, wird mit dem Hinweis auf Gottes Erwählung beantwortet. Letztlich leiden aber auch viele überzeugte Muslime unter der Tyrannei der Sünde. Die Mehrheit gibt ohne weiteres zu, dass sie die Scharia als Ganzes nicht hält. Das praktische Leben stellt dieses vereinfachte Menschenbild in Frage. Wenn man wirklich Sünde so einfach lassen kann, warum handeln dann nicht alle überzeugten Muslime entsprechend?

An dieser Stelle muss auch Paulus zu Wort kommen, der den religiös Überzeugten fragt, was ihm denn das Gesetz nützt, wenn er es nicht hält.

Und was nützt die Scharia dem Muslim, wenn er nicht danach lebt?
Genau dieses Problem hatten die Frommen zur Zeit Jesu. Sie kämpften für das Gesetz, konnten aber gleichzeitig das Gesetz nicht erfüllen. Sie verkündeten die Ansprüche des Gesetzes und blieben selber dahinter zurück. Deshalb fordert Jesus:

Wenn nicht eure Gerechtigkeit vorzüglicher ist als die der Schriftgelehrten und Pharisäer, so werdet ihr nicht in das Reich der Himmel eingehen. (Matthäus 5,20)

Erst wer sich diesem Anspruch Gottes stellt, und daran verzweifelt, der kann verstehen, warum er mehr braucht als ein Buch mit Lebensregeln. Der kann verstehen, warum er Vergebung braucht, die er sich nicht selbst verdient, die von außen kommt, von jemand anders herangeschafft wird, die sich auf Jesus Christus gründet.

Dritter Teil

Jesus fand mich und nahm mich in seine Gemeinde auf

Ihr werdet die Wahrheit erkennen,
und die Wahrheit wird euch frei machen.
Johannes 8, Vers 32

1. Der Qumran-Fund – Sollte die Bibel doch wahr sein?

An einem späten Vormittag bereitete ich gerade das Frühstück für Yahya vor. Es war noch vor der Geburt von Dawud. Da es schon spät war und Yahya es eilig hatte, versuchte ich, alles schnell fertig zu bekommen. Gerade da klingelte es an unserer Haustür. Ich öffnete, und vor mir standen zwei Frauen von den Zeugen Jehovas. Da ich immer offen für ein Gespräch war und auch gern mit Christen argumentierte, tat es mir Leid, dass ich so gar keine Zeit für sie hatte. Die beiden Frauen gingen in das nächste Stockwerk, doch als ich sie wieder herunterkommen hörte, sagte eine innere Stimme zu mir: »Frag sie doch, ob sie an einem anderen Tag wieder kommen wollen, an dem du Zeit hast!« Ich öffnete also die Tür, sprach die Frauen wieder an und vereinbarte einen anderen Termin in der nächsten Woche mit ihnen. Sie kamen dann beide auch pünktlich und begannen über ihren Glauben zu reden. Eine Weile hörte ich ihnen zu, dann sagte ich:

»Es hat eigentlich wenig Sinn, dass sie mir das alles erzählen. Sie sprechen immer von der Bibel: . . . Die Bibel sagt dies, in der Bibel steht das . . . Wir brauchen gar nicht weiter zu sprechen, solange sie mir nicht bewiesen haben, dass die Bibel wirklich Gottes unverfälschtes Wort ist. Als Muslima glaube ich nämlich, dass die Bibel gefälscht und verfälscht worden ist, und dass wir nur im Koran unverfälschtes Gotteswort finden.«

Das brachte ein reges Gespräch in Gang, dessen Ergebnis war, dass eine der Frauen wieder kommen und sich meinen ganzen Fragen zur Bibel stellen wollte. Sie kam dann auch regelmäßig, und ich brachte meine ganzen Bedenken gegen die Bibel vor. Wir gingen auch zusammen das Buch »Bibel, Koran und Wissenschaft« durch, das mir ja so wichtig geworden war. Irgendwann kamen wir auf Prophetie zu sprechen, und ich legte der Zeugin Jehovas, die übrigens Helga hieß, das Buch »Muhammad in der Bibel«* vor. Immer wieder beschäftigte ich mich mit solchen Büchern und Schriften, die anhand der Bibel die Prophetenschaft Muhammads beweisen wollen. Auch konnte ich als Muslimin niemals die Bibel ganz aus der Hand legen. Immer wieder reizte es mich, in ihr zu lesen und Hinweise auf den Islam zu finden. Es war schon fast zwanghaft bei mir, dass ich immer wieder alle Christen in meiner Umgebung zu überzeugen versuchte, dass die Bibel nicht mehr authentisch sei. So wurde auch Helga in dieser Hinsicht mein »Opfer«. Ich las ihr einiges aus dem Buch »Muhammad in der Bibel« vor in der Erwartung, dass sie nun zugeben müsse, dass Muhammad in der Bibel angekündigt würde. Das trat zu meiner Enttäuschung aber nicht ein. Im Gegenteil, sie sagte mir, dass alle diese Argumente, die in dem Buch gebracht würden, total aus dem Zusammenhang gerissen seien und für sie absolut keinen Sinn ergäben. Wir traten auf der Stelle, das Gespräch führte uns zu keinem Ergebnis. Bis in die Zeit meiner Krise hinein dauerten die Gespräche an. Schließlich brachte Helga eines Tages »Verstärkung« mit. Ein anderer Zeuge Jehovas, der schon etwas älter war und eine führende Aufgabe in der Hierarchie der Zeugen Jehovas hatte. Er wiederholte vieles von dem, was Helga

---

* Der Autor dieses Buches ist Prof. David Benjamin, später Abdul-l-Aha Dawud, ein ehemaliger Priester der unierten Chaldäer, der später Muslim wurde. Er arbeitet in diesem Buch die gesamte Bibel durch, Altes und Neues Testament, mit dem Ziel, zu beweisen, dass es auch in der Bibel zahlreiche Prophetien über Muhammad gebe.

mir schon gesagt hatte. Etwas Neues aber kam hinzu. Er brachte eine kurze Diaserie über die Schriftrollen von Qumran* mit. Ich wusste von ihnen, hatte sie selbst schon auf einer der Israelreisen mit dem Posaunenchor gesehen. Besonders interessierte mich aber nun die gefundene Rolle, auf der das ganze Buch des Propheten Jesaja aufgeschrieben war. Diese Schriftrolle wurde von den Archäologen auf das Jahr 100-200 v.Chr. datiert. Was nun in meinem Kopf zu arbeiten begann, sehe ich heute als von Gott gewirkt: Mir fiel ein, dass in Jesaja eine Prophetie ganz klar auf Jesus hindeutet. In Jesaja 53 steht nämlich u.a.:

»... Der Herr ließ seinen Boten emporwachsen wie einen jungen Trieb aus trockenem Boden ... er gefiel uns nicht! Er wurde verachtet, ja wir haben ihn sogar verachtet. Dabei war es unsere Krankheit, die er auf sich nahm; er erlitt die Schmerzen, die wir hätten ertragen müssen ... Doch er wurde blutig geschlagen, weil wir Gott die Treue gebrochen hatten; wegen unserer Sünden wurde er durchbohrt. Er wurde für uns bestraft – und wir? Wir haben nun Frieden mit Gott! Durch seine Wunden sind wir geheilt.«

Diese Verse gingen mir nun unablässig im Kopf herum. Wie sollte ich das bloß einordnen. Diese Prophetie war aus der Zeit vor Jesus und passte auf keinen anderen Menschen. Es sagte genau das voraus, was laut Bibel dann auch passierte. Ich fühlte mich bedroht von diesen Worten. Ich wollte nicht mehr über sie nachdenken, da sie überhaupt nicht dem Islam entsprachen. Doch all meine Bemühungen, das zu verdrängen, scheiterten. Vorsichtig sprach ich Yahya darauf an. Ich erzählte ihm von meiner »Entdeckung« und fragte ihn, was er davon hielte. Ich suchte Hilfe bei ihm, doch er reagierte wie von der Tarantel gestochen.

»Wie kommst du auf so was? Das haben dir wohl diese Zeugen Jehovas eingetrichtert?! Ab sofort kommt mir keiner mehr von die-

---

* In den Höhlen bei Qumran, in der Nähe des Toten Meeres, wurden im Jahre 1947 viele sehr alte Bibelhandschriften gefunden. Heute kann man sie in Israel im »Schrein des Buches« besichtigen.

sen Hunden ins Haus. Du brichst sofort den Kontakt mit dieser Helga ab. Die wollen nur Unfrieden in unser Haus bringen.«

Noch ein-, zweimal versuchte ich zaghaft mit Yahya über meine Seelennot zu sprechen, doch jedes Mal reagierte er genauso heftig und wütend.

Den Kontakt mit Helga brach ich nicht ab. Ich traf mich heimlich weiter mit ihr. Ich sprach mit ihr über meine Gedanken, da ich sonst niemanden wusste, mit dem ich hätte darüber reden können. Mit meinen Eltern wollte ich nicht sprechen. Ihnen gegenüber wollte ich auf keinen Fall die Fassade der perfekten Muslimin antasten. Sie sollten von meinen Zweifeln nichts wissen. Auch Chadidscha und Jamila erschienen mir nicht als die geeigneten Ansprechpartner. Mit ihnen hatte ich Seite an Seite jahrelang mit ganzer Kraft für den Islam gekämpft. Jemand wie ich konnte da doch nicht mit solchen Zweifeln kommen, das war einfach undenkbar. So versuchte ich den Großteil meiner Gedanken mit mir selbst auszumachen und sprach über den Rest mit Helga. Einmal ging ich sogar mit in ihre Versammlung und einmal in eine Art »Hauskreis«, um mir das Ganze anzusehen, doch es erschien mir alles sehr »tot«. Im »Hauskreis« oder richtiger »Studienkreis« wurde ein Buch der Wachturm-Gesellschaft durchgearbeitet. Das sah so aus, dass der Kreisleiter Abschnitt für Abschnitt vorlas und die vorgegebenen Fragen stellte. Die anderen gaben dann die Antworten, indem sie fast wörtlich wiederholten, was gerade vorgelesen worden war. Das war mir doch alles zu stupide.

2. »Wenn du wirklich dieser dreieinige Gott bist, und wenn Jesus dein Sohn ist, dann zeige es mir!«

Zusätzlich zu meiner Krise, in der ich ja steckte, kreisten meine Gedanken nun unaufhörlich um diese Bibelstelle (Jesaja 53), darum, wie ich das in den Islam »einordnen« könnte, und ob es etwa doch möglich sein könnte, dass der christliche Glaube der richtige wäre.

Doch daran wollte ich gar nicht denken. Wenn das in Wirklichkeit der Fall sein sollte und was für Konsequenzen letztendlich daraus erwachsen würden – das war einfach undenkbar für mich!

Seit zehn Jahren war ich nun Muslim, hatte aktiv für den Islam gearbeitet und mein ganzes Leben am Islam ausgerichtet. Doch das Schlimmste an allem war: Was würde mein Mann dazu sagen, dass ich erwog – – – vielleicht sogar Christ zu werden?! Schließlich war auch er überzeugter, praktizierender Muslim. Wenn er es nicht gewesen wäre, hätte ich ihn gar nicht geheiratet.

Aber was dachte ich denn da – Christ werden? Hatte ich meine eigenen Gedanken da richtig »gehört«? Das konnte doch gar nicht wahr sein. Mein ganzes bisheriges Leben würde in diesem Fall doch unter mir zusammenbrechen wie ein morscher Stuhl. Yahya würde sicher niemals mit einer Christin verheiratet bleiben und natürlich Anspruch auf die Kinder erheben. Nach dem Islam standen sie ihm dann ja auch zu, gerade in diesem Fall. Also Schluss mit diesen Überlegungen!

Doch so einfach war es eben nicht. Ich konnte das alles nicht ausblenden oder abschalten, wie man ein Radio ausschaltet. Meine Gedanken schienen sich unaufhörlich im Kreis zu drehen. Nachts fand ich kaum Schlaf, und auch bis in meine Träume verfolgte mich das alles. Ich fühlte mich körperlich schlecht. Es war wie ein Kampf, und das war es ja letztlich auch – ein geistlicher Kampf, wie die Bibel sagt. Doch das war mir damals nicht bewusst. Ich hatte Angst, wirklich verrückt zu werden. Ich kam mir vor wie ein in einem Käfig gefangenes Tier, aus dem ich nicht mehr ohne Hilfe herauskommen konnte. Ich betete, ich flehte zu Allah um Hilfe, doch er schien sich in eisiges Schweigen zu hüllen. War ich denn nicht selbst schuld an meinem Elend? Hatte ich nicht selbst diese Gedanken zugelassen? War das Ganze vielleicht eine Strafe Allahs, weil ich das rituelle Gebet manchmal vernachlässigt hatte, seitdem ich Kinder hatte? Oder war es eine Prüfung Allahs, wollte er prüfen, wie es um meinen Glauben bestellt war?

Seitdem ich Yahya auf die Sache mit den Qumran-Rollen angesprochen hatte, schien er irgendwie etwas von meinen Zweifeln zu spüren. Doch anstatt mit mir darüber zu sprechen, überwachte er meine gesamten rituellen Verpflichtungen wie Gebet, Reinigung usw. Auch schien er genau zu beobachten, was ich las. Einmal sagte er aus heiterem Himmel: »Wenn du Christ wirst, gehe ich sofort weg, eine Christin will ich nicht!« Wie vor den Kopf gestoßen, sah ich ihn an und schwieg. Ich wusste, wenn ich versuchen würde, erneut mit ihm über meine Seelennot zu sprechen, würde er ausrasten.

Ich las unablässig in Bibel und Koran in der Hoffnung, dadurch Klarheit zu bekommen. Ich legte diese beiden Bücher vor mich hin und fragte laut: »Welches von beiden ist das richtige, Gott, Allah? – Wer immer du auch bist. Bitte antworte mir! Hilf mir! Zeige mir den Weg, den ich gehen soll!« Nichts geschah.

Irgendwann kamen mir andere Bibelverse aus meiner Kindheit in den Sinn. Einer ist mir besonders in Erinnerung: »An ihren Früchten werdet ihr sie erkennen« (Matthäus 7,16).

Was für Früchte »trugen« die Muslime – wir Muslime? Hatte ich jemals auch nur bei einem von ihnen eine wirkliche, grundlegende Veränderung durch den Islam gesehen? Ich selbst, Chadidscha, Jamila, Abdurrahman und all die anderen – wir alle wollten die Gesellschaft verändern, doch waren wir selbst verändert? Wenn ich ehrlich zu mir selbst war, lautete die Antwort eindeutig nein! Ich war nicht besser als vorher, bei mir hatte sich absolut keine Veränderung gezeigt. Im Gegenteil, mehr denn je befürchtete ich ja, niemals das Paradies erreichen zu können. Und wie sah es bei den anderen aus? In der Zeit meiner Ehe hatte ich auch bei Yahya keine Verbesserung feststellen können. Er wurde nach wie vor schnell wütend, hatte sich in seinen Wutanfällen nicht in der Hand, war meiner Meinung nach Allah kein Stück näher gekommen. Genauso verhielt es sich auch mit Chadidscha. Jamila und Abdurrahman konnte ich nicht ganz so beurteilen, aber auch sie hatten keine Veränderung durchgemacht, soweit ich das sehen konnte.

Und wie sahen die Früchte der Muslime global aus? Terror,

Krieg, Hass gegen Feinde. Ja, ich weiß schon. Viele Muslime sehen das nicht so, aber es bleibt doch objektiv gesehen Realität.

Der Islam hatte mir in meiner Krise nicht helfen können, also hatte er auch da keine Frucht getragen. Aber war das alles denn nun ein Beweis dafür, dass der Islam nicht die wahre Religion war?

»Wie einfach und befreiend wäre es doch, wenn der christliche Glaube der richtige wäre«, schoss es mir durch den Kopf. »Ich brauchte mich nicht länger abzustrampeln, um das Paradies zu erreichen. Ich brauchte nur Jesu Opfertod anzunehmen, an ihn zu glauben, und das Paradies wäre mir sogar von Jesus versprochen.«

»Hey, was denkst du da eigentlich«, sagte eine andere Stimme in mir. »Du begehst gerade Götzendienerei. Der Teufel hat dich wohl schon ganz im Griff, oder was?«

»Bete doch einfach zu diesem ›christlichen‹ Gott«, kam quasi als Antwort wieder in mir die erste Stimme hoch, »dann wirst du schon erfahren, ob er real ist oder nicht.«

»Wenn du das tust, wird Allah dir das niemals verzeihen. Dann wirst du auf ewig in der Hölle bleiben und hast dein ewiges Leben verspielt.«

Zwei Kräfte zogen da unaufhörlich an meiner Seele. Ich glaubte, innerlich zu zerreißen. Doch irgendwann war ich so verzweifelt und am Ende, dass ich mir ein Herz fasste und in Jesu Namen, was ja eigentlich unverzeihlich für einen Muslim ist, zu Gott betete: »Wenn du wirklich dieser dreieinige Gott der Bibel bist, und wenn Jesus wirklich dein Sohn ist, der für uns am Kreuz gestorben ist, dann zeige es mir!«

Sofort, nachdem ich das gebetet hatte, zog eine unbändige Freude und Gewissheit in mir ein. Ich wusste plötzlich, dass dies der wahre, lebendige Gott war, wie die Bibel ihn uns zeigt. Ich fühlte Jesu Gegenwart, und mit einem Mal war es, als ob mir ein Schleier von den Augen genommen würde, so dass ich vieles, was ich als Kind und junge Erwachsene aus der Bibel gelernt hatte und noch wusste, in einem ganz anderen Licht sah. Ich konnte nun erkennen, dass die Bibel wie »aus einem Guss« war, dass das eine große Thema in der

Bibel »Jesus« war, und dass alles wunderbar zusammenpasste. Es war einfach unglaublich, noch niemals vorher in meinem Leben hatte ich mich so von Gottes Liebe umgeben gefühlt. Ich hätte die ganze Welt umarmen können! Sofort setzte ich mich wieder hin und übergab im Gebet Jesus mein gesamtes Leben und mich selbst und bat ihn, von nun an die Herrschaft in meinem Leben zu übernehmen.

Am liebsten wäre ich hinaus auf die Straße gerannt und hätte zu allen Menschen und in die Welt hineingerufen, dass Jesus unser Erlöser ist, der uns so unendlich liebt, dass er alle Menschen erretten möchte. Wie konnte es bloß sein, dass die anderen es noch nicht wussten? Das war doch unmöglich! Es war auch unmöglich, dass ich diese wunderbare Botschaft für mich selbst behielt, ich musste es doch allen weitersagen, auch Yahya . . .!?

3. »Wer mich bekennt vor den Menschen, den will ich auch vor meinem himmlischen Vater bekennen!«

Auch Yahya musste ich das sagen? Wirklich?

Wie sollte ich das bloß tun? Er würde – ich weiß nicht, was er tun würde, aber es würde sicher schrecklich werden. Nein, ich behielt das Ganze vorerst lieber für mich. Meinen Eltern sagte ich es aber nach kurzer Zeit am Telefon. Auch sie freuten sich zwar; aber sofort dachten sie an die Konsequenzen in meiner Ehe.

Ich las nun regelmäßig in der Bibel und betete jeden Tag. Aber dieses Gebet kann ich nicht mit dem Gebet, das ich als Muslimin gebetet habe, vergleichen. Hier spürte und wusste ich, dass mir jemand zuhörte, mich ernst nahm in jeder auch noch so kleinen Angelegenheit. Es war ein persönlicher Gott, mit dem ich sprach, nicht einer, der weit weg von mir war und hoch erhaben über alles Menschliche ist. Es war der wahre und lebendige Gott.

Mein Herz war übervoll vor Freude und innerer Heilsgewissheit. Ich war nicht mehr dazu verurteilt, für meine Sünden in der Hölle zu landen, sondern ich wusste nun ganz genau, dass ich zu Jesus gehörte, dass er mich durch seinen stellvertretenden Opfertod am Kreuz erkauft hatte, dass es deshalb ganz real Sündenvergebung gibt und dass ich zu ihm kommen würde. Diese Gewissheit machte mich jeden Tag aufs Neue so glücklich und froh, dass es mir sehr schwer fiel, das alles für mich zu behalten und davon Yahya nichts zu sagen.

Mit der Zeit war ich mir aber nicht mehr so sicher, was ich in dieser Sache tun sollte. War es richtig, Yahya das alles zu verschweigen? Schließlich hatte das ja auch Konsequenzen für mich, die ich so nicht wollte: Ich trug weiterhin islamische Bekleidung, obwohl ich mich auch in der Öffentlichkeit als Christ bekennen wollte. Außerdem erwartete Yahya natürlich von mir, dass ich das rituelle Gebet verrichtete. Ich stellte mich dann auf den Gebetsteppich und führte die Bewegungen aus, ohne jedoch wirklich zu beten. Aber ich wollte das nicht und kam mir verlogen und unaufrichtig dabei vor. Das konnte doch eigentlich nicht Jesu Wille sein. Ich besprach diese Sache im Gebet mit ihm, erhielt aber keine klare Antwort.

Irgendwann besuchte ich meine Eltern. Dieses Mal war es eine große Freude für uns alle. Meine Eltern konnten immer noch nicht fassen, dass ihre jahrelangen Gebete nun doch noch erhört worden waren. Sie hatten es selbst nicht mehr geglaubt, dass ich noch einmal aus dem Islam herauskommen würde.

Eines Nachmittags suchte ich etwas und öffnete dabei eine Schublade. In dieser Schublade fand ich zwar nicht das Gesuchte, dafür aber ein Buch, das einen sehr interessanten Titel trug: »Israel und das Reich des Islam« von Ernst Schrupp. Sofort begann ich in dem Buch zu lesen. Durch die Lektüre dieses Buches wurde mir noch einmal auf eine ganz neue Art bewusst, woraus Gott mich da eigentlich gerettet hatte. Der Islam als nachchristliche Religion ist eine antichristliche Religion, wie alle Religionen, die nach Jesus entstanden sind. Ich hatte am Aufbau, an der Ausbreitung dieser Religion mit dem Ziel der Errichtung eines islamischen und damit antichristlichen Reiches mitgearbeitet, und zwar mit meiner ganzen Kraft. Ich dankte Gott noch einmal aus tiefstem Herzen dafür, dass

Er mir auch dies vergeben hatte und mich als sein Kind angenommen hatte.

In dem Buch wurde noch auf andere Bücher zum Thema Islam hingewiesen. Eines davon interessierte mich besonders, da es von einem ehemaligen Muslim verfasst worden war. Dieses Buch wollte ich mir so schnell wie möglich besorgen. Ich ging in eine christliche Buchhandlung (man muss sich das vorstellen, in voller islamischer »Montur«, also Kopftuch, langer Mantel usw.) und fragte nach dem Buch. Die Leute dort waren freundlich und bemühten sich sehr, mir weiterzuhelfen. Das Buch war aber schon vergriffen und wurde nicht mehr gedruckt. Aber ich könne mich vielleicht doch direkt an den Autor des Buches »Israel und das Reich des Islam« wenden. Die Adresse könnten sie mir geben.

Diesen Vorschlag fand ich sehr gut, und ich nahm bei nächster Gelegenheit telefonisch Kontakt mit Ernst Schrupp auf. Ich schilderte ihm meine Lage, und er sagte sofort, dass es das Beste wäre, wenn wir dies alles persönlich und nicht am Telefon besprechen würden. Wir verabredeten uns, und schon bald danach lernte ich Ernst Schrupp persönlich kennen. Nun schilderte ich ihm alles ganz ausführlich. Er hörte mir aufmerksam zu, stellte ab und zu eine Frage. Er verstand sofort, dass nun die ganz aktuelle Not in mir war: Sage ich das alles meinem Mann? Wenn ja, wie sollte ich es ihm sagen, ohne ihn mehr als nötig zu verletzen? Denn verletzen würde ihn das Ganze auf jeden Fall. Wir kamen zu dem Schluss, dass ich es meinem Mann auf jeden Fall sagen musste. Ich musste mich zu Christus bekennen, auch vor ihm. Wir können ja in der Bibel lesen: »Wer nun mich bekennt vor den Menschen, den will ich auch bekennen vor meinem himmlischen Vater. Wer mich aber verleugnet vor den Menschen, den will ich auch verleugnen vor meinem himmlischen Vater.« (Matthäus 10,32-33)

Außerdem hatte mein Mann ein Recht darauf, dass ich ehrlich mit ihm war. So blieb nur noch die Frage, wann, wie und bei welcher Gelegenheit ich meinem Mann erzählen sollte, dass ich nun zu Jesus gehörte und nicht mehr länger Muslimin war. Wir überlegten hin und her, doch alle Ideen, die wir hatten, gefielen uns nicht so recht. Dann, kurz bevor ich mich verabschieden wollte, hatte Herr Schrupp einen guten Einfall. In einigen Wochen plante ich mit meinem Mann und meinen Eltern einen gemeinsamen Sommerurlaub. Ich wollte mit meinen Eltern und den Kindern vorfahren, Yahya wollte nach einer Woche nachkommen. Das wäre die richtige Gelegenheit. In der Zeit, in der ich noch mit meinen Eltern allein wäre, könnten wir das Ganze durch Gebet vorbereiten. Für meinen Mann wäre dieser Zeitraum wohl auch am besten, weil er hier im Urlaub, fernab vom Alltagsstress, besser in der Lage sein würde, diese »Hiobsbotschaft« in Ruhe aufzunehmen und zu verarbeiten. Auch wäre ich im entscheidenden und kritischen Moment nicht alleine mit meinem Mann, ohne jeglichen Schutz. Denn eines war mir ganz klar, es würde auf jeden Fall große Schwierigkeiten geben. Ich hatte auch große Angst vor dieser »Beichte«, weit mehr als damals, als ich meinen Eltern von der Konversion zum Islam erzählen wollte.

Die Woche, die ich allein mit meinen Eltern und den Kindern am Urlaubsort verbrachte, konnte ich nicht recht genießen. Wir unternahmen zwar zahlreiche Ausflüge in die Umgebung, bei denen ich dann unterwegs immer meine islamische Kopfbedeckung, das Kopftuch, ablegte und fühlte, wie nach all den Jahren wieder Wind durch meine Haare strich. Doch in einem Schrank lag der Brief an Yahya, in dem ich ihm alles aufgeschrieben hatte. Ich konnte es ihm einfach nicht so ins Gesicht sagen. Ihm das alles schriftlich mitzuteilen, war mir leichter gefallen, auch deshalb, weil ich so besser die passenden Worte gefunden hatte.

Die Zeit verstrich viel zu schnell. Schließlich kam Yahya. Es brach mir fast das Herz, wenn ich ihn ansah. Er war so guter Dinge und genoss unseren Urlaub, dass ich mir richtig gemein vorkam, ihm diese Zeit zu verderben. Ich schob es von Tag zu Tag vor mir her, ihm den Brief zu geben. Aber zu lange durfte ich doch nicht warten, denn dann würde uns keine Zeit mehr verbleiben, hier im Urlaub noch irgendwie Ruhe über dieser Sache zu bekommen. So betete ich zu meinem himmlischen Vater, bat ihn um Kraft und fasste mir schließlich ein Herz.

An einem strahlenden Morgen saßen wir im Garten. Meine Eltern passten auf die Kinder auf. Ich ging in unsere Ferienwohnung und holte den gut versteckten Brief. Mit Herzklopfen und zitternder Hand übergab ich ihn Yahya. Er dachte zuerst, ich hätte ihm irgendetwas Nettes aufgeschrieben. Doch während er den Brief las, verfinsterte sich sein Gesicht. Er begann vor Aufregung zu zittern.

»Schön«, sagte er dann und gab mir den Brief zurück. Wir wechselten noch ganz kurz einige Worte, an die ich mich heute nicht mehr erinnere. Dann stand er auf und ging ins Haus.

Mir war vor Aufregung übel geworden. Ich war in dem Moment nicht in der Lage, ihm hinterherzugehen. Instinktiv, wie ein kleines Kind, das Schutz suchte, ging ich zu meinen Eltern und erzählte ihnen das Vorgefallene. Mit einem Schlag war die gesamte Atmosphäre bedrückt. Ich traute mich erst nach einiger Zeit zu Yahya ins Zimmer, um mit ihm zu sprechen, doch er war keinem Gespräch zugänglich. Unverrichteter Dinge kehrte ich zu meinen Eltern zurück.

Ich hatte große Angst, dass Yahya nun einfach unsere beiden Kinder nehmen und wegfahren würde. Ich hatte wirklich Angst, dass er mir die Kinder nehmen würde – für immer, wie es ja leider schon so oft in solchen Ehen vorgekommen ist. Ich schickte ein Stoßgebet nach dem anderen zu Gott.

Am Abend, es wurde langsam dunkel, kam Yahya und teilte mir mit, dass er unverzüglich nach Hause bzw. ins ZIDS-Zentrum nach M. fahren würde, um dort Rat zu suchen. Er müsste jetzt mit jemandem darüber sprechen, denn dass er unter diesen Umständen eine Ehe mit mir nicht mehr akzeptieren könne, sei wohl klar.

Mein Vater versuchte ihm zuzureden, dass er doch bleiben solle. Wir könnten doch ganz ruhig über alles sprechen, und es gäbe doch keinen Grund, dass wir uns trennen müssten. Es müsste doch möglich sein, dass wir auch so unsere Ehe fortsetzen könnten. Er erinnerte Yahya auch daran, dass sie als meine Eltern mich auch nicht verstoßen hätten, als ich Muslimin geworden war. Doch Yahya wollte das alles nicht hören. Er ließ sich nicht aufhalten und fuhr los. Um ehrlich zu sein – ich atmete auf, als er erst einmal weg war, denn ich hatte solche Angst gehabt, dass er die Beherrschung verlieren würde und im schlimmsten Fall auch gewalttätig werden könnte.

4. Und dann geriet ich in Bedrängnisse

Als ich am nächsten Tag gegen Abend von einem Ausflug mit meinen Eltern zurückkam, sagten mir Hamachers, die Vermieter der Ferienwohnung, dass mein Mann mehrmals angerufen hatte. Ich sollte ihn umgehend zurückrufen, es wäre sehr dringend. Da wir in der Ferienwohnung selbst kein Telefon hatten und ich mir ungefähr vorstellen konnte, was bei diesem Telefonat auf mich zukommen würde, ging ich zu einer Telefonzelle. In Erwartung eines wütenden, schimpfenden Yahyas wählte ich mit zitternder Hand die Nummer von unserer Wohnung.

Doch Yahya war weder wütend, noch schimpfte er. Er war vielmehr am Boden zerstört, ja, ich glaubte ihn sogar schluchzen zu hören. Zuerst bat er mich, sofort nach Hause zu kommen. Doch das war so ohne weiteres nicht möglich. Ich war mit Mutter und Kindern mit der Bahn hierher gefahren. Wir hatten eine Platzreservierung für die Rückfahrt, doch erst in zehn Tagen. Durch die Ferienzeit waren die Züge so voll, dass wir nicht einfach umbuchen konnten. Außerdem sagte ich Yahya, dass es besser wäre, wenn er erst einmal in Ruhe über das Ganze nachdenken würde, bevor ich mit den Kindern nach Hause käme. Doch da wurde er energischer. Er sagte, wenn ich ihn wirklich liebte, würde ich sobald als möglich kommen, und setzte mich somit unter Druck. Doch in solch einer Stimmung wollte ich nicht zurückkehren. Ich wollte es überhaupt so lange wie möglich hinauszögern, da ich die nun unvermeidliche weitere Konfrontation fürchtete.

Zwar tat mir Yahya auch Leid. Täglich telefonierten wir miteinander, und er sagte mir, dass er mich gerade jetzt dringend brauchte, doch von seinen gesamten Äußerungen ging auch ein subtiler Druck aus – gewollt oder ungewollt, ich kann es bis heute nicht sagen. Ich kam mir böse und schlecht vor, Yahya in seiner Not allein zu lassen, und gab diesen Druck an meine Eltern weiter. Wir setzten alles Mögliche in Bewegung, so dass wir doch einige Tage später, genau an meinem Geburtstag, wieder nach Hause fuhren.

Wie schon auf der Hinfahrt transportierte mein Vater mit seinem Auto unser gesamtes Gepäck. Die Kinder, meine Mutter und ich fuhren wieder mit der Bahn. Mir war übel vor Aufregung, und je näher wir unserer Wohnung kamen, desto schlechter fühlte ich mich. Ich hatte die islamische Bekleidung nun ganz abgelegt und fürchtete die Reaktion Yahyas hierauf. Doch ich wollte nicht mehr länger als Muslimin gelten. Es gab auch keinen Grund mehr dafür, da Yahya nun alles wusste.

Der Zug lief im Bahnhof ein. Wir stiegen aus. Mit uns stiegen kaum andere Leute aus, so dass Yahya uns bald schon entdeckte. Mit eisiger Miene kam er auf uns zu und begrüßte nur Amir und Dawud. Wieder hatte ich große Angst, dass er sich beide Kinder »schnappen« und mit ihnen weggehen würde. Er widmete sich ganz Amir, ging zügig mit ihm vor und dachte gar nicht daran, meiner Mutter und mir mit dem Kinderwagen und Handgepäck zu helfen, als wir an eine Treppe kamen. Meine Knie zitterten so sehr, dass ich Mühe hatte, die Treppe hinunterzukommen. Wie damals, als ich meinen Eltern meine Konversion zum Islam gebeichtet hatte, fuhren wir schweigend nach Hause. Nur war es diesmal ein vollkommen anderes Schweigen. Meine Mutter und ich hatten Angst, dass Yahya in seiner Wut und Verzweiflung an den nächsten Baum fahren würde. Finster blickte er geradeaus und sagte kein Wort.

Auch wir wagten nicht zu sprechen. Innerlich beteten wir unablässig, denn die Atmosphäre war so bedrückend, dass man fast glaubte, Satan persönlich säße unter uns. Das mag vielleicht vielen übertrieben vorkommen, doch es war einfach so. Ich glaubte jede Minute, es nicht mehr länger ertragen zu können. Die Fahrt schien eine Ewigkeit zu dauern, und als wir endlich vor unserem Haus ankamen, atmete ich erleichtert auf.

Doch dazu hatte ich gar keinen Grund, wie ich bald merken sollte. In unserer Wohnung setzten wir uns erst einmal, meine Mutter und ich, nebeneinander auf das Sofa, Yahya uns gegenüber auf einem Stuhl. Sein Gesicht war zu einer Fratze verzerrt. Ich konnte darin meinen Mann kaum wieder erkennen. Er sagte ungefähr dies:

»Du wagst es, so zu mir herzukommen, in dieser Kleidung. Gar keinen Respekt hast du vor mir. Das ist sehr interessant: In dieser Stadt hast du deinen ersten Vortrag in einer Moschee mit Chadidscha gehalten. Hier hole ich dich vom Bahnhof ab und du kommst an ohne Kopftuch. Denk mal darüber nach. Glaube nicht, dass ich irgendwie nachgeben werde. Du wirst schon sehen, was jetzt kommt. Du hast nun absolut keine Rechte mehr. Bisher habt ihr den wirklichen Islam noch nicht kennen gelernt. Jetzt werdet ihr ihn zu spüren bekommen. Ich werde es dir zeigen! Glaubt nicht, dass wir vor euch zurückweichen werden. Nein, wir stehen wie ein Fels!«

In diesem Ton redete er ununterbrochen auf uns ein, ungefähr eine halbe Stunde lang. Dann nahm er Amir und fuhr mit ihm weg. Ich glaubte ohnmächtig zu werden aus Angst um meinen Jungen. Wohin war er mit ihm gefahren? Brachte er ihn jetzt weg von mir? Wenn ich ihn nun nie mehr wieder sehen würde? Ich schrie innerlich zu Gott, dass er doch nicht zulassen sollte, dass Yahya mir mein Kind nahm. Dabei beruhigte ich meine Mutter, die nun ebenfalls ganz aufgeregt war. Ich sagte, dass Yahya sich schon wieder beruhigen würde und dass er mit Amir bestimmt nur zu einem Freund gefahren sei, was sich später auch als richtig herausstellte. Yahya wollte wohl nach diesem Auftritt nicht meinem Vater begegnen, der bald danach ankam.

Alles in unserer Wohnung war so bedrückend, und die Worte Yahyas klangen in meinem Kopf nach. Hätte er Amir nicht mitgenommen und hätte ich nicht geglaubt, dass auch mein Mann eine Chance verdient, Jesus kennen zu lernen, ich hätte sofort meine Siebensachen gepackt und wäre mit meinen Eltern mitgefahren.

Die Zeit, die nun folgte, war die bisher schwerste Zeit in meinem ganzen Leben. Hatte ich anfangs damit gerechnet, dass Yahya einlenken würde, so hatte ich mich schwer getäuscht. Er sagte mir, dass alles nur so weit gekommen sei, weil wir uns nicht genau genug an die islamischen Regeln gehalten hätten. Oft genug seien wir schließlich zu den Geburtstags- und anderen Familienfeiern gegangen, auf denen ja auch Alkohol getrunken und Schweinefleisch gegessen wurde. Auch er persönlich hätte einige freiwillige Glaubenspraktiken seit unserer Eheschließung vernachlässigt. Nun hätten wir die Strafe Allahs dafür bekommen.

Er meinte auch, dass ich das rituelle Gebet vernachlässigt hätte, seitdem die Kinder da wären, und der Islam würde ja selbst sagen: »Wer sich eine Handbreit vom Gebet entfernt, entfernt sich vom Islam.« Also hätte ich mir das Ganze selbst zuzuschreiben. Nun hätte ich absolut kein Recht mehr auf unsere Kinder. Er sagte:

»Du darfst sie nur noch versorgen mit Essen, Kleidung usw., aber Entscheidungen treffe ich, und auch die Erziehung übernehme ich, du hältst dich ab jetzt da raus.«

Ganz demonstrativ nahm er Amir mit in die Moschee, Dawud war dazu ja noch zu klein, und jedes Mal zitterte ich, ob er wohl mit oder ohne Amir nach Hause kommen würde. Später sagte Yahya übrigens selbst, dass er eigentlich sofort mit den Kindern in sein Heimatland gehen wollte. Nur sein Scheich hat ihn davon abgehalten.

Ich hatte auch Angst, dass Amir während des Gebets in der Moschee auf die Straße rausrennen und von einem Auto überfahren werden könnte. Falls Amir rausrennen würde, bemerkte Yahya es vielleicht gar nicht, wenn er ins rituelle Gebet vertieft war. Außerdem konnte er nicht so einfach mit Beten aufhören, denn eine Unterbrechung lässt das ganze Gebet ungültig werden.

Weiterhin ging Yahya zur Arbeit, doch jederzeit konnte er unverhofft nach Hause kommen, um mich zu kontrollieren. Wenn er mich dabei überraschte, wie ich in der Bibel oder anderen christlichen Büchern las, wurde er so zornig, dass ich regelrechte Angst vor ihm bekam. Ich versuchte heimlich zu lesen, denn das Wort Gottes war für mich wichtiger als Essen. Ich lebte daraus, meine gesamte Kraft in dieser Zeit bekam ich durch Gottes Nähe und Liebe, die ich ganz intensiv spürte. Trotz der ganzen Situation wusste und fühlte ich ganz genau, dass er bei uns war und seine Hand über uns hielt.

Morgens dehnte Yahya das Frühstück um Stunden aus, indem er während der Mahlzeit anfing, lange Monologe über den Islam zu halten. Er hoffte wohl, mich damit für den Islam zurückzugewinnen. Zeigte ich dann nicht die erhoffte Reaktion, wurde er sofort wieder aggressiv. Er begann eine Art Kreuzverhör:

»Wie kannst du nach all den Jahren, die du für den Islam gekämpft hast, Christ werden? Du hast anscheinend nichts vom Islam begriffen, bist einfach zu dumm dazu.«

»Doch, ich habe schon begriffen, worum es im Islam geht. Sonst hätte ich mich doch nicht jahrelang so für ihn eingesetzt.«

»So. Dann warst du vielleicht am Ende eine Spionin von den Juden und Christen!«

»Jetzt sei doch nicht albern. Glaubst du das wirklich? Wieso gebe ich mich – wenn es so wäre – gerade dann zu erkennen, nachdem die JIP die Wahl gewinnt? Das wäre doch total hirnverbrannt.« Ich hätte darüber lachen können, so absurd war dieser Gedanke, doch Yahyas Gesichtsausdruck ließ mir das Lachen im Halse stecken bleiben. Er meinte es bitterernst.

»Wieso glaubst du denn plötzlich an die Bibel? Du weißt doch und hast es selbst gesagt, dass sie gefälscht worden ist.«

»Sie ist nicht gefälscht worden. Das ist nur eine Erklärung der Muslime dafür, dass sie nicht mit den Aussagen des Koran übereinstimmt.«

»Willst du etwa damit sagen, dass der Koran falsch ist? Hat Muhammad sich geirrt oder was?«

Bedrohlich dicht stand er vor mir und seine Augen funkelten mich an.

»Das hast du jetzt selbst gesagt.«

»So – weißt du was? Wenn du jetzt nicht meine Frau wärst,

sondern jemand auf der Straße, dann würde ich dich für diese Worte krankenhausreif schlagen.«

Mir stockte der Atem. Ich wagte nichts zu antworten.

Doch er redete unaufhörlich weiter und beschuldigte mich und die Christen und Juden überhaupt mit den unmöglichsten Dingen. Dann verlegte er sich aufs Spotten.

»So so, Christ bist du nun. Da darfst du ja jetzt auch Sina* begehen, dich betrinken und so leben wie die ganzen kaputten Leute hier im Westen.«

Er begann nun, Bücher von hohen islamischen Gelehrten und Mystikern zu lesen, mit denen ich mich ja auch immer beschäftigt hatte und worüber ich damals so gerne mit ihm kommuniziert hätte. Das Wissen, das er nun aus diesen Büchern erwarb, gab er bei diesen ausgedehnten Frühstücken an mich weiter, ob ich wollte oder nicht.

Die Atmosphäre wurde immer angespannter. Immer wieder sprach Yahya davon, dass wir in seine Heimat gehen würden, spätestens wenn Amir mit der Schule begann. Ich dachte: Bis dahin werde ich entweder schon lange weg sein, oder du bist Christ geworden. Der Gedanke allein schon, mit Yahya unter diesen Umständen in einem islamischen Land leben zu müssen, ließ Übelkeit in mir hochsteigen.

Immer mehr stieß Yahya sich daran, dass ich die islamische Bekleidung abgelegt hatte. Er wollte nicht, dass die Außenwelt erfuhr, was sich ereignet hatte. Mit niemandem außer seinem Bruder, der ja nicht in Deutschland lebte, und einem Vertrauten bei der ZIDS sprach er darüber. Nicht mal seine Mutter setzte er in Kenntnis. Er dachte noch immer, dass ich wieder zum Islam zurückkehren würde, ohne dass sie alle von diesem »Zwischenspiel« erfahren mussten. Er übte Druck auf mich aus, dass ich wieder das Kopftuch umbinden sollte. Als ich nicht darauf reagierte, sagte er einmal ganz aufgebracht:

* arab. = Unzucht

172

»Wenn sich hier nicht bald etwas ändert, springen wir alle zusammen aus dem Fenster.«

Ich hatte panische Angst. Würde er am Ende mir und den Kindern etwas antun? In der Verfassung, in der er momentan war, traute ich ihm alles zu. Er war einfach nicht mehr er selbst. Ein anderer schien da neben mir im Bett zu liegen und mit mir am Tisch zu sitzen.

Als Muslimin war ich immer eine Verfechterin der Ansicht gewesen, dass nur diejenigen Frauen die islamische Bekleidung tragen sollten, die das auch wirklich wollten. Niemand sollte dazu gegen seinen Willen gezwungen werden. Yahya hatte mit mir darin immer übereingestimmt. Und jetzt, wo es darauf ankam, musste ich erkennen, dass das alles nur leere Worte gewesen waren. Da ich keinen anderen Weg sah, beschloss ich, Yahya zuliebe das Kopftuch wieder umzubinden. Diese Entscheidung begrüßte er sehr. Ich hatte gehofft, dass damit der Druck auf mich etwas abgeschwächt würde, doch das Gegenteil war der Fall. Yahya legte dieses Zugeständnis falsch aus und bedrängte mich fortan mehr denn je, doch zum Islam zurückzukehren.

Weil ich das aber weiterhin ablehnte, spitzte sich die ganze Situation immer mehr zu. Noch schlimmer als vorher spionierte er mir hinterher. Er kontrollierte wie die Bücher standen, ob ich wieder in der Bibel oder anderen »verbotenen« Büchern gelesen hatte. Heimlich besorgte ich mir Bücher, und wenn ihm ein neues in die Hände kam, fragte er sofort: »Woher kommt dieses Buch?« Aus Wut darüber, dass ich seine Verbote missachtete, schmiss er mir mein Andachtsbuch vor die Füße.

Er fragte mich nach jedem Schritt, und wenn er mich von der Arbeit anrief, das Telefon aber besetzt war, stellte er mich sofort zur Rede, mit wem ich telefoniert hätte. Und immer weiter hagelte es Vorwürfe. Er nahm dabei keine Rücksicht auf die Kinder. Es schien, als sei ihm gar nicht bewusst, dass die Kinder, vor allem Amir, das alles mithörten. Einmal sagte er sogar zu Amir: »Wenn du Christ würdest, könnte ich ganz Deutschland niederbrennen.«

Alles musste Amir mitanhören. Er sah fast nur noch einen Vater, der herumbrüllte und mit den Türen schlug. Als Amir in den Kindergarten kam, sprachen wir darüber, für welchen Kindergarten wir uns entscheiden würden, besser gesagt, für welchen Yahya sich entscheiden würde, denn ich durfte ja zu solchen Dingen nichts mehr sagen. Yahya entschied sich für den städtischen, da er frei von religiösem Einfluss war, wie er meinte. Plötzlich sah er mich scharf an und sagte mit einer eigenartigen Ruhe, jede Silbe betonend:

»Wenn die Kinder irgendein westliches oder christliches Verhalten an den Tag legen, bringe ich dich um!«

Ich war starr vor Schreck. Wieder hatte Amir es mitangehört. Noch öfters an anderen Tagen wiederholte Yahya diese »Morddrohung«. Ich hatte keinen Zweifel, dass es ihm ernst damit war, obwohl er später sogar abstritt, so etwas je gesagt zu haben.

Immer wenn ich hoffte, dass sich alles besserte, passierte wieder etwas. Immer wenn ich dachte: »Nun beruhigt er sich doch etwas«, sagte er Dinge wie: »Eine christliche Mutter wird niemals meine Kinder erziehen. Entweder du denkst nach und kehrst zum Islam zurück, oder ich lasse mich von dir scheiden und ich gehe mit den Kindern in meine Heimat. Du tust nichts, um diese Lage zu ändern. Du liest nur christliche Bücher, statt einmal ein islamisches zu lesen. Wenn du wenigstens wieder das islamische Gebet einhalten würdest, dann würdest du schon sehen, was die Wahrheit ist. Wenn du wirklich unsere Ehe retten willst, dann komm! Hier ist der Gebetsteppich. Bete ein paar Raka*!«

Sein Drängen wurde immer stärker. Ich wusste bald nicht mehr, was ich tun sollte. Den Kontakt zu Helga hatte ich mittlerweile wirklich eingeschränkt, da ich ja sowieso nicht beabsichtigte, Zeuge Jehovas zu werden. Yahya indes gab immer noch ihnen die Schuld an der ganzen Sache. Er meinte, dass sie uns Dschinn, Dämonen, ins Haus gebracht hätten. Das wäre ja ganz klar, sie wollten unsere gut funktionierende islamische Ehe zerstören. Schließlich seien

---

* Gebetsabschnitte

174

auch die Zeugen Jehovas von den Juden gesteuert, die ja überall Unfrieden brächten.

Dass die Zeugen Jehovas uns Dämonen ins Haus gebracht hatten, das glaubte ich nicht. Was ich allerdings spürte, ja fast mit eigenen Augen sehen konnte, war, dass da in der Tat ein geistlicher Kampf im Gange war. Ich konnte förmlich sehen, wie die Finsternis in unserem Haus um uns rang. Mich hatte sie schon verloren, jetzt wollte sie Yahya und die Kinder auf keinen Fall preisgeben. Sie setzte alles in Bewegung, um unsere Ehe vollends zu zerstören. Sie ließ Yahya sich immer mehr von sich selbst entfernen, benutzte ihn. Wenn er die Wohnung betrat, verspürte ich sofort eine körperliche Beklemmung, als ob jemand einen Ring um meine Brust immer fester schließen würde. Ich bekam wirklich nachts, wenn ich ruhig im Bett lag, Anfälle, die Angina Pectoris ähnelten. Ich wusste aber, dass dies nicht körperlich war sondern psychosomatisch. Später, als ich aus dieser bedrängenden Situation herauskam, waren die Beschwerden wie weggeblasen.

Dieser Angst machenden Atmosphäre wollte ich für einige Tage entrinnen, indem ich plante, meine Eltern zu besuchen. Doch Yahya verbot das sofort: »Du fährst höchstens für einen Tag, morgens hin, abends zurück. Und Amir bleibt hier!«

Kontakt zu anderen Christen durfte ich auch nicht aufnehmen: »Deine Religion bleibt hier in diesen vier Wänden. Das wird niemand erfahren. Wenn du meinst, dass du das unbedingt machen musst, dann kannst du das hier machen. Die Kinder sind Muslime, und du gehst in keine Kirche oder sonst wohin. Ist das klar?«

Doch heimlich rief ich bei einer Gemeinde an, deren Nummer ich im Telefonbuch gefunden hatte. Zur Landeskirche wollte ich nicht. Von ihr war ich ja enttäuscht gewesen. Dort gab es Menschen, die die Bibel nicht als authentisch ansahen und mich vielleicht nicht verstehen konnten. Das soll natürlich nicht heißen, dass alle dort so denken, doch das Risiko, auf welche Leute ich dort treffen würde, war mir einfach zu groß. Ich wollte sicher sein, dass ich Menschen traf, die Jesus genauso liebten wie ich und ihm nachfolgten. Ich bin sehr dankbar für die Zuwendung und Liebe, die ich von den Menschen dieser Gemeinde erfahren durfte. Zwar konnte ich ja nie einen Gottesdienst oder andere Veranstaltung dort besuchen, doch ich hatte Telefongespräche und auch heimliche Treffen mit ihnen. Die Kraft und Zuversicht, die ich daraus gewann, halfen mir, den beängstigenden und entmutigenden Alltag mit Yahya zu meistern.

Immer häufiger warnte Yahya mich: »Meine Geduld ist begrenzt. Treibe das Ganze nicht auf die Spitze. Wenn du nicht bald zum Islam zurückkommst, ist alles aus.« Er fühlte sich auch völlig im Recht, was die Kinder betraf: »Wenn ich die Kinder nehme, hast du kein Recht. Nicht einmal die Polizei kann mich davon abhalten, die schlage ich nieder.«

Seine ganzen Äußerungen wurden immer rigoroser: »Wenn du in einem islamischen Land leben würdest, würdest du hingerichtet werden als Abtrünnige vom Islam.« Wie er mir später erzählte, hatte er Erkundigungen bei seinem Scheich eingezogen, ob unsere Ehe überhaupt noch nach dem Islam gültig war. Der Scheich sagte ihm, dass ich den Islam nicht gegen besseres Wissen verlassen hätte, also wäre die Ehe weiterhin gültig.

Ich versuchte Yahya trotz allem mit Liebe zu begegnen. Ich kämpfte gegen meinen Wunsch, einfach wegzulaufen, an und wollte ihm eine liebevolle Ehefrau sein. Das kommentierte er mit Hohn: »Ah, deine falsche christliche Freundlichkeit. Du denkst wohl, damit kriegst du mich rum oder was?« Wenn er etwas an mir auszusetzen hatte, sagte er zu Amir: »Ja, das und das macht deine Mama, aber so machen das die Christen eben.«

Als meine Eltern uns besuchten, war ich sehr froh. Ich fühlte mich etwas sicherer, zumindest bildete ich mir das ein. Ich konnte mit meinen Eltern über unseren Glauben sprechen und darüber, wie es weitergehen sollte. Wir besuchten auch einmal Gemeindeglieder.

Als meine Eltern dann wieder weg waren, sagte Yahya zu mir bedeutsam: »Ich kenne jeden deiner Schritte. Glaube nicht, dass du

176

etwas vor mir verheimlichen kannst.« In der Tat hatte ich an diesem Tag immer das Gefühl gehabt, als ob ich verfolgt worden wäre. Ich hatte schon Angst, dass Yahya wusste, wo ich mit meinen Eltern gewesen war. Heute weiß ich, dass er es nicht gewusst hatte. Er wollte mich mit seinen Worten nur einschüchtern.

Wenn ich gar nicht mehr weiterwusste und ganz und gar verzweifelt war, sprach ich mit Jesus. Er ließ mich nicht im Stich. Sofort spürte ich intensiv seine Nähe und Liebe. Seitdem ich mich für Jesus entschieden hatte, hatte ich begonnen, in der Bibel zu lesen. Dabei machte ich mir ein Andachtsbuch aus meiner Zeit beim CVJM-Jugendkreis zunutze. »Die ersten hundert Tage mit der Bibel« heißt es. Ich entdeckte nun die Bibel ganz neu. Staunend las ich das Johannes-Evangelium und konnte gar nicht fassen, welcher Reichtum sich mir da erschloss. Alles – jedes einzelne Wort hatte eine ganz neue Bedeutung für mich, und ich merkte, wie Gott zu mir durch sein Wort, die Bibel, sprach. Das war eine ganz neue und unendlich beglückende Erfahrung für mich. Endlich der wahre, lebendige Gott, der mir antwortete, der mit mir sprach. Allah hatte nie mit mir geredet, er war viel zu erhaben gewesen, um sich mit meinen Angelegenheiten zu befassen. Außerdem hatte er ja den Koran herabgesandt, in dem er mir gesagt hatte, was ich tun sollte. Nur durch die Befolgung dieser Regeln und Gebote hatte ich seine Nähe finden sollen, soweit das möglich ist, sich Allah zu nähern. Aber dieses Buch, die Bibel, war lebendig, erfüllt von Gottes Geist. Es war kein toter Buchstabe, sondern es lebte. Das ist sehr schwer zu erklären, diese Erfahrung muss man einfach selbst machen.

Manchmal hatte ich Angst, dass Gott mir meine Kinder nehmen könnte. Ich dachte an die Mutter von Moses, die auch ihren Sohn auf dem Nil aussetzen und ihn ganz Gottes Fürsorge überlassen musste. Konnte Gott so etwas auch von mir verlangen? Nein – das konnte doch nicht sein. Gott war nicht wie Allah. Er nahm mir nicht einfach meine geliebten Kinder, nur um zu sehen, wie ich klarkäme. Wenn er zulassen würde, dass Yahya mir die Kinder nahm, dann würde es einen Grund haben und er würde mir die Kraft schenken, damit zu leben. Doch denken wollte ich trotzdem nicht daran. Allein der Gedanke trieb mir die Tränen in die Augen, und ich betete weiter inständig um Bewahrung vor einem solchen Schicksal.

Mit Ernst Schrupp hatte ich auch weiter telefonischen Kontakt. Er begleitete uns durch Gebet und fragte immer nach der aktuellen Situation. Leider konnte ich ihm nichts Gutes berichten.

Yahya wurde in seinen Äußerungen immer verletzender: »Weißt du eigentlich, dass ich damals jede Menge anderer Frauen hätte heiraten können. So viele Mädchen aus meinem Land wurden mir vorgestellt, und alle hätte ich haben können. Aber ich habe sie nicht genommen, weil sie nicht richtig islamisch waren. Dich habe ich dann geheiratet, weil du auch in der ZIDS aktiv warst. Jetzt bist du so. Da hätte ich doch lieber eine von den anderen geheiratet. Es waren die schönsten Mädchen und ganz jung, noch nicht verheiratet.«

Das traf mich, und ich spürte, wie meine Liebe zu Yahya langsam erkaltete. Kaum etwas blieb noch davon übrig, und ich wäre lieber heute als morgen mit den Kindern geflüchtet, um ein neues Leben zu beginnen, fern von Yahya, ohne Angst und Bespitzelung und in der Freiheit die Bibel lesen und zu Gottesdiensten gehen zu können. Doch ich wusste, ich hatte nicht das Recht, einfach so zu gehen. Schließlich liebte Gott auch Yahya.

Yahya wollte mich zu einem Gespräch mit Chadidscha drängen. Ich wollte das nicht, denn ich wusste, dass Chadidscha sich ja für einzelne Personen überhaupt nicht interessierte. Zwar meinte Yahya, sie wäre erschüttert gewesen und hätte sogar geweint, als er ihr von meinem Entschluss erzählt hatte, doch das bezweifelte ich stark. Yahya sagte, dass Chadidscha mir etwas schicken wolle, was ich unbedingt lesen sollte. Vielleicht würde ich mir dann noch mal alles überlegen. Sie schickte mir die Kopie eines Artikels aus dem *Spiegel*, in dem angezweifelt wurde, dass Jesus überhaupt gelebt hatte. Er nahm den gesamten christlichen Glauben auseinander mit Argumenten namhafter moderner Theologen, die ich nun schon lange kannte. Ein Artikel aus dem *Spiegel*!! Ich konnte es kaum glauben. Aus dieser Zeitschrift hatten wir im FII-Büro einen unmöglichen Artikel über den Islam, der den Islam total deformierte. Mit so etwas wollte Chadidscha mich »bekehren«! Es zeigte mir nur, wie »ernsthaft« ihr diese Bemühungen waren.

5. »Und du wirst sehen, wie ich dich führe . . .!«

Mittlerweile war es Winter geworden. Der Advent hatte gerade begonnen und ich bedauerte, dass ich nicht wie alle anderen einen Adventskranz aufstellen konnte. So sehr hatte ich diese besondere Zeit vor Weihnachten in den letzten Jahren vermisst! Ich hatte diese Sehnsucht unterdrückt. Doch ich würde sie noch ein wenig länger unterdrücken müssen. Vielleicht mein ganzes Leben?!?

Yahya hatte in der letzten Zeit nur noch rumgebrüllt und die Türen geknallt. Amir litt sehr darunter. Er hatte sich ganz zurückgezogen, saß meistens still auf der Couch im Wohnzimmer mit drei Nuckies. Einen hatte er im Mund, einen rieb er zart an seine Wange und den dritten hielt er an seine Nase, um daran zu riechen. Er spielte fast nicht mehr und weigerte sich, die Sprache seines Vaters zu sprechen. Von Yahya wollte er sich nicht mehr anfassen lassen.

Als Amir einmal sehr krank wurde, mit hohem Fieber, wusste ich nicht mehr, was ich machen sollte, denn Dawud war ja noch so klein und brauchte mich auch. So dachte ich, Yahya könnte mir helfen, die Kinder zu betreuen. Doch Amir ließ ihn nicht an sich heran und schrie, der Papa solle weggehen. So kam extra mein Vater und half mir. Das machte Yahya wohl noch wütender. Er beschuldigte mich, das Kind gegen ihn aufzuhetzen. Was sollte ich bloß tun? Überall vermutete Yahya Böses. Kurz danach schien es, als ob sich alles etwas entspannen würde. Ich schöpfte neue Hoffnung. Sollte sich doch noch etwas ändern? Könnte es sein, dass Yahya sich mit meinem Christsein abgefunden hatte?

Wir saßen gerade beim Abendessen, es war der zweite Adventssonntag, als Yahya unvermittelt sagte: »Ich denke nur noch daran, ob ich mich nicht besser sofort scheiden lassen soll. Meine Geduld ist nicht unbegrenzt. Ich bin kein Scheich oder Heiliger, der ewig Geduld hat.«

Mein Essen blieb mir im wahrsten Sinne des Wortes im Hals stecken. Meine Knie wurden weich und ich begann zu zittern. Ich versuchte mir nichts anmerken zu lassen. Als Yahya später weg war, rief ich sofort meine Eltern an und sagte ihnen, was passiert war. Ich wusste, diesmal war es Yahya ganz ernst. Er sprach nicht einfach so spekulativ, sondern das hier war so gemeint, wie er es gesagt hatte, keine leere Drohung.

Ich rief den Pastor der Gemeinde an, zu der ich Kontakt hatte, und fragte ihn, ob er mich und die Kinder irgendwo unterbringen könnte. Er hatte mir vorher seine Hilfe versprochen, falls es zum Ernstfall kommen würde. Nun war es soweit. Er war völlig überrumpelt, genauso wie ich, und fragte nach, ob ich ganz sicher wäre. Ich bestätigte es ihm, und er versprach, sich um alles zu kümmern.

Am Dienstag kamen meine Eltern, und ich betete unablässig zu Gott, dass er mir doch noch ein ganz klares Zeichen geben sollte, dass ich wirklich mit den Kindern gehen sollte. Diesen schwer wiegenden Schritt wollte ich nicht ohne Gottes Einverständnis tun, auch wenn ich am liebsten sofort gegangen wäre. Gott bestätigte mir dann meinen Entschluss zu gehen nochmals durch zwei Sachen:

1. In der täglichen Bibellese gab er mir durch ein Wort unmissverständlich zu verstehen, dass ich fliehen musste.

2. Am Dienstagabend, als meine Eltern da waren, rief Yahya mich von der Arbeit aus an und sagte: »Ich habe mit Chadidscha gesprochen. Die Sache wird jetzt beendet, so oder so. Ich hatte genug Geduld mit dir, jetzt reicht's. Auch Chadidscha hat gesagt, dass ich genug Geduld hatte. Ich bin eben kein Heiliger. So kann ich nicht mehr leben. Du bist sowieso nicht mehr die Frau, die ich liebe, und für den Islam habe ich sogar meine Eltern verlassen, also denke nicht, dass es schwer für mich ist, dich für den Islam zu verlassen.«

Am selben Abend räumte ich ein paar Sachen unauffällig zusammen, um sie am nächsten Morgen leichter einpacken zu können. Ich rief Helga an und fragte, ob sie jemanden wüsste, der bereit wäre, als Kunde meinen Mann morgen an seinem Arbeitsplatz festzuhalten, so dass ich sicher sein konnte, dass er nicht plötzlich nach Hause käme. Es fand sich jemand. In aller Eile packte ich die Sachen, von denen ich meinte sie zu brauchen oder die mir lieb waren, in blaue Müllsäcke. Meine Mutter passte auf die Kinder auf, ich packte ein, und mein Vater brachte alles ins Auto. Er belud dabei nicht nur mein, sondern auch sein Auto, denn die Sachen, die ich nicht sofort, sondern erst später brauchte, würde er mit zu sich nach Hause nehmen. Nur das Nötigste packte Papa in mein Auto. Es kam mir alles vor wie im Traum. Als wir fertig waren, umarmten wir uns noch einmal. Dann fuhr ich zur Bank, um Geld abzuheben, und machte mich auf den Weg zu Katrin, meiner Schulfreundin, die mittlerweile ganz in unsere Nähe gezogen war. Dort würde mein Mann mich nicht vermuten. Es war eine Fahrt von ungefähr 45 Minuten. Unterwegs erklärte ich Amir, warum wir von zu Hause weggingen. Er verstand. Als ich bei Katrin ankam, erwartete sie mich schon. Ich hatte sie am Vortag angerufen und unser Kommen angekündigt. Schon vor einiger Zeit hatte sie mir gesagt, dass ihr Haus immer für uns offen wäre, falls ich plötzlich von zu Hause weg müsste. Nun war ich also wirklich da. Wie es weitergehen sollte, wusste ich noch nicht. Der Pastor hatte noch keine Unterkunft für uns gefunden. Er wollte sich aber melden, sobald sich etwas ergeben hätte.

Ganz unwirklich kam mir das alles vor. Sollte ich nie mehr nach Hause zurückkehren?

Nein, nie mehr würde ich dorthin zurückgehen können!

Jetzt war ich frei.

Ich atmete auf.

Doch da musste ich an Yahya denken. Mittlerweile war er bestimmt nach Hause gekommen und hatte bemerkt, dass wir fort waren. Er würde vor den ausgeräumten Schränken der Kinder stehen. Er tat mir Leid. Doch ich hatte das alles ja gar nicht gewollt. Er hatte mir keine andere Möglichkeit gelassen, und um nichts in der Welt würde ich zurückgehen.

Am Nachmittag rief der Pastor an. Er hatte eine Unterkunft für uns gefunden in einem christlichen Mutter-Kind-Haus. Ich solle mir keine Sorgen machen, wir würden abgeholt werden.

Am späten Abend traf Thomas, der Leiter des Mutter-Kind-Hauses, ein. Er war schon lange unterwegs gewesen, weil er die Adresse meiner Freundin nicht finden konnte. Es hatte da bei der Wegbeschreibung eine Verwechslung gegeben. Thomas war über die Lage informiert und hatte vorsorglich die Nummernschilder seines Kleinbusses ausgetauscht, damit wirklich gewährleistet war, dass mein Mann uns nicht finden konnte. Ich sollte auch meinen Eltern nicht sagen, wohin wir fahren würden, damit sie nicht lügen müssten, falls Yahya sie mit der Frage bedrängen würde, wo ich denn sei. Thomas redete kaum, solange wir bei Katrin waren. Erst unterwegs erzählte er mir vom Mutter-Kind-Haus und ihrer Arbeit. Das Haus gehörte zu einer Therapieeinrichtung für Suchtkranke. Zur Zeit wären aber ausschließlich Frauen mit ihren Kindern dort, die sich in einer ähnlichen Situation wie wir befanden. Wo das Mutter-Kind-Haus lag, das sagte mir Thomas noch nicht.

Die Kinder waren mittlerweile eingeschlafen und unsere Unterhaltung ein wenig ins Stocken geraten. Es war ja schon sehr spät. Ich sah mir Thomas etwas genauer an. Er hatte dunkles, kurz geschnittenes Haar, trug eine Brille und war ein bisschen »ökomäßig« gekleidet. Das Auffallendste an ihm aber war sein langer Bart, der ihm bis auf die Brust reichte. Ich stellte mir vor, wie wohl die Menschen im Mutter-Kind-Haus sein würden. Meine Gedanken wanderten wieder zu Yahya zurück und zu allem was geschehen war. Yahya würde wohl vor ohnmächtiger Wut alles in der Wohnung kurz und klein schlagen.

Thomas und ich nahmen unsere Unterhaltung wieder auf, und ich erzählte ihm einiges von uns. Während wir miteinander redeten, trat plötzlich ein Gedanke glasklar hervor. Zum ersten Mal wurde mir so richtig bewusst, wie sehr Jesus mich eigentlich liebte. Ich sah ihn vor mir am Kreuz, blutend, leidend, sterbend. Und ich erfasste zum ersten Mal ganz deutlich: Das hat er für mich getan, weil er mich so sehr liebt. Er war bereit, sein Leben für mich hinzugeben. Wer noch kann mich so lieben, wem außer Jesus bin ich so kostbar? Mir traten Tränen in die Augen, überwältigt von dieser vollkommenen, selbstlosen Liebe. Das war es, was ich mein Leben lang gesucht hatte! Diese unendliche Sehnsucht, die ich immer tief in mir verspürt hatte, wurde nun vollends von Jesus gestillt. Ich hatte das Gefühl, nach einer langen Suche endlich nach Hause gekommen zu sein. Ich dankte und pries Jesus für alles, was er an mir und für mich getan hatte. Ich musste an den Spruch denken, der im Wohnzimmer bei Muhammads Mutter gehangen hatte: »Was hast du heute schon für Allah getan?«

Jesus fragte nicht: »Was hast du heute schon für mich getan?« Er hatte, ohne lange zu zögern, etwas für mich getan, er hatte mir sein Leben gegeben!

Müde und doch innerlich von all den Ereignissen aufgekratzt, kamen wir im Mutter-Kind-Haus an. Fast alle waren noch aufgeblieben, um uns zu begrüßen. Das fand ich sehr lieb. Sonja, Thomas' Frau, zeigte uns unsere Zimmer. Die Kinder hatten ihr eigenes Kinderzimmer, und ich hatte ein Zimmer für mich allein. Badezimmer und Toilette teilten wir mit Marlene und ihren beiden Töchtern Lea und Maria. Auf dem Tisch in meinem Zimmer stand zur Begrüßung ein Nikolausteller mit einem lieben Gruß. Ich fühlte mich wirklich willkommen.

Erst spät schliefen wir an diesem Abend ein. Ich träumte wirres Zeug und war am nächsten Morgen nicht sehr ausgeruht. Es war schon spät, als wir aufstanden. Zögerlich ging ich mit den Kindern in die große Küche. Dort traf Jeanette, eine junge Afrikanerin, die auch vor ihrem Mann geflüchtet war, bereits Vorbereitungen für das Mittagessen. Sie zeigte mir, wo ich was in der Küche finden konnte. Während ich mit Amir und Dawud frühstückte, erzählte sie mir ihre Geschichte. Ab und zu steckte jemand den Kopf durch die Küchentür und wünschte uns einen guten Morgen. Nach dem Frühstück kam Anke, die Erzieherin, und machte einen Haus- und Hof-

Rundgang mit uns. Wir wohnten im ehemaligen Gesindehaus eines Schlosses, das einige hundert Meter weiter oberhalb vom Mutter-Kind-Haus lag. Im Schloss selbst befand sich das Therapiezentrum für Suchtkranke. Wir gingen gemeinsam durch Küche, Esszimmer, Wohnzimmer, andere Schlafräume, Spielkeller für die Kinder und den Vorratskeller. Zum Haus gehörte nicht nur ein Hof, sondern auch Ställe und Scheunen, in denen die Spielgeräte für draußen untergebracht waren, und sogar einige Hühner. Später kamen noch ein Pony, ein Schaf und eine verletzte Wildente dazu. Das Pony hieß Moritz, das Schaf nannten wir Olga. Mit diesen beiden Tieren hatte ich einmal ein sehr aufschlussreiches Erlebnis:

An einem Sonntag gingen wir alle gemeinsam spazieren. Auf Moritz, dem dunkelbraunen Pony, durften alle Kinder abwechselnd reiten. Olga, das Schaf, und Moritz hatten sich aber so aneinander gewöhnt, dass Olga Moritz überall hinterherging. So war es auch an diesem Sonntag mit von der Partie und trottete gemütlich hinter Moritz her. Wir trafen einige andere vom Schloss, die auch mit Kindern und einem Pony (auch dunkelbraun) einen Sonntagsspaziergang machten. Wir unterhielten uns eine ganze Weile und gingen dann weiter. Olga verpasste aber den richtigen Anschluss und ging dem anderen Pony, das ja auch dunkelbraun wie Moritz war, hinterher. Erst nach langem lauten, mehrmaligen Rufen kam Schaf Olga wieder zu uns, zu ihrem »richtigen« Pony. Seit dem Erlebnis verstehe ich ganz gut, warum Gott uns in der Bibel so oft mit Schafen vergleicht . . .!

Aber weiter mit dem Rundgang. Der Garten war riesig und ein wahres Paradies für Kinder. In einem abgezäunten Bereich wurden Schnittblumen, Obst und Gemüse angebaut. Die Frauen, die im Haus wohnten, kümmerten sich gemeinsam mit Anke, Sonja und Ulrike, der Sozialpädagogin, um den Gemüsegarten. Der Rest wurde von Thomas und jungen Männern aus dem Schloss, die dort Suchttherapie machten, in Ordnung gehalten. Aber im Moment war ja Winter, so dass es kaum etwas draußen zu tun gab.

Nach dem Rundgang ging ich mit den Kindern wieder in unsere Zimmer. Sie lagen gemeinsam mit den Zimmern von Marlene und Bad/WC in einer Art abgeschlossenem »Appartement«. Es gab zwar keine verschließbare Haustür, aber es war trotzdem sehr angenehm, einen klar abgegrenzten Bereich für sich zu haben. Ehemännern, die zu Besuch kamen, war grundsätzlich der Zutritt zu diesem Wohnbereich verboten.

Am Vorabend noch hatten wir unter Mithilfe von allen unser Gepäck ausgeladen und in die Zimmer gebracht. Da stand ich vor all den Plastiksäcken und begann langsam einzuräumen. Dabei musste ich entdecken, dass mein Vater in der Eile einige Säcke verwechselt hatte. Ich hatte nun viele Sachen, die ich hier nicht brauchen konnte, dafür war das, was ich dringend gebraucht hätte, nun bei meinen Eltern. Aber mir wurde schnell von allen Hausbewohnern mit dem Nötigen ausgeholfen. Später brachte dann der Pastor in einer aufwendigen Aktion die fehlenden Sachen von meinen Eltern zu mir. Er traf sich dazu auf einer Autobahnraststätte mit meinen Eltern, wo die Sachen in sein Auto umgeladen wurden. Es war schon alles sehr abenteuerlich.

Schnell lebten wir uns in unserer neuen Umgebung ein. Ich blühte förmlich auf, da ich nun nicht mehr allein war. Immer war jemand da, mit dem man sprechen konnte. Die Mahlzeiten nahm ich auch nicht mehr allein ein. Mittags waren wir sogar eine ganz große Runde von 12 bis manchmal 18 Personen, denn mittags aßen wir alle gemeinsam.

Die Aufgaben in Haus und Garten waren nach einem Plan verteilt. Abwechselnd wurde gekocht, gewaschen, geputzt . . . Bei dem Gedanken, allein für so viele Personen kochen zu müssen, geriet ich in Panik. Das hatte ich noch nie gemacht, außer vielleicht zu Festen, und das war nicht oft vorgekommen. Am Anfang half mir Jeanette oft, doch schon bald gewöhnte ich mich an diese neue Aufgabe. Jedem »Neuzugang« war es anfangs dabei etwas mulmig, wie ich später merkte. Eine Sache konnte ich mir allerdings nie abgewöhnen:

Ich kochte immer Mengen wie für ein großes Zeltlager. Es blieben stets Reste, die mindestens noch für eine weitere Mahlzeit reichten. Besonderen Anklang fanden übrigens Gerichte aus dem Land, aus dem mein Mann kommt.

Einmal in der Woche ging es zum Großeinkauf. Mit dem Minibus fuhren wir los, um dann im Geschäft mit 2-3 Einkaufswagen durch die Reihen zu ziehen. Diese Wagen reichten fast noch nicht aus, so viel hatten wir meistens zu besorgen. Nach diesem Unterfangen war man reif fürs Bett, besonders wenn Dawud mitkam, der ständig alles wieder aus dem Einkaufswagen schmiss oder versuchte, aus dem Wagen zu klettern.

In diesem Haus feierten die Kinder und ich unser erstes gemeinsames Weihnachtsfest. Für mich war es das erste seit zehn Jahren. Es machte mir Freude, Geschenke für Amir und Dawud zu kaufen. Was für Augen würde Amir wohl am Weihnachtsabend machen! Er hatte so etwas doch noch nie erlebt! Dawud war ja noch zu klein, um das alles zu verstehen.

Es wurde ein ganz besonderer Abend für uns, der mir unvergesslich bleiben wird. Schon in der Zeit vorher hatten wir abends noch oft zusammengesessen und Schmuck für den Weihnachtsbaum gebastelt. Nun standen wir alle um den prächtigen Baum. Amir schaute nur und konnte gar nicht glauben, dass auch für ihn Geschenke unterm Baum lagen. Mit leuchtenden Augen packte er die bunten Päckchen aus. Ich freute mich mit ihm. Das Einzige, was mir an diesem Abend fehlte, waren meine Eltern. Mit ihnen hätte ich gerne mein erstes Weihnachtsfest nach so vielen Jahren gemeinsam begangen.

Wie würde es Yahya zu Mute sein? Wo würde er diese Tage verleben?

Ein ganz besonderes Erlebnis war für mich auch der erste Gottesdienst. Gemeinsam besuchten wir jeden Sonntag in dem Nachbarort den Gottesdienst in einer Freien evangelischen Gemeinde. Der erste Gottesdienst, den ich nun dort miterlebte, war gerade ein Gästegottesdienst und besonders ansprechend gestaltet. Ich war tief bewegt von allem, besonders auch von den wunderschönen neuen christlichen Liedern, die von Mitarbeitern vom Schloss musikalisch begleitet wurden. Ich konnte es kaum fassen: Ich saß da, ganz ruhig und frei mit Amir und Dawud in einem Gottesdienst, ohne dass Yahya uns es verbieten konnte. Ich dachte an den Bibelvers, den Jesus mir unmittelbar nach meiner Bekehrung zugesprochen hatte: »Ihr werdet die Wahrheit erkennen und die Wahrheit wird euch frei machen« (Johannes 8,32). Das hatte ich erlebt, innerlich wie äußerlich, und erlebte und erlebe es weiter, bis heute. Die Wahrheit machte mich frei von den inneren Ängsten und Zwängen, machte mich frei auch von Äußerlichkeiten, wie zum Beispiel der islamischen Kleidung und allen islamischen Regeln. Machte mich frei, diese Wahrheit zu leben.

Ein wichtiges Instrument bei meiner »inneren Befreiung« war die Seelsorge, begleitet von Gebet. Ich erlebte, wie Gott mich Schritt für Schritt aus alten Zwängen frei machte und an mir arbeitete, um mich der »neuen Schöpfung« ähnlicher zu machen.

Es war teilweise auch ein sehr schmerzhafter Prozess, doch das alles zeigte mir, dass Gott mich wirklich führte. Er hatte mich auch hierher gebracht, wo ich das bekam, was ich gerade brauchte. Ich hatte Gott um eine einfache Bleibe gebeten, doch er gab uns in seiner unendlichen Liebe viel mehr. Er führte mich und die Kinder an einen Ort, wo wir ihn auch durch seine anderen Kinder Tag für Tag ganz neu erleben durften. Er gab uns in dieser Zeit Menschen an unsere Seite, die uns liebevoll umsorgten, uns trösteten, mit uns beteten, einfach für uns da waren. So war es für mich eine ganz neue Erfahrung, den himmlischen Vater kennen zu lernen. Jesus war mir ja bereits begegnet. Jetzt erlebte ich zum ersten Mal den Vater. Mein liebevoller himmlischer Vater, der mir in all den Jahren hinterhergegangen war und sich danach gesehnt hatte, mich in seine liebenden Arme zu schließen. Nun war ich endlich in diesen Armen und fühlte mich geborgen und sicher!

Wenn auch immer wieder Ängste und Zweifel, wie es denn weitergehen würde, auftauchten – mein Vater war in allem bei mir und ließ mich nicht los. Ganz besonders sprach Jesus zu mir auch in einem Gottesdienst durch dieses Lied:

> Ich bin bei dir,
> wenn die Sorge dich niederdrückt,
> wenn dein Leben dir sinnlos scheint,
> dann bin ich da!
> Ich bin bei dir,
> auch wenn du es nicht glauben kannst,
> auch wenn du es nicht fühlen kannst,
> ich bin dir nah!
>
> Und ich hab' alles in der Hand,
> kenn' dein Leben sehr genau.
> Ich weiß um alles, was du brauchst,
> Tag für Tag.
> Hab' keine Angst,
> ich liebe dich!
> Du kannst meinem Wort vertrau'n
> und du wirst seh'n, wie ich dich führe, Schritt für Schritt!
>
> Hab' keine Angst,
> wenn du nachts nicht mehr schlafen kannst,
> wenn du grübelst, was morgen wird,
> du hast doch mich!
> Hab' keine Angst,
> auch wenn andre nicht zu dir steh'n,
> wenn du meinst, dass du wertlos bist,
> ich liebe dich!
>
> Und ich hab' alles in der Hand,
> kenn' dein Leben sehr genau.
> Ich weiß um alles, was du brauchst,
> Tag für Tag.

Hab' keine Angst,
ich liebe dich!
Du kannst meinem Wort vertrau'n,
und du wirst seh'n, wie ich dich führe, Schritt für Schritt!

Welcher Tag, wenn wir uns gegenübersteh'n,
und du merkst, dass dein Lebensweg,
ein Weg war zu mir!
Dann wirst du glauben und versteh'n,
alles hatte seinen Sinn,
und du wirst seh'n,
ich hatte alles in der Hand!

Noch heute kann ich dieses Lied nicht ohne starke innerliche Rührung singen oder hören.

Ich brauchte aber diesen Trost und Zuspruch auch ganz besonders, denn mich plagten immer wieder die schlimmsten Alpträume. In allen möglichen Variationen träumte ich, dass Yahya mich fand, tötete und mit den Kindern in seine Heimat flüchtete. Dann wachte ich schweißgebadet auf und glaubte, auch wirklich Schritte vor meinem Fenster zu hören.

Abends wagte ich nicht mehr über den Hof zu gehen, weil ich befürchtete, Yahya könne irgendwo in der Dunkelheit auf mich lauern. Gingen wir spazieren oder zum Einkaufen, wurde ich schon hysterisch, wenn Amir sich nur einen Meter von mir entfernte, weil ich Angst hatte, eine Autotür könne sich öffnen und Amir hineingezerrt werden. Auch andere im Mutter-Kind-Haus litten unter Schlaflosigkeit und Alpträumen.

Am zweiten Weihnachtstag nahm Thomas mich beiseite und sagte: »So geht das nicht weiter. Sag mal, hast du dich nach deiner Bekehrung einmal richtig in Jesu Namen von allen Verbindungen zum Islam losgesagt?«

»Ja, Ernst Schrupp hat mit mir zusammen ein entsprechendes Gebet gesprochen.« Doch da fiel mir der Treue-Eid zu Abdurrahman Al-Assaad und dieses eigenartige Seminar mit dem Scheich in M. ein. Ich erzählte Thomas davon, und gemeinsam beteten wir noch einmal, und Thomas durchtrennte in Jesu Namen auch diese und noch alle unbekannten Verbindungen zum Islam. Von dem Tag an war ich frei von Alpträumen und diesem Verfolgungswahn.

Amir hatte noch lange mit den Folgen der ganzen Geschehnisse zu tun. Noch lange wachte er nachts auf und begann ohne ersichtlichen Grund zu weinen und ohrenbetäubend zu schreien. Am nächsten Morgen erinnerte er sich an nichts. Wir beteten und sagten auch die Kinder nochmals ganz vom Islam los, doch uns war klar, dass Amirs kleine Seele länger an all dem zu »knabbern« haben würde. Durch solche und ähnliche Vorfälle wurde uns immer wieder bewusst, dass wir keinen Kampf gegen Fleisch und Blut, sondern gegen die Mächte der Finsternis führten.

In den ersten Tagen hier musste ich immer daran denken, dass nun meine Ehe gescheitert war. Ich kam mir vor wie ein Versager. Diese Ehe hatte doch ein Leben lang halten sollen, nun war ich von meinem Mann weggegangen. Sicher, es hatte keine andere Möglichkeit gegeben, doch was würde jetzt wohl meine Familie denken. In ihren Augen war ich sicherlich unfähig, auch nur etwas Vernünftiges in meinem Leben zu schaffen.

Viel später, als ich wieder einmal solche trübsinnigen Gedanken hatte, sagte mir Jesus, dass er selbst nach gesellschaftlichen Maßstäben doch auch ein Versager auf der ganzen Linie gewesen sei: Er hatte einfach seine gesicherte Existenz als Zimmermann aufgegeben und zog als Obdachloser durch die Gegend. Er verkehrte mit den unmöglichsten Leuten, und auch der Kreis seiner Jünger setzte sich zum Teil aus zweifelhaften Personen zusammen. Nichts hatte er in seinem Leben erreicht. Er hatte keine Frau, keine Kinder, keinen Besitz. Dann wurde er noch als Aufrührer und Verbrecher verhaftet, zum Tode verurteilt und hingerichtet. Nicht einmal ein eigenes Grab hatte er, sondern in einem Grab, das ihm nicht gehörte, wurde er beigesetzt.

Da spürte ich plötzlich, wie nahe mir Jesus war, und dass er nicht nach gesellschaftlichen Maßstäben misst. Das erleichterte mich und machte mich unendlich glücklich.

Unser Alltag war durch feste Punkte geregelt. Montags, mittwochs und freitags war um 8.30 Uhr gemeinsame Andacht. Dienstagvormittags hatten wir »Gruppengespräch«, in dem alles besprochen wurde, was wichtig war, Organisatorisches, aber auch wenn jemand etwas zu bemängeln hatte oder es ein Problem im Zusammenleben gab. Der Dienstagnachmittag war für mich ein besonderer Nachmittag, weil Anke, die Erzieherin, mit allen Kindern etwas unternahm, so dass wir Mütter »kinderfrei« hatten. Dienstagabends war »Gemeinsamer Abend«, an dem wir spielten, bastelten oder auch mal etwas außer Haus unternahmen. Mittwochabends fand der Bibelkreis statt. Freitagnachmittags hielten Anke und Sonja eine Kinderstunde, zu der auch Kinder aus der Nachbarschaft kamen. Sonntags gingen wir gemeinsam zum Gottesdienst.

Einmal in der Woche hatte ich ein Seelsorge-Gespräch mit Thomas. Ich arbeitete hier nicht nur meine Vergangenheit mit Yahya und davor auf, ich lernte auch, dass ich mich als Person abgrenzen und »nein« sagen darf. Damit hatte ich schon immer Probleme gehabt (wie ja auch bei Chadidscha). Ich hatte Angst, abgelehnt zu werden, wenn ich »nein« sagte. Jetzt lernte ich damit zu leben, dass es Ablehnung immer gibt, wenn man sich traut »nein« zu sagen, und ich lernte mit dieser Ablehnung klarzukommen, ohne mein Selbstwertgefühl zu verlieren. Das war gar nicht so einfach. Doch hier in einer Lebensgemeinschaft mit so vielen anderen Frauen fand ich das beste Übungsfeld.

Einen Tag nachdem ich hier angekommen war, schrieb ich Yahya einen Brief, in dem ich ihm erklärte, warum ich mit den Kindern fortgegangen war. Diesen Brief ließ ich ihm durch meine Anwältin zukommen, an die ich mich schon vorsorglich vor meinem Weggang von zu Hause gewandt hatte.

Kurz darauf erhielt ich einen Brief von Yahya, ebenfalls über meine Anwältin, da Yahya ja nicht wusste, wo wir waren. Er konnte nicht verstehen, warum ich gegangen war, und bat mich inständig, doch zurückzukommen. Er beteuerte mir immer wieder seine Liebe zu uns, doch ich war nun einfach zu misstrauisch.

Unter den gegenwärtigen Bedingungen wollte ich auch auf keinen Fall unsere Ehe weiterführen. Ich fuhr mit Thomas zum Familiengericht, um das Sorgerecht für die Kinder zu beantragen. Ohne das Sorgerecht hätte ich nicht einmal etwas unternehmen können, falls Yahya uns finden und die Kinder wegnehmen sollte. Das Familiengericht beraumte eine Anhörung an. So sahen wir uns schon bald nach meinem Weggang wieder.

Am 23. Januar fuhr ich mit Thomas zum Termin beim Familiengericht. Ich war furchtbar aufgeregt und hatte Angst, was wohl passieren würde. Ich malte mir aus, wie Yahya eine Waffe herausholen und mich erschießen würde. Schnell brachte ich diese Gedanken zu Jesus und bat um seinen Schutz und Beistand. Als ich Yahya dann sah, stellte ich fest, dass er das Ganze gar nicht ernst zu nehmen schien. Er bat den Richter, kurz mit mir unter vier Augen sprechen zu dürfen, was dieser bewilligte.

Da saß Yahya und bat mich zurückzukommen. Ich antwortete, dass ich unter diesen Umständen, so wie sie jetzt wären, er Muslim, ich Christ, nicht zurückkommen würde, es keine Zukunft für uns gäbe. Die Vergangenheit hatte mir ausreichend gezeigt, wie so ein Zusammenleben aussah, und das wollte ich auf gar keinen Fall mehr. Er argumentierte noch einige Zeit hin und her, bis der Richter schließlich das Ganze zu meiner Erleichterung abbrach.

Mir wurde dann nach kurzer Anhörung das Aufenthaltsbestimmungsrecht zugesprochen. Das Sorgerecht wurde nicht neu geregelt, nachdem Yahya versucht hatte, sich vor Gericht ganz tolerant zu geben.

Yahya wollte ein Besuchsrecht für die Kinder in wöchentlichem Abstand, womit ich einverstanden war. So würden die Kinder mehr von ihm haben als jemals zuvor, sagte ich. Der Richter lachte. Das

Besuchsrecht wurde dann auch so von ihm geregelt. Yahya musste bis Mittwoch telefonisch Bescheid geben, ob er am Wochenende kommen würde. Er sollte dann samstags von 15 bis 18 Uhr die Kinder sehen, auf dem Gelände vom Schloss bzw. Mutter-Kind-Haus, in meiner Anwesenheit oder in Anwesenheit eines Dritten, von mir Beauftragten. Schließlich bestand noch immer die Angst, dass Yahya die Kinder entführen könnte, auch wenn er das von sich wies.

Anfänglich überwachte Thomas die Besuchszeit von Yahya. Ich kam nur ganz kurz am Schluss dazu, denn ich hatte keinerlei Bedürfnisse, Yahya zu sehen. Im Gegenteil, zu frisch war noch alles, was vorgefallen war. Erst hier kam es mir so vor, als ob ich zu Bewusstsein käme und begriff, was ich alles erlebt hatte.

Yahya rief jetzt, nachdem er wusste, wo ich mich aufhielt, ständig an. Ich sagte ihm immer wieder, dass er sich auf den einen Anruf mittwochs beschränken solle, denn ich habe nichts mit ihm zu besprechen. Da nannte er mich kalt und gefühllos, dass ich nicht mit ihm reden wolle. Er machte die Menschen in meiner Umgebung dafür verantwortlich, die mich beeinflussen würden. Er begann mir Vorwürfe zu machen, dass ich die Familie zerstören würde und bedauerte sich selbst, dass er nun alleine sei und alle Hausarbeiten selbst machen müsse. Weiterhin wollte er auch über mein Leben bestimmen und war auf alles und jeden eifersüchtig.

Einmal rief er an, als ich gerade mein Seelsorge-Gespräch mit Thomas hatte. Thomas nahm das Telefon ab und meldete sich. Dann gab er es an mich weiter. Sofort tobte Yahya:

»So, du sitzt also direkt neben Thomas. Was hast du denn da zu suchen? Bist du den ganzen Tag bei ihm, oder was?! Aber so sind die Christen eben.«

Ich versuchte, ihn zu beruhigen: »Yahya, wie kannst du nur so schlechte Gedanken haben. Thomas ist ein verheirateter Mann.«

Doch Yahya ließ sich nicht beruhigen.

Da sagte ich: »Ich bin dir nicht Rechenschaft schuldig für jede

Bewegung, die ich mache. Wir leben getrennt, das scheinst du vergessen zu haben.«

Wütend legte er auf.

Für Yahyas Besuche galten ganz strenge Regeln. Er durfte sich nur im Esszimmer mit den Kindern aufhalten und die Besuchertoilette benutzen. Sonst durfte er nirgendwohin.

Ich achtete auch darauf, dass er nie sah, wo die Kinder und ich schliefen, damit er bei einem eventuellen Entführungsversuch nicht einfach in unsere Zimmer kommen konnte.

Als ich dann später allein mit Yahya und den Kindern war, versuchte Yahya sich mir wieder zu nähern. Er hoffte immer noch, dass ich bald mit den Kindern zurückkommen würde. So oft hatte ich ihm erklärt, dass das nicht der Fall wäre, doch er schien es nicht verstehen zu wollen. Als er merkte, dass sein Werben um mich mit Blumen und Geschenken keinen Erfolg hatte, versuchte er mich wieder unter Druck zu setzen:

»Wenn du bis dann und dann nicht zurückkommst, suche ich mir eine andere Frau.«

»Wenn du denkst, dass du das tun musst, dann tu es. Ich komme nicht zurück, das habe ich dir gesagt. Du als Muslim und ich als Christ – das ging nicht gut und wird auch nicht gut gehen.« –

Doch mit der Zeit schien unser Verhältnis wieder besser zu werden. Ich konnte gar nicht glauben, dass ich dann wieder mit Yahya zusammensaß und ganz friedlich mit ihm redete. Niemals hätte ich damals bei meinem Weggang von ihm gedacht, dass das noch einmal möglich sein würde. Er hatte sogar damals nach meinem Weggang nicht cholerisch reagiert, wie ich es eigentlich befürchtet hatte. Er rief ganz ruhig meine Eltern an und sprach mit ihnen. Gott ist über allem!

Ich und auch andere im Mutter-Kind-Haus glaubten zu bemerken, wie Yahya sich verändert hatte – zum Positiven. Als ich ihn darauf ansprach, meinte er, dass er sich jetzt ganz streng an die Regeln des Islam halten und dass er viel über den Islam lesen würde. Ich denke aber, dass Gottes Geist ihn verändert hat, denn seit langem beteten nun schon viele, viele Menschen für Yahya. Sogar Thomas, der anfänglich der Meinung gewesen war, dass es keine Zukunft für Yahya und mich gab, hatte nun auch den Gedanken, dass Gott auch Yahya suchen und finden wolle und dass wir so unsere Ehe fortsetzen könnten. Das hatte Ernst Schrupp ja von Anfang an gesagt und auch dafür gebetet.

Im Sommer wurden Amir und Dawud in der Gemeinde gesegnet. Dazu waren meine Eltern, meine Schwestern und auch Ernst Schrupp extra von weit angereist. Wir feierten alle zusammen im Mutter-Kind-Haus diesen bedeutsamen Tag. Er ist eine schöne Erinnerung für mich.

6. Jetzt bin ich in Seiner Gemeinde

Fast ein Jahr, von Dezember bis Ende August, wohnten wir in diesem Mutter-Kind-Haus. Dann zogen wir um in meinen Heimatort. Wir hatten dort mit der Hilfe meines Vaters eine schöne Dreizimmerwohnung gefunden.

Als ich in unsere alte Wohnung fuhr, um Sachen einzupacken, wurde Yahya ungehalten, als er mir dabei zusah. Das meiste hatte ich ja damals mit in die Ehe gebracht, und jetzt war ich auf das alles angewiesen.

»Nimm doch gleich alles mit!«, meinte Yahya höhnisch. Aber ich glaube, es war weniger, dass er alles für sich behalten wollte, als vielmehr das wirkliche Begreifen, dass ich nicht mehr zurückkommen würde.

Ich konnte ihn verstehen. Er fühlte sich einsam, wenn er von der Arbeit kam und niemand zu Hause war. Oft beklagte er sich noch, dass er nun alles alleine machen müsse, Kochen, Putzen, Wäschewaschen . . . Doch ich sagte ihm, dass er uns ja weiter besuchen könne. Ich erlaubte ihm über Nacht bei uns zu bleiben, da es weit war, von ihm bis zu uns. Doch bald schon stellte sich das als problematisch heraus. Er leitete aus meiner Bereitwilligkeit, ihn bei uns übernachten zu lassen, den Anspruch auf eheliche Beziehung ab. Oft gab es deswegen Zusammenstöße, und immer wieder neu musste ich ihm erklären, dass das eine nichts mit dem anderen zu tun hatte.

Bald nach meinem Umzug ließ ich mich in meiner neuen Gemeinde taufen, als öffentliches Bekenntnis zu meinem Herrn Jesus Christus vor der sichtbaren und unsichtbaren Welt. Ganz neu war die Gemeinde allerdings nicht für mich. Ich hatte schon vorher Kontakt hierher gehabt und war auch schon da gewesen, wenn ich meine Eltern besuchte. Ich wurde herzlich aufgenommen und hatte bald viele neue Freunde. Wir beteten (und beten) oft für Yahya, dass er zum Glauben kommt und dass wir wieder eine Familie werden können. Diese Gebete brauchte ich auch immer wieder, denn schon bald stellte sich eine neue Krise ein.

Yahya war im Zorn gegangen, weil er diesen Zustand, wie er war, nicht mehr akzeptieren wollte. Er hatte mich gefragt, wie lange er uns immer noch besuchen kommen solle, Woche für Woche. Er wollte wieder eine richtige Familie haben, so könne das nicht weitergehen.

Das war schon häufiger vorgekommen, doch danach hatte er sich immer bald gemeldet, bzw. ich hatte ihn angerufen, und er war wiedergekommen. Doch diesmal herrschte absolute Funkstille. Es schien, als sei endgültig alles vorbei.

Ehrlich gesagt – ich atmete auf! In der letzten Zeit war alles so mühsam gewesen, diese ständigen Auseinandersetzungen. Obwohl ich Gott wieder und wieder um Liebe für Yahya bat, empfand ich immer weniger für ihn. Ich fastete einige Tage, und am Ende meiner Fastenzeit rief Yahya mich an – einfach so, als ob nichts gewesen wäre! Er wolle wieder kommen. Ich war aber misstrauisch. Schließlich war er längere Zeit nicht da gewesen, und wie er letztes Mal gegangen war – das hatte ich noch nicht vergessen.

Außerdem stand uns nochmals ein Umzug bevor. In ein paar Tagen wollte ich ins Haus meiner Eltern ziehen. In ihrem neuen Haus waren zwei Wohnungen, eine für meine Eltern und eine, in die Yahya und ich hatten ziehen sollen. Damals hatte Yahya nicht gewollt, obwohl wir schon Tapeten und alles gemeinsam ausgesucht hatten. Erst im letzten Moment war Yahya abgesprungen mit den Worten: »Ja – hast du denn im Ernst geglaubt, ich würde jetzt da hinziehen?« So hatten meine Eltern die Wohnung vermietet. Jetzt war die Wohnung wieder frei geworden. Natürlich war es gar keine Frage, dass ich dort mit den Kindern einzog.

Yahya kam dann erst in die neue Wohnung, weil ich mich durch die Anwesenheit meiner Eltern doch etwas sicherer fühlte. (Beim Umzug hatte ich übrigens tatkräftige Hilfe von der Gemeinde bekommen.) Als Yahya kam, passierte etwas Eigenartiges. Lange hatte ich ja um Liebe für Yahya gebetet. Ich hatte ihm in Jesu Namen alles vergeben, was er mir angetan hatte. Auch ihn hatte ich um Vergebung gebeten für all mein Unrecht. Nun glaubte ich nicht mehr, dass ich diese Liebe geschenkt bekommen würde. Plötzlich durchflutete mich aber ein ganz starkes Gefühl. Ich sah Yahya an und dachte: »Er ist Gottes Kind. Genau wie mir geht der Vater ihm unaufhörlich nach, um ihn in die Arme schließen zu können. Für ihn ist Jesus ans Kreuz gegangen und gestorben. Er ist Gott unendlich kostbar!« In diesem Moment spürte ich eine tiefe Liebe zu Yahya, ganz anders als ich früher für ihn empfunden hatte. Diese Liebe war ein »ja« zu Yahya ohne Bedingungen. Das hieß nicht, dass ich nicht weiter für ihn wünschte und betete, dass er Jesus kennen lernen möge. Aber es bedeutete, dass ich Yahya, so wie er war, mit seinen Fehlern (die ich ja auch habe) annehmen konnte und kann. Nach diesem Vorfall änderte sich etwas Grundlegendes in unserer Beziehung. Auch Yahya spürte das und sagte: »Es ist plötzlich so anders, so schön mit dir.«

Natürlich gibt es immer wieder Einbrüche, in denen ich ungerecht zu Yahya bin und ganz der »alte« Mensch. Dann mache ich Yahya Vorwürfe wegen Kleinigkeiten. Doch wenn ich es dann bemerke, ruft Gott mich ganz schnell zurück und zeigt mir, wie er Yahya sieht.

Ich weiß nun, dass Gott durch seinen Geist hier an mir gewirkt hat. Dadurch hat sich auch Yahya verändert. Ich empfinde, dass sein cholerisches Wesen längst nicht mehr so durchbricht wie früher.

So habe ich die dritte Person der Dreifaltigkeit Gottes kennen gelernt: den Heiligen Geist. Früher war das für mich eine diffuse unvorstellbare Sache gewesen. Hier erfuhr ich ganz konkret Gottes Heiligen Geist. Das ist es nämlich, was wir den Muslimen und allen anderen, die noch nicht Gottes Kinder sind, voraus haben. Die Muslime sind bei der Erfüllung ihrer zahlreichen Ge- und Verbote ganz auf sich allein gestellt. Sie müssen und wollen es aus eigener Kraft tun. Uns, die wir Gottes Kinder geworden sind dadurch, dass wir Jesus Christus als unseren Herrn anerkannt haben, schenkt Gott seinen Geist, der alles an und in uns bewirkt. Durch seinen Heiligen Geist tun wir seinen Willen. Durch seinen Geist können wir alles, ohne ihn nichts.

Heute hat sich das Verhältnis zwischen Yahya und mir – Gott sei Lob und Dank! – weiter stabilisiert. Wir alle beten und hoffen weiter, dass wir wieder eine Familie werden und dass auch Yahya seine Rettung in Jesus Christus erkennt und ergreift.

Exkurs: Gott ist nahe

Ernst Schrupp

1. Vom Suchen zum Finden und Weitergeben

»Allah oder Jesus?« Das Suchen dieser jungen Frau hat ein Ende gefunden, als Jesus sie fand und in seine Gemeinde aufnahm. Weder in der christlichen Kirche während ihrer Jugend noch in der islamischen Umma hatte sie ihr Zuhause gefunden. Wo konnte sie schließlich die befreiende Wahrheit erfahren? Erst in der persönlichen Begegnung mit Jesus geschah es, und zwar ganz eindeutig mit dem Jesus der Bibel, des Neuen Testamentes. In einem Interview drückte sie ihr Erleben mit Jesus so aus:

»Damals, vor meinem Übertritt zum Islam, war ich ein ›Taufscheinchrist‹ oder ›Kulturchrist‹ . . . Ich gehörte zum ›christlichen Abendland‹, feierte christliche Feste, ging sonntags zum Gottesdienst und war sogar in verschiedenen Bereichen meiner damaligen Kirche aktiv. Was mir aber fehlte, war das Entscheidende . . .«

Dieses suchte sie in der islamischen Religion in jener muslimischen Gruppe, in der sie jahrelang Allah diente und für den Islam warb. Sie fühlte sich eine Zeit lang in dieser Umma ganz wohl. Aber was ihr immer noch fehlte, war die Lebensbeziehung zu dem lebendigen und wahren Gott. Mit Allah hatte sie diese nicht finden können. Sie empfand sich letztlich immer noch verloren, draußen vor und ungeborgen.

In dieser sie zunächst faszinierenden Religion weiß man wohl von Jesus, aber man lässt ihn nur als einen der vielen Propheten und als einen von der Maria geborenen, Wunder tuenden und moralisch hoch stehenden Menschen gelten. Aber Gott ist ihr jetzt in Jesus Christus so begegnet, dass sie ihn als Erlöser und den »lebendigen Christus heute« erfährt. Sie erlebt, wie Jesus als der Sohn Gottes viele seiner Verheißungen, die er uns Menschen in der Bibel gibt, an ihr selbst erfüllt. Sie kann ihm jetzt für ihr ganzes Leben vertrauen – in dieser Zeit und auch nach dem Tode. Ihr ist ganz klar geworden und so bezeugt sie: »Jesus ist mehr als ein Prophet; er ist Gottes Sohn, der verheißene Messias, der für meine Sünden ans Kreuz gegangen ist und mich frei gemacht hat.« Angesichts der für sie sehr be-

199

drohlichen Situation äußerte sie: »Ich weiß Jesus in meinem Herzen! Er ist mir nahe. Er steht mir bei, was auch kommen mag.«

Etwas Entscheidendes ist nun ihre Erfahrung geworden – die Wirklichkeit und das Wirken des Geistes Gottes, des Heiligen Geistes: »Als ich Christ wurde und wahrscheinlich auch schon einige Zeit vorher, begann der Heilige Geist in mir zu wirken, indem er mich zu Jesus führte. Er zeigte mir meine wahre Stellung vor Gott, nämlich die eines Sünders . . . und bewirkte, dass ich alles vor Jesus bringen und Jesu Vergebung annehmen konnte. Und so bin ich heute, im Gegensatz zu meiner Zeit als Muslimin, nicht mehr auf mich allein gestellt. Der Heilige Geist wirkt weiter an mir . . .« Sie macht die befreiende Erfahrung, dass sie, nachdem sie Vergebung empfangen hat, nun auch selbst vergeben kann – auch bei tiefen Beleidigungen und Bedrohung mit dem Tode . . .

Sie war einige Jahre eingebunden ins aktive islamische Gemeindeleben, nach dem Koran in der »besten Gemeinschaft, die unter den Menschen entstanden ist« und die Allah den Menschen gegeben hat. Aber darin begegnete sie nicht Jesus als dem »lebendigen Christus heute«. Jetzt, da ER sie gefunden, hat er sie auch in seine Gemeinde, in die Gemeinde an Jesus Christus glaubender Menschen an ihrem Wohnort, aufgenommen. Hier erfährt sie, was sie immer schon suchte – ein Zuhause. Sie macht die Erfahrung: Jesus Christus und seine Gemeinde sind immer noch da in Deutschland und in Europa, wenn dieses auch nicht mehr das »christliche Abendland« ist. Jesus baut seine Gemeinde weiter in allen Nationen bis an das Ende der Welt. Selbst Unterdrückung und Verfolgung können die von Gott gebaute Gemeinde nicht auslöschen. Sie behält gerade auch in schwierigen Zeiten ihre Bedeutung als Hoffnungsträger in dieser Welt – hin auf das Reich in Gerechtigkeit, Frieden und Wohlergehen unter der Herrschaft des lebendigen und wahren Gottes.

2. Im Dialog mit den Religionen

»Für Religion habe ich mich eigentlich immer interessiert«, brachte die Autorin in einer Versammlung überzeugend zum Ausdruck. »Religiös interessiert« sind heute wieder mehr und gerade auch junge Menschen in Deutschland als früher. Der prominente amerikanische Politologe Samuel P. Huntington sieht einen »Kampf der Kulturen« auf uns zukommen. Das

Entscheidende bei dieser Sicht ist jedoch, dass Huntington die religiöse Dimension der menschlichen Existenz und Gesellschaft ernst nimmt. Er sieht, wie alle politischen und wirtschaftlichen Auseinandersetzungen, sehr schnell in blutige Konflikte umschlagen können, wenn tiefe Schichten des Religiösen aufgewühlt werden. Das erleben die Menschen im Mullah-Staat Iran, im religiös zerrissenen Nahen Osten, auf dem Balkan und das muss in weiteren Gebieten befürchtet werden. So war die Religion auch ausschlaggebend für die Teilung des indischen Subkontinentes in das hinduistische Indien und islamische Pakistan. Auch im Nahen Osten ist die eigentliche Dimension des Konfliktes weniger eine territoriale und ethnische als eine religiöse. Der Kampf um die »Heilige Stadt« Jerusalem macht das besonders deutlich. Juden wie Muslime können auf sie aus historisch-religiösen Gründen nicht verzichten und sie gemeinsam wohl erst recht nicht besitzen.

So kann die Frage entstehen, ob nicht am Ende die Religionen mit ihren gegeneinander gerichteten Überzeugungen den Weltfrieden bedrohen. Die Mehrzahl aller Menschen möchte im Frieden leben – so auch Muslime und Christen. Dabei stehen wir alle vor der Wirklichkeit unserer Zeit, dass wir uns infolge zunehmender nuklearer Aufrüstung selbst total vernichten können. Von daher kommt auch die Forderung nach dem »Dialog der Religionen« – letztlich auch mit dem Ziel der Rettung oder Gewinnung des Weltfriedens. Auch Muslime sehen sich durch ihren Koran aufgefordert zum Dialog, um »auf Christen und Juden zuzugehen« – nicht als »Ungläubige«, sondern als Besitzer einer Offenbarungsschrift: »Jene, die glauben – die Juden und die Christen – wer an Allah glaubt und gute Werke tut, keine Furcht soll über sie kommen, noch sollen sie traurig sein . . .«

Zum Dialog ist jedoch Kenntnis der jeweiligen religiösen Grundlage, der Basis der Überzeugungen, erforderlich. Und was von daher unter Frieden und unter dem Weg zu ihm verstanden wird – auf beiden Seiten.

In der Begegnung mit Muslimen müssen wir uns die Mühe machen, diese Religion von ihrem Selbstverständnis her zu verstehen, aber auch klar zu wissen, was wir als Christen glauben. Wir dürfen weder einem »Feindbild Islam« erliegen, noch einem »Wunschbild Islam« nachträumen.

So beschreibt ein Kirchenrat und guter Kenner des Islam die Situation aus eigener Erfahrung in islamischen Kernländern und in Europa und fordert, »den real existierenden Islam in Geschichte und Gegenwart recht einzuordnen und eine christliche Apologetik ohne Angst und ohne Polemik zu entwickeln«. Zu den Regeln der Begegnung mit Muslimen nennt dieser Pfarrer: »Wir sollten immer fair und auch wissenschaftlich vom Selbstverständnis des Gegenübers ausgehen. Der Muslim muss sich wirklich verstanden wissen . . . In der Begegnung sollten nicht gegenseitig die Mauern der Vorurteile verstärkt werden, sondern die Menschenfreundlichkeit Gottes sollte (wie sie mit und in Jesus Christus zu ihrem vollen Ausdruck gekommen ist) Raum gewinnen . . . Es gilt zu differenzieren zwischen dem Islam als einem religiös-politischen System und dem einzelnen Menschen in diesem System (so wie Jesus immer dem Menschen persönlich begegnet ist und als der »lebendige Christus heute« begegnet) . . . In einer pluralistischen Welt, die so komplex sein kann wie die der frühen Christenheit, brauchen wir daher auch den Bekennermut der ersten Zeugen. Bei aller notwendigen Toleranz brauchen wir eine höfliche, Gott geschenkte Standfestigkeit. Dass Jesus Christus das letztgültige, Fleisch gewordene Wort Gottes ist und bleibt, hängt nicht vom Befinden des Zeitgeistes oder von anderen pragmatischen Erwägungen ab.« (Albrecht Hauser in einem Vortrag beim Zweidrittel-Studientag der Schweizer Evangelischen Allianz in Aarau, am 7. Nov. 1998, als Koreferent nach dem Vortrag von Dr. Pius Helfenstein zum Thema: »Theologische Wegmarken zu einem sensitiven Missionsverständnis«)

3. Die Herausforderung des Islam heute

Dass der Islam als nachjüdische und nachchristliche Offenbarungsreligion die jüdisch-christliche Religion der Bibel in Frage stellt, ist nicht neu. Vom 7. bis 16. Jahrhundert stellte der Islam – der Glaube nach dem Koran – die größte Herausforderung an die christliche Kirche dar. In neuerer Zeit waren es Liberalismus und Säkularismus und schließlich in neuester Zeit der Kommunismus, die das Christentum abzulösen schienen. Dieser Entwicklung gegenüber blieb der Islam zurück und auf seine im Mittelalter eroberten Gebiete mehr oder weniger beschränkt. Aber inzwischen, in unserem letzten Jahrhundert, erleben wir eine Renaissance, eine Erweckung dieser Religion, die weit über ihre bisherigen Grenzen hinaus wirkt und globales Ausmaß anzunehmen scheint. In Deutschland erleben wir dies heute in den letzten Jahren ganz besonders. Wenn es vor 30 Jahren kaum eine Hand voll Moscheen in Deutschland gab, so sind es inzwischen Tausende von Versammlungsstätten in der gesamten Bundesrepublik.

Während sich die Kirchen leeren, füllen sich die Moscheen. Und die islamischen Gläubigen treten immer stärker in die Öffentlichkeit, während sich das Christentum anscheinend immer mehr aus ihr zurückzieht. Die Glocken läuten wohl noch, aber bald könnte der Ruf des Muezzin sie übertönen.

Was lange in Deutschland nicht geschah – heute wird der Islam in Deutschland ernst genommen. Die katholische Kirche sucht engeren Kontakt zu ihm. Die Bischofskonferenz für den interreligiösen Dialog drängt auf »islamspezifische« Fortbildung kirchlicher Mitarbeiter, insbesondere im pastoralen Bereich. Es existiert bereits eine christlich-islamische Begegnungs- und Dokumentationsstelle (CIB&DO). Sie soll sich um die »Verknüpfung« christlich-islamischer Aktivitäten in Diözesen und katholischen Verbänden kümmern. Auf dem II. Religionsrat in Ankara ist inzwischen eine Empfehlung angenommen worden, dass das traditionelle Koranverständnis auf seine Vereinbarkeit mit den Erfordernissen des heutigen Glaubenslebens überprüft werden müsse. Länder wie die Türkei haben für die Entwicklung des christlich-muslimischen Verhältnisses in Europa besondere Bedeutung, ebenso Bosnien und Albanien. In Sarajevo haben die vier in Bosnien vertretenen Religionsgemeinschaften 1997 einen Interreligiösen Rat gegründet – auf Initiative des katholischen Kardinals Puljic (Die Welt, 29.3.99).

Der Deutsche Evangelische Kirchentag 1999 in Stuttgart gab ein weiteres Signal mit einem »Feier-Abendmahl« während der Großveranstaltung: Gebete nicht-christlicher Religionen wurden verlesen. Ein moslemischer Gebetsteppich, ein buddhistisches Rad und eine jüdische Menora zierten den Abendmahlstisch. Das Abendmahl jedoch ist nach evangelischem Bekenntnis die innigste Gemeinschaft von Christen mit Jesus Christus und untereinander. Wer in diese Feier Symbole anderer, nicht-christlicher Religionen hineinbringt, betreibt Religionsvermischung und verleugnet Jesus Christus, »der Weg, die Wahrheit und das Leben«, durch den wir den Zugang zum Vater in Gottes Reich haben (Johannes 14,6).

Manfred Kock, der Ratsvorsitzende der Evangelischen Kirche in Deutschland (EKD), macht sich Gedanken, wie die »Sache mit Gott« wieder stärker in die Öffentlichkeit gebracht werden könne. Er gab eine ungeschminkte Zustandsbeschreibung: In dieser Kirche werde nichts mehr genau genommen, sondern es sei ziemlich alles möglich (Die Welt, 19.3.99).

Demgegenüber erleben wir Ausbreitung und Überzeugungskraft des

Islam. Das im Koran angelegte Überlegenheitsdenken der »vollendeten Religion« ermöglicht die »Wucht islamischer Propagandatätigkeit« und führt zum »hartnäckigen Widerstand der Moslems gegenüber der Verkündigung des Evangeliums«. So fordert uns der Islam heute heraus, wie Eberhard Troeger als Leiter der Evangeliumsgemeinschaft Mittlerer Osten (EMO) in Wiesbaden es klar formuliert, »uns wieder neu auf die Zentralaussagen unseres Glaubens, auf die Gerechtigkeit vor Gott in Kreuz und Auferstehung Jesu Christi zu besinnen. Er fordert uns heraus, mit fester Gewissheit der Aufrichtung der Herrschaft Christi bei seiner Wiederkunft entgegenzuhoffen. Mit Recht ist der Islam eine Herausforderung, die uns Christen zum Zentrum, zu Jesus Christus, zurückruft« (idea spektrum, 48/78 vom 27.11.95).

4. Heilsgeschichte für alle Menschen

Wo finden wir die befreiende Wahrheit? Wo hat sie unsere junge deutsche Frau gefunden?

Sie ist zu finden in der Geschichte Gottes mit der Welt. Unserem Gott geht es um das Heil der Menschen. So bezeugt die Bibel durchgängig diese Geschichte – Heilsgeschichte in Vergangenheit, Gegenwart und Zukunft. Im Koran, der zwar vieles aus den Schriften der Bibel übernommen hat, hat diese Geschichte eine andere Sicht. Die auf Rettung der Menschen und Schaffung des Reiches Gottes zielende biblische »Heils«-Geschichte will allen Menschen bezeugt werden – ohne Unterschied ihrer speziellen rassischen, ethnischen oder religiösen Zugehörigkeit. Das Evangelium vom Heil ist Völker und Kultur übergreifend. So überschreitet der Glaube, der Jesus Christus als Heiland der Welt im Mittelpunkt der gesamten Weltperspektive sieht, alle Grenzen und findet zu allen Menschen. Er vermag sie zu versöhnen und zu einen. Dabei ist göttliche Heilsgeschichte nicht nur eine Frage religiösen Denkens.

»Wir haben nicht nur biblische Heilsgeschichte theologisch gegen allerlei Theologie zu verteidigen«, sagt ein Kenner der islamischen Welt und Freund der Muslime: »Wir müssen als Gemeinde Jesu darum ringen, dass wir innerhalb der göttlichen Heilsgeschichte leben und dem Heilswillen Gottes gemäß beten und handeln. Das bedeutet heute, dass wir daran mitwirken, allen Menschen ohne Ausnahmen die Botschaft von Gottes Liebe und Rettungsangebot in Jesus Christus weiterzusagen.« (Klaus

Mulch, in: Schrupp/Brinkmann, Gott – der Herr der Geschichte. Heilsgeschichte in Bibel und Mission, R. Brockhaus Verlag, Wuppertal 1998)

Retten und erneuern kann diese Welt und die Menschen in ihr schließlich nur einer, der sie geschaffen und ihr die Gesetze des Lebens gegeben
hat – der lebendige und wahre Gott.

Die Gemeinde Jesu, heute weltweit unter allen Völkern, versteht sich
als Organ Jesu Christi in dieser Welt in der Erwartung seines Reiches der
Gerechtigkeit und des Friedens. Danach sehnen sich letztlich alle Menschen in dieser erlösungsbedürftigen Welt. Daher weiß sich die Gemeinde
des Heilandes der Welt schuldig, allen Menschen, gleich welcher Nationa-
lität und Kultur, das Evangelium des Friedens zu bringen – auch den Muslimen, die uns heute in Deutschland Nachbarn geworden sind. Alle Gebote
Gottes sind zusammengefasst in dem einen: »Liebe Gott und deinen
Nächsten wie dich selbst!« Das ist das Gebot Gottes für uns alle. Wir können es nur erfüllen, wenn wir selbst von der Liebe Gottes in dem Christus
Jesus erfüllt sind, in der persönlichen Gemeinschaft mit ihm selber leben,
in dem Gott war, die Welt mit sich selbst zu versöhnen. Gott ist es, der die
Welt, die Menschen in ihr, so sehr liebt, dass er Jesus Christus, seinen
Sohn, für uns zur Versöhnung am Kreuz sterben ließ und von den Toten für
uns zu neuem Leben erweckt hat, damit wir für immer in Gemeinschaft mit
Gott bleiben. Wir sollen gerettet werden für sein Reich. Das ist die rettende
Botschaft für alle:

So sehr hat Gott die Welt geliebt, dass er seinen eingeborenen Sohn
gab, damit jeder, der an ihn glaubt, nicht verloren gehe, sondern ewi-
ges Leben habe. (Johannes 3,16)

So sind wir nun Gesandte an Christi Statt . . . Wir bitten für Christus:
Lasst euch versöhnen mit Gott! (2. Korinther 5,20)

Das »ja« Gottes zur Rettung aller Menschen und das Kommen seines Reiches will uns folgerichtig auch zu allen Menschen hinführen – auch zu den
Muslimen bei uns in Deutschland, und zwar:

- mit der Liebe Gottes des Vaters,
- mit dem Vertrauen in das Evangelium des Sohnes Jesus Christus als
  Kraft Gottes zu Rettung
- und mit dem Wirken des Heiligen Geistes (Apostelgeschichte 1,8;
  Römer 1,16).

Danksagung

Ich danke meinem dreieinigen Gott für seine Liebe und Treue – dafür, dass er mich nie verlassen hat, dass er all seine Zusagen einhielt und hält und dass er mich aus dem Islam herausgeführt und in alle Wahrheit und Freiheit geführt hat.

Ich danke meinen Eltern, die mich schon mein ganzes Leben in allen Höhen und Tiefen mit ihrer Liebe und ihren Gebeten begleiten und mich immer bedingungslos als ihre Tochter angenommen haben.

Ich danke Ernst Schrupp für seine zahllosen Gebete für uns alle und für seine ganz konkreten Hilfen. Ohne ihn wäre dieses Buch nie entstanden.

Ich danke allen im Mutter-Kind-Haus, die mich und meine Kinder in einer kritischen Zeit so liebevoll begleitet und umsorgt haben.

Ich danke allen Geschwistern in meiner Gemeinde und auch allen anderen Geschwistern, die mir beistanden und die schon so lange für meine ganze Familie und besonders für meinen Mann beten.

Gott segne euch alle!

NACHWORT

Kürzlich schrieb mir eine meiner Enkelinnen, ich möge ihr den Unterschied zwischen Allah und unserem Gott erklären – »aber bitte ganz einfach«. Norina ist elf und besucht die Realschule. Erstmalig erlebt sie in ihrer Klasse muslimische Schüler. Ein türkisches Mädchen kommt schon bald mit allerlei Fragen auf sie zu, Norina nimmt sie schliesslich mit zu sich nach Hause und möchte nun auch mehr über den Islam wissen. Besonders über den Unterschied zu ihrem eigenen christlichen Glauben. Es gibt viele Muslime in ihrer Stadt, und ganz in der Nähe des Gemeindehauses, in das Norina sonntags zum Gottesdienst geht, ist eine kleine Moschee.

Eine Schülerin der Mittelstufe erzählt mir, dass ihr Lehrer bei einem Vergleich der Religionen die anderen interessanter findet als das Christentum. Doch vielfach wird in unserem kultur- und religionspluralitischen

206

Deutschland heute die Ansicht vertreten, in den verschiedenen Religionen seien sich ergänzende Wahrheiten enthalten, und Gott sei letztlich in allen zu finden. Nun glauben zwar Juden und Christen aufgrund der Bibel an den selben Gott; aber wie ist es mit dem Islam und dessen »anderer Bibel«, dem Koran? Ein anglikanischer Bischof sieht das als folgerichtige religionsgeschichtliche Entwicklung: »Wir haben jetzt die Bibel des einen Gottes für alle Menschen in drei Testamenten: Altes Testament, Neues Testament und Koran.«

Die Ökumene will die verschiedenen christlichen Konfessionen einen unter dem Gebot Christi: »dass sie alle eins seien« zum Zeugnis für die Welt (Joh. 17). Darüber hinaus ist ein weitergehender Prozess in Gang gekommen, der »Dialog der Religionen«, der vor allem der Erhaltung oder besser der Gewinnung des Friedens in der Welt dienen soll. Schon im Juni 1985 verabschiedete der Deutsche Ev. Kirchentag einen Aufruf zu einem »Konzil des Friedens«: »Der Friede ist heute Bedingung des Überlebens der Menschheit . . . Die Zeit drängt.« Selbst der Papst wurde hier initiativ: Er lud die christlichen Kirchen und die nichtchristlichen Religionen zu einem »Gebetstag für den Frieden«, im Oktober 1986, nach Assisi ein. Man meint, im Zusammenfinden der Weltreligionen könne der Weltfrieden gewonnen und gesichert werden – aber kann Religion in Zukunft mehr und besser verbinden als in der Vergangenheit? Welches wäre das »einigende Element« – zumindest in den »Buchreligionen« Christentum, Judentum, Islam? Zwischen diesen drei Religionen haben wir heute einen verstärkten Dialog, auch zwischen den Zentralräten der Juden und der Muslime in Deutschland.

Das Abendland ist nicht mehr christlich, und die Zahl der Deutschen, die zum Islam konvertierten, nimmt zu, »und die meisten Konvertiten sind Intellektuelle und Meinungsbildner« meint Dr. Hofmann, ehemaliger deutscher Botschafter in Marokko und selbst überzeugter Muslim. Er schreibt: »Früher oder später trifft er [der Trend zu Esoterik, der Psycho-Boom] als Suche nach der endgültigen Religion der Alternative auf das Phänomen des wiedererstehenden Islam . . . als dritter Weg zwischen den Utopien des westlichen und östlichen Materialismus« (Der Islam als Alternative, München 2. Aufl. 1993).

Die junge deutsche Frau, die hier von ihrem Suchen nach der Wahrheit berichtet, nach der »richtigen Religion«, lebte mit ihren Eltern in einer Kleinstadt und gehörte dort zu einer christlichen Kirche. Aber sie fand dort nicht ihr Zuhause. Sie suchte und fand schließlich in einer muslimischen Familie Zugang zu Allah als dem »wahren Gott«. Nach einigen Jahren, nachdem sie inzwischen auch mit einem aus dem Ausland zugewanderten Muslim verheiratet ist und zwei Kinder hat, kommen dieser Frau Zweifel. Hier beschreibt sie ihr Suchen und Finden – ich danke ihr für die Offenheit, in der sie beides den Leser miterleben lässt und ihm verstehen hilft, wie es zu dem einen und zum anderen kam. Dies soll auch die Antwort auf Norinas Frage nach dem Unterschied zwischen dem Allah der Muslime und dem Gott und Vater Jesu Christi sowie dem Gott Abrahams, Isaaks und Jakobs sein.

Ernst Schrupp

Ernst Schrupp

Israel und der Messias

Versöhnung durch Christus in endzeitlicher Perspektive

220 Seiten, Taschenbuch, Bestell-Nr. 224 147

Der Israelexperte geht im abschließenden Band seiner Israel-Reihe dem Geheimnis des jüdischen Volkes nach: Warum sind mit der jahrhundertealten Geschichte der Juden bis heute weitreichende Konflikte verbunden? Es sind theologische, ideologische, rassistische und militärische Kriege gegen die Juden geführt worden. Sie haben, trotz unvorstellbarer Pogrome, überlebt und sind ein Volk, ein Staat, geworden. Schrupp zeigt den biblischen und historischen Tatbestand auf, dass Juden und Christen eine gemeinsame Wurzel haben – den Messias. Die Geschichte verdeutlicht, dass dieser theologische Einsatz der Grund für den Hass gegen alles Jüdische ist, aber ebenso für eine notwendige Zuwendung zu Israel heute. Das umfangreiche aktuelle Material, das Schrupp verarbeitet hat – es kommen Israelis und Palästinenser, Juden, Moslems und Christen, Politiker und Journalisten zu Wort – macht das Buch zu einer Fundgrube. Klar wird: Die Geschichte der Juden ist die Geschichte Gottes, unlösbar verbunden mit der Geschichte der Christen und von Bedeutung für alle Völker. Schrupp beschreibt die politischen und gesellschaftlichen Überzeugungen der Israelis und weist nach vorn auf den, der im Konzert der vielen Lösungsvorschläge die einzig realistische Lösung bringt: der Messias Jesus.

Klaus Brinkmann

R. BROCKHAUS VERLAG WUPPERTAL